大学生
心理健康

自我关爱与
自我实现

Psychological
Health
of College Students

Self Care
and
Self Actualization

焦璨 主编

上海人民出版社

广东省一流本科课程《大学生心理健康》配套用书

主　编:焦　璨

副主编:刘　玎　郭田友　韦君如

目 录 CONTENTS

序一

焦璨教授邀请我为《大学生心理健康：自我关爱与自我实现》作序，我感到非常荣幸。认真拜读了这本书，我收获良多。我觉得本书既可作为大学生心理健康教育的教材，同时也是大学生自身心灵成长不可多得的操作手册，更是大学生认识自我、探索人生、规划未来的指引导师。

大学时代是人生中最关键、最真纯、最美好的时期。同学们在这段短暂而宝贵的时间里打下的基础、练就的本领、结交的朋友都将是步入社会之后最好的底气、力量和资源。然而，大学时代也是学生们最容易感到心理纠结、困惑甚至悲观失望的时期。就像每个人都会身体感冒一样，大学生在某些情境下出现焦虑、抑郁、恐惧等表现时，就像患了心理感冒一样，如果及时觉察，自我关爱，处理得当，这样的感冒会增强我们的心理免疫力，使我们的心理更加康健。

本书就是围绕大学生在校期间的心理发展特点，对自我意识、角色适应、人际关系、恋爱与性、情绪管理、挫折应对、生命意义、生涯规划八大主题进行阐释，有点亮心灵的名人名言，有贴近实际的小案例，有清晰简洁的知识阐述，有简单实用的应对方法……阅读的过程，可以帮助我们全面了解大学生心理健康的理论知识，同时，掌握自我觉察、自我关爱、自我成长、自我疗愈、自我实现的实用方法。

我从事临床心理学教学、科研和临床工作30余年了，大学毕业后曾经当过 10 年精神科医生，之后在大学任教并做心理咨询与治疗工作。在工作中，见过许许多多陷入心理困扰的年轻人，或者希望在心理上提升以获得幸福人生的年轻人，他们或犹豫徘徊，或郁郁烦忧，或忧心忡忡，或心事重重……很多人问我："赵老师，我是不是病得很严重啊？您见过比我更严重的人吗？"每当被问到这些问题时，我都会微笑着给他们讲一些故事，在听故事的过程中，他们内心认知的视角被打开了，感觉轻松释然很多。每个人在成长的过程中，都会遇到各种困惑和烦忧，这似乎是人生成长过程的必然，化蛹成蝶，走向心理成长和心智成熟的过程，是需要心灵历练和不断努力的。

当你陷入纠结和烦恼的时候，不妨去阅读这本书，学习"情绪的特点是什么？""如何管理情绪？""怎样应对挫折？"当你想要提升心理品质，追求更加健康和幸福的自我时，也推荐你阅读这本书，学习"生命的意义是什么？""如何进行自我探索？""怎样发展心理韧性？"阅读之后，选择一种最适合自己的方法去践行，在行动中去觉察自我，去理解自我，去调节自我，从而不断走向整合和成长。

心灵的成长和成熟是终生的修炼，这本书的另一个显著特点是，每一讲后面都有精心挑选的推荐书目，读者可以进一步去阅读这些书籍，引发进一步的思考和行动。

愿这本书与你一路同行，伴你在心灵成长的过程中自我关爱与自我实现，遇见更好的自己。

赵静波

2024 年 4 月

（作者为南方医科大学公共卫生学院心理学教授、心理健康教育与咨询中心主任、博士研究生导师、中国心理学会临床心理注册督导师）

序二

在人的一生中，大学阶段是非常美好而令人难忘的，也是充满挑战、容易产生各种心理困扰的时期。我国经济社会的快速发展和变化，对人们的社会心理形成了巨大的冲击，也直接影响着大学生的心理健康状况。大学生的学习环境、生活环境、人际环境都发生了极大的变化，要面对学业、爱情、就业等许多重要的人生问题，他们所处的环境和面临的问题比中学要复杂很多。如何维护与提升大学生的心理健康水平，为其幸福生活和未来发展奠定基础，不仅是大学生自身要关注的重要问题，也是高校人才培养的重要内容。

开设心理健康教育课程是提高大学生心理健康水平的重要渠道。2018年7月，中共教育部党组印发了《高等学校学生心理健康教育指导纲要》，其中明确指出，要健全心理健康教育课程体系，把心理健康教育课程纳入学校整体教学计划，规范课程设置，对新生开设心理健康教育公共必修课；要完善心理健康教育教材体系，组织编写大学生心理健康教育示范教材，科学规范教学内容。在此背景下，深圳大学的焦璨教授主编了这本教材——《大学生心理健康：自我关爱与自我实现》。

本教材以自我关爱与自我实现为主线，以提高大学生心理健康水平为目标，具有科学性、实用性和可读性。第一，科学性。全书注重心理学概念和原理的科学阐释，并注意吸收心理学的最新研究成果，能帮助学生掌握科学的心理健康知识和方法，形成正确的心理健康观念。第二，实用性。全书包括自我意识、学会学习、人际关系、爱情与性、情绪管理、生命意义、生涯规划等跟大学生密切相关的内容，这些内容都是当代大学生在生活、学习和今后的工作中迫切需要的，能满足他们的实际需求。本教材强调理论和实践的结合，重点突出面对问题"如何做"，以给学生切实的指导和帮助。同时，鼓励学生寻找适合自己的调节方法，形成适合于自我发展的策略。第三，可读性。本教材在内容叙述上通俗易懂，选用贴近实际的案例，有名人名言、启发与思考、心理自测、自助练习、学以致用、拓展阅读等丰富的版块，能激发大学生的学习兴趣。另外，本教材还紧扣学校实际，体现了深圳大学的特色。例如，从深圳大学的校训"自立、自律、自强"来解读心理健康的标准，新颖而有针对性。

人类在研究外部世界的同时，也在探索着人类自身的奥秘。随着社会的发展和科技的进步，人类这种探究自身和认识自我的愿望必然会更加强烈。大学生正处于探索自身和认识自我的关键时期，相信通过本教材的学习，可以引导当代大学生们积极关爱自我、不断实现自我，始终以强大的内心和阳光的心态面对人生的各种挑战和不确定性。

刘学兰

2024 年 5 月

（作者为心理学博士，华南师范大学心理学院教授、副院长，广东省"特支计划"教学名师）

第一章
导　论

应付生活中各种问题的勇气，能说明一个人如何定义生活的意义。

——［奥地利］阿尔弗雷德·阿德勒

案 例

小明（化名）是一个热爱学习的大学生，整天忙于课业，经常熬夜赶作业，为了追求高分，常常忽略了自己的休息和饮食。他认为健康只是身体上的状态，只要成绩好就能实现一切。他经常跳过早餐，吃方便食品应付，也忽视了锻炼和社交。随着时间的推移，他开始感到疲惫不堪，身边也没有朋友可以倾诉，成绩也一落千丈。

思考：

1. 小明在健康观上存在什么问题？

2. 小明应如何调整，使得他能够适应大学生活？

3. 什么是现代大学生应该有的健康观？除了身体健康，还有哪些方面同样重要？

在当今快节奏和高压的社会环境中，关注和维护心理健康变得前所未有地重要。我们对健康的理解已经不再局限于身体的健康，心理健康同样成了我们生活中不可或缺的一部分。特别是在大学生阶段，作为一个人生重要的过渡时期，心理健康问题引起了越来越多的关注。理解大学生心理发展的特点、认识常见心理问题、掌握维护心理健康的方法以及将心理健康与幸福生活相结合，已经成为现代健康观中的重要议题。

大学时期充满变革和挑战。大学生面临着新的学习环境、人际关系的转变以及选择未来的职业道路。不仅对大学生的身体产生影响，也会深刻地影响他们的心理状态。大学生理解自身心理发展的特点对于他们的成长和发展都是至关重要的。常见的心理问题，如焦虑、抑郁和自我认知问题等，也常在这个阶段浮出水面。可以说，帮助大学生认识、厘清这些问题，并提供适当的干预，能够更好地帮助大学生维护和促进心理健康。掌握应对压力的技巧、建立稳固的人际关系、培养情绪管理能力，都是提升心理韧性的途径。这些方法不仅有助于预防心理问题的发生，还能够帮助大学生更好地适应生活的各种挑战。我们的目标不仅仅是实现心理健康，更是朝着幸福生活的方向迈进。将心理健康与幸福生活紧密联系起来，可以促进培养积极的心态、更深层次的满足感，并在充满意义和愉悦的生活中找到平衡与动力。

因此，本章将探讨大学生心理发展的特点，在识别常见心理问题的基础上，提供维护心理健康的实用方法，引导我们走向更加充实、幸福的生活。

希望通过本章学习，实现以下目标。

- 理解大学生心理发展的特点：学习了解大学生心理发展的特点，包括所面临的挑战、成长阶段的心理特点以及可能的心理需求。这将有助于更好地理解大学生的行为和情绪反应，以提供恰当的支持和指导。

- 认识常见心理问题：学习识别和理解常见的大学生心理问题，如焦虑、抑郁等。了解这些问题的症状、原因和影响有助于及早发现问题，以便采取适当的干预和支持措施。

- 掌握维护心理健康的方法：通过学习现代健康观中提到的方法，掌握维护心理健康的技能，如积极应对压力、建立良好的人际关系、培养情绪管理能力、保持适当的生活习惯等，预防心理问题的发生，提高心理抵抗力。

- 学习如何将心理健康与幸福生活联系起来，明白积极的心态、满足感以及情感平衡可对整体幸福产生影响。通过培养健康的心理状态，更好地享受生活、追求目标并建立积极的人生体验。

第一节 现代健康观

> 世界上最宽阔的是海洋，比海洋更宽阔的是天空，比天空更宽阔的是人的心灵。
>
> ——［法］雨果

一、传统健康观

许多人认为，健康意味着没有疾病或灾祸，各身体系统运行正常。

传统的健康观念就是"无病即健康"。然而，没有疾病是否真的等同于健康呢？

我国中医在很早之前就对这个问题做出了回答。我国传统健康文化的核心理念是"治未病"。《黄帝内经》言："圣人不治已病治未病，不治已乱治未乱。"治未病的前提是对健康状态有全面清晰的认知，即人的健康状态可分为疾病状态、未病状态、欲病状态和病后状态。由此可以看出，无病并不等于健康，它还包含了许多中间状态。因此，治未病不仅是对疾病的预防，更是一种对健康状态的全面管理和维护。它强调人们应该对自己的身体有深入的了解，对健康有全面的认知，并在日常生活中注意调节身心，以保持健康状态。治未病是中医的核心理念之一，它不仅是对疾病的预防，更是对健康状态的全面管理和维护。它提醒人们要关注自己的身体和健康，培养良好的生活习惯和心态，以保持健康状态。

许多大学生尽管身体机能看似正常，但晚上却难以入睡，白天精力不济，学习动力减弱，与同学交往时产生逃避心理。此时，他们应警觉自己是否因过度疲劳而未得到充分休息，进而处于倦怠状态。尽管身体上仍属健康，但这种状态已对他们的日常生活、学习状态和社会交往产生不利影响，因此不能称为健康。它属于未病，即心理和社会功能层面的未病，这两个层面的未病又会反作用于身体，最终可能导致疾病。

二、现代健康观

自 20 世纪 40 年代以来，我们对健康的理解和认知在广度和深度上都经历了质的飞跃。健康不再仅仅是"非病理"的生理状态，健康与人们生活的幸福度息息相关，是全人类追求的"美好人生"和"幸福生活"的重要组成部分。

1978 年，世界卫生组织提出："健康是一种身体的、心理的和社会适应的健全状态，而不只是没有疾病或虚弱现象。"这一观点强调健康不仅是躯体状况的反映，还必须包含心理活动的正常和社会适应的完满，是三者的综合体现。

1989 年，世界卫生组织进一步将"道德健康"纳入健康标准。这一新的健康标准强调，健康不仅仅是个体拥有健康的身体、心理和社会适应能力，个体还应承担社会责任，即自觉维护和建构健康的社会环境。这一观念将健康的范畴从个体扩展到社会，进一步深化了我们对健康的理解和认知。

三、现代健康观的特点

现代健康理念是一种全面的健康理念，关注所有人的健康，并强调动态的健康过程。它不仅关注身体层面的健康，还涵盖心理、社会适应和道德层面，涉及人生的各个阶段，从受精卵到老年期。世界卫生组织已明确提出，健康是每个人的基本权利，也是全球重要的社会目标。这进一步证明了现代健康理念注重的是全民健康，而不仅仅是个人的追求。

世界健康促进运动的领导人唐纳德·阿德尔（Donald Ardell）明确指出，健康并非一个终点，而是一个需要持续维护的过程。这深刻揭示了健康的动态性和持续性。维护健康并非一次性行为，而是一个需要长期坚持的过程。为此，我们需要在日常生活中养成良好的生活习惯，如合理的饮食、适量的运动和充分的休息。只有这样，我们才能保持最佳的健康状态。

因此，现代健康理念强调的是动态维护的过程，要求人们不断关注和促进自己的健康，以保持最佳的健康状态。这不仅需要个人的努力，也需要社会的支持和帮助。只有全社会共同努力，我们才能实现"健康是基本人权，达到尽可能的健康水平，是世界范围的一项重要的社会性目标"。

四、心理健康的标准

1. 心理现象的概述

心理健康这一概念经常被提及，但其深层次含义却可能被人们停留在表面理解。事实上，心理现象并非独立存在，而是贯穿于我们的日常生活体验中。例如，当我们看到屏幕上一朵莲花时，立刻注意到这朵莲花呈现出粉红色，花瓣尖端略微泛白。这是我们的注意、感觉和知觉在起作用。随后，我们可能会回忆起网络上流传的表情包，一个穿着厚衣服的男人，视线远眺，手捧着一朵莲花。这是我们的记忆在起作用。接着，我们可能会联想到这个表情让我们觉得有些好笑，那一瞬间升起的情绪就是快乐，这是情感过程。然后，我们可能会思考如何成为一个情绪稳定的人，这是思维过程。最后，我们可能会下定决心，认真学习大学生心理健康系列课程，希望在情绪稳定和心理健康的保持方面有所精进。这就是意志过程。

心理现象由多个心理过程构成，包括认识过程（如注意、感觉、知觉）、情感过程以及意志过程。这些过程共同构成我们心理现象的动态表现形式，即短时间内展现的心理活动。每个人的个性都有所不同。个性心理结构包括个性倾向性和个性心理特征两个部分。个性倾向性包括兴趣、信念、理想、价值观和世界观等，它是个体对客观事物的基本的、稳定的态度，也是个体行为指向的根本原因。个性心理特征是个体表现出的稳定的心理特点，也常被称作脾气秉性。值得注意的是，性格是可以被塑造的，而气质则是与生俱来的。此外，每个人各有其擅长的领域。有人擅长乐器演奏，有人擅长计算机科学，有人擅长科研工作，这是个体能力上的差异。

综上所述，心理过程和个性倾向性构成了我们所称的心理现象。这些心理现象是我们的内心体验和外在行为的基石，也是我们理解和促进心理健康的重要起点。

2. 心理健康是什么

在明确了心理的概念之后，再深入探讨心理健康的具体含义。心理健康，顾名思义，是指个体的心理过程和个性倾向性都能良好地适应社会生活。它涵盖广泛的概念，包括个体对自我和他人的认知、情感、意志、行为等多个方面。进一步讲，心理健康是指一种生活适应良好的状态，这种状态包含两个主要方面。

首先，个体没有心理疾病，这是心理健康的基本要求。心理疾病是指一系列的心理和行为异常的情况，包括抑郁症、焦虑症、强迫症等。这些心理疾病可能会影响个体的日常生活，破坏其社会功能，甚至危及其生命。因此，没有心理疾病是心理健康的基本保证。

其次，个体应维持一种积极发展的心理状态，以持续维护自身的心理健康。这包括主动减少问题行为并解决可能出现的心理困扰。问题行为是指违反社会规范或法律的行为，如犯罪、暴力等。这些行为不仅会影响个体的心理健康，还会给社会带来负面影响。因此，个体需要积极寻求帮助和支持，以解决自己的心理困扰，并避免问题行为的产生。

同生理健康一样，心理健康也是至关重要的。人的心理活动和生理功能之间存在内在联系。当个体处于良好的情绪状态时，其身体功能也会处于最佳状态。相反，如果身体各系统之间的平衡被破坏，将影响个体的饮食和睡眠，导致注意力下降、记忆力减弱，从而对学习和工作产生负面影响。因此，维护心理健康对于个体的全面发展和成功至关重要。

3. 大学生心理健康的标准

埃里克森将人的发展阶段划分为八个阶段，当前大一新生主要以十七八岁的青年为主，正处于自我同一性完成阶段，即"准成人"阶段。在这个阶段，个体需要形成自我意志的情感和态度，发展自我贯通的能力和需要，并恒定自我追求的目标和信仰。对于大学生而言，建立自我同一性是他们当前的主要任务，包括寻找自我的理想、确定发展方向以及规划未来人生。通过整合自我的过去、现在和未来，树立自己的理想和信念，并对未来的发展有较清晰的规划。

那么，大学生心理健康的标准和表现是什么呢？深圳大学的校训是"自立、自律、自强"，这三个方面很好地阐释了大学生心理健康的标准。

首先，自立是大学生心理健康的重要表现。自立是指个体具有独立思考和自主决策的能力，并且能够承担相应的责任。在日常的生活中，自立表现为能够独立思考并解决问题，做出理性的决策，并且能够承担自己的责任，不推卸责任或逃避困难。

其次，自律是大学生心理健康的重要标志之一。它涵盖自我约束、自我管理以及遵守规则等特质，这些特质在大学的学习和生活中有着显著体现。例如，自律的学生能按时完成作业和任务，始终坚守时间表，不会迟到早退，更不会旷课逃课。此外，他们还会严格遵守校规校纪，以及国家法律法规和社会公德。这些自律的个体能有效地管理自己的时间和情绪，从而更有效地应对学习以及生活中的挑战。

最终，自强是大学生心理健康的关键特质。自强指的是个体拥有自我激励、自我提升并追求卓越的品质。在大学环境中，自强表现为主动寻找机会、持续学习和进步。此外，自强也涵盖对自身弱点和不足的清晰认识，并积极加以改进和提高。具备自强特质的个体具有积极向上的心态和不断进取的精神，能够充分发挥自身潜力并取得卓越的成就。

综上所述，自立、自律和自强是大学生心理健康的核心准则。具备这些品质的大学生能够在学习与生活中独立思考、自我管理并持续成长。同时，他们也能够更好地适应社会环境并取得良好的成绩和发展。

（1）自立

自我同一性的完成需要我们培养自身的一个关键特质，即自立。自立意味着我们能够独立生活，依靠自己的努力取得进步和成就。为达到自立，需要做到以下几点：

① 了解并悦纳自我

对自己有客观、恰当、全面的了解是心理健康的重要标志。自知之明是指能够正确评估自己的能力、性格和优缺点，并对此做出恰当、客观的评价。悦纳自我意味着欣然接受自己，不过度追求不切实际的期望和要求，也能制定切合实际的生活目标和理想，因此总是对自己感到满意。即使面对无法弥补的缺陷，也能保持平静，不会因此产生自卑感或焦虑感。缺乏自我了解的人常常志向远大但能力不足，或对自己过于苛刻，导致自我埋怨。

② 具备充足的安全感

首先，大学生正处于"准成人"阶段，即将完成从未成年人到成年人的转变。他们不仅期望父母提供经济支持，同时也渴望具备独立工作能力。尽管学校环境安全稳定，但他们也追求新鲜刺激，希冀体验多彩的生活。实际上，获得成人安全感是大学生从未成年人向成年人转变的必经过程，同时也是由他们的心理特点所决定的。

其次，大学生获得安全感需要以积极的态度应对高速变化的社会。他们需要认识到，只有通过积极的态度和不断的学习，才能在这个不断变化的世界中获得安全感。

此外，克服挫折感也能带来安全感。大学生活总会遇到不如意的事情，比如考试失利、面试失败，等等。这些挫折具有偶然性也具有必然性，是由主客观因素共同作用导致的。然而，重要的是要认识到这些挫折是成长的一部分。通过科学地对待挫折，从中获得宝贵的经验和教训，从而增强自己的安全感。

③ 深刻认识并积极接纳现实

大学生应具备深刻理解并积极接纳现实的态度，具备敏锐的洞察力，以深入了解现实，并积极接受现实生活中的挑战。心理健康的大学生通常关注当前的学习与生活，而不会过分沉湎于过去的成就或经历。他们制定明确的未来规划，并能够有条不紊地逐步实现这些目标。为了更好地认识现实，大学生需要与现实环境保持有益的接触，对现实有客观公正的评价，并积极地适应现实和调整自我。这是大学生通过发挥主观能动性来适应和改变现实环境的过程。

（2）自律

自律是指个体通过自我规范和自我要求，对自身言行和生活习惯进行约束，以实现修身养性，追求积极向上的生活目标。在大学生活中，自律是通向成功道路的钥匙。现代社会的多样性和快节奏，使大学生面临各种干扰和诱惑，而自律能成功面对这些挑战。自律不仅仅是简单的对时间和任务的规划，更是一种内在的力量，驱动大学生无论外部环境如何变化，始终坚持目标。通过自律，大学生能够培养出色的学术表现，保持身心健康，建立积极的人际关系，甚至为未来的职业道路奠定坚实的基础。然而，自律无法一蹴而就，需要付出持续的努力。在大学生活中，培养自律的习惯将使自己更加有信心地面对未知的挑战，成为生活的主宰者，书写属于自己的精彩篇章。要达到自律的要求，我们需要做到以下几点：

① 控制情绪，心态平和

要学会控制情绪，保持平和、乐观的心态。这并不意味着压抑情绪，而要妥善对待和处理自己的情绪，以保持平稳的心境。

② 努力学习，乐于工作

大学生应该专注于学习，认真完成学业，同时也要为将来步入社会积累工作经验。

③ 积极向上，热爱生活

心理健康的大学生热爱现实生活，生活的酸甜苦辣都是一种宝贵的经历，要用积极的态度看待事物，用欣赏的眼光审视生活，积极参与集体活动，珍惜学习时光，勇于面对并克服困难。

④ 与人向善，悦纳他人

心理健康的大学生能够充分认识到自己与他人的独特性，积极接纳他人的差异，以友善、包容的态度与他人建立良好的关系。他们善于在集体中寻找共同点，同时也能充分享受独处的时光，具备强大的适应能力。

（3）自强

自强通常被理解为一种积极向上、自我勉励、奋发图强的精神，它要求大学生不断提升和完善自己。要实现自强，必须遵循以下原则。

① 良性竞争，合作共赢

具备健康心理的大学生不应畏惧挑战和竞争。这里强调的是一种纵向比较，即关注的是个体在过去未能满足的需求现在是否得到满足，而不是追求超越他人的优越感。同时，大学生应该理解"1+1>2"的道理，充分认识到合作共赢的重要性，积极寻求合作，创造双赢的局面。

② 促进人格的和谐与完善

大学生正处于自我同一性阶段，因此逐步完善人格结构成为大学生成长的重要目标。这包括在能力、性格、气质、理想、信念和人生观等各方面都得到平衡发展，使自己的整体人格以健康的精神面貌展现出来。大学生的思维方式应合乎逻辑，待人接物的态度应灵活变通，行为倾向应与社会期望相符。同时，将个人的追求与社会的追求相结合，积极进取，不断完善自我并实现目标。

③ 追求人生价值与意义

心理健康的大学生具有强烈的求知欲，持续不断地学习新事物，并能够克服困难，体验人生的价值和心理的愉悦。大学生热衷于探索世界，乐于发现新鲜事物并接受新鲜事物。此外，还对自己的生活规划及人生意义进行深入思考。经过广泛的探索后，发现自身的人生意义所在，并为此不懈地努力。

五、心理健康的意义

维护心理健康对我们的生活具有深远的影响。下面将深入探讨心理健康的重要性，以增强大家对这门课程的参与度和意志力，为大学生的生活注入更多的动力和意义。

1. 增强独立性

心理健康有助于大学生克服依赖心理，培养独立自主的个性。经过中学阶段的努力学习和竞争，大学生已经成功地步入全新的生活阶段。心理健康能帮助他们迅速适应新环境，克服依赖性，积极主动地融入大学生活，度过充实而有意义的学习时光。

2. 增强幸福感

大学生的心理健康有助于自身的幸福。一方面，心理健康与生理健康关系密切，健康的心理促进生理的健康发展。乐观、自信、平和的心态有助于提高人的免疫能力，有效增强身体机能，进而促进生理健康。另一方面，大学生心理健康状况会直接影响其心理与行为，影响其与自我的关系、亲密关系以及工作、生活及家庭生活氛围与质量。因此，大学生的心理健康对于其幸福感的提升具有重要意义。

3. 提高工作效率

大学生心理健康对于提高工作效率具有积极作用。心理健康与大学生的学习积极性、创造性和学习效率密切相关，同时也对成败产生着重要影响。具有稳定心理状态的大学生能够保持情绪稳定、心情舒畅，从而精力充沛地发挥其主动性与创造性，充分展现其潜能。在面对学习和生活中的各种问题和困难时，心理健康者能够积极应对，学习效率自然大大提高。

4. 促进人际交往

心理健康有助于大学生以多元化的视角去审视问题，并以恰当的态度去对待他人。在与他人沟通时，能够做到专注倾听，并能够耐心地接受他人的忠告或建议。能够以积极向上的态度与他人建立关系，他人也能够感受到一种积极的态度，从而有助于营造积极健康的校园环境。

5. 实现人生价值

心理健康在大学生活中扮演着至关重要的角色。它有助于大家树立正确的人生观和价值观，强化意志品质，丰富物质和精神生活，促进自我坚定、全面发展，以及完善自我人格。通过树立远大且现实的理想，并为此持续奋斗，最终实现自己的人生价值。

心理健康就像一把万能的钥匙，可以开启人生中的各种锁。它可以帮助我们分辨善恶、是非，保护我们自己和我们所爱的人。它可以帮助我们在两难选择中做出明智的决定，引导我们向善、向上。

第二节　大学生心理发展的特点

> 路漫漫其修远兮，吾将上下而求索。
>
> ——屈原

一、大学生心理发展特征

阅读材料

在大学校园内，我们常能看到充满青春活力的面孔，这些面孔背后均展现出独特的心灵世界。以小雨和小明为例，他们在大学生心理发展阶段呈现出不同的特点及面临的挑战。

小雨，一位充满创造力及好奇心的大学生，总是能提出新颖的观点及想法，勇于尝试新鲜事物，对世界充满好奇。她的心理发展特点主要表现在身份探索及自我认知上。在学术领域，她积极寻找自己的兴趣所在，通过参与各类课程及活动，逐渐发现了自己对艺术和创作的热情。她也不免面临一些焦虑，如对未来发展方向及真正兴趣的探寻。然而，她仍保持着积极的态度，在不断的尝试中努力认识自己，逐步建立起自信心及自我认知。

1. 自我同一性完成阶段

在个人成长的道路上，建立自我同一性是一项至关重要的任务。通过积极探索"我是谁""我未来的发展方向如何"以及"人生的意义是什么"等关键问题的答案，我们能够塑造独特的自我形象和明确的未来愿景。然而，这一过程并不容易，需要我们投入大量的时间和精力。

在中小学阶段，学生主要面临各种考试的压力，如小升初、中考、高考等。这些严峻的考试几乎占据了学生全部的时间和精力，导致学生几乎没有闲暇去思考自我角色定位的问题。因此，学生的自我同一性发展受到一定限制，对于自己过去、现在和未来的思考也受到阻碍。

进入大学阶段后，考试不再是生活的全部，我们有了更多的时间和精力去思考这些问题。在这个阶段，我们有机会重新审视自己的过去，理解自己的现在，并展望自己的未来。然而，这个过程中受其他因素的影响，个体的自我同一性发展可能会受阻，从而出现自我身份认同危机，表现为意义感缺失，陷入"我是谁""我为什么要活着"的困惑中。如果这种情况严重，可能会导致抑郁、焦虑等心理障碍。

在大学四年的过程中，我们都在努力建立自我同一性。我们的心理发展展现出了阶段性、两面性、复杂性三大特征。阶段性是指我们的心理发展在不同的阶段有不同的特点和任务；两面性是指我们在自我同一性建立的过程中，既有机会获得积极的成长，也可能面临挑战和困难；复杂性则是指我们在建立自我同一性的过程中，需要面对各种复杂的心理和社会因素。

2. 大学生心理发展特征

（1）大学生心理发展的阶段性

在大学阶段，我们面临着自我同一性建立的发展课题，同时也面临着各种各样的困惑与不安。虽然生活、学习、情感和就业等问题贯穿于人格发展的全过程，但在每个年级段上，个体凸显的心理危机还是各有侧重的。大学生的心理发展具有阶段性的特点。我们可以将大学生活的困惑分为四个阶段，分别是生活适应期、学习焦虑期、发展迷茫期和择业彷徨期。

① 生活适应期——大一

当我们携带行李踏入大学校园，标志着大学生活的起始。在这个阶段，尤其对于刚入学的新生，由于生活环境和社会角色的骤然转变，通常需要经历一个生活适应期，这个过程一般持续一到两个学期。他们需要逐渐适应新的学习和生活环境，需要建立新的社交网络，并逐渐适应大学的学习和生活方式。

当我们满心期待开启大学校园生活，享受自由、充满光辉的大学生活时，也同时面临着学习、生活和人际交往等方面的不适。在家长和老师的监督下，中学时期学习目标非常明确，即为高考和进入理想的大学。然而，大学更多的是自主学习，没有任何人进行监督，学习目的需要大学生主动去探索和思考。进入大学后，新生的生活环境也发生了巨大转变，从饮食起居到钱财管理，都需要自己独立处理。此外，来自各地的同学聚在一起，由于生活习惯、性格和兴趣爱好的差异，可能会出现一些人际摩擦。新的环境和新人总会让人感到孤独，有些难以适应的同学可能会患上适应障碍症，表现为整日消沉、焦躁不安，或出现不明原因的头痛、腹痛等身体不适。

在生活适应期中，新生需要积极调整心态，逐渐适应新的生活和学习环境。同时，也需要建立良好的人际关系，以应对人际摩擦。通过寻求帮助和支持，新生可以逐渐克服适应障碍，重新找回自信和快乐。

② 学习焦虑期——大二

第二个阶段通常出现在大二，称为学习焦虑期。经过一年的适应期，大部分学生已逐渐适应大学的生活节奏。此时，他们开始进入更专业的学习阶段，需要面对专业基础课、公共选修课、英语以及计算机证书的考试。这些课程和考试集中在大二，导致学生的课业压力达到高峰。

在学习焦虑期，学生开始感受到学习的压力，因为大学课程的专业性和深度使得学习变得更加具有挑战性。在这个阶段，他们需要掌握有效的学习方法，并逐渐适应大学的学习节奏。随着对专业的深入了解和对自身兴趣的理性思考，有些学生开始考虑所选专业是否适合自己或自己的兴趣是否在当前专业上。另一些学生由于各种原因未能选择到满意的学校或专业，因此感到前途暗淡，缺乏学习动力。还有一些学生由于家人或自己的高期望而承受巨大的压力。这些因素在大二学生中常常导致学习焦虑。

因此，在学习焦虑期，学生需要积极应对学习压力，掌握有效的学习方法，并逐渐适应大学的学习节奏。同时，他们还需要认真思考自己的兴趣和未来规划，以便更好地应对学业和职业发展的挑战。

③ 发展迷茫期——大三

作为大三的学生，面临着未来发展的迷茫，对于考研、考公还是就业，感到无所适从。许多学生对于未来的规划感到困惑，不知道自己的发展前途在哪里。这个时期被视为学生的发展迷茫期。

当周围的同学纷纷决定考研或者考公并开始努力学习，或者选择就业并开始努力实习时，学生可能会感到更加焦虑，有一种被远远甩在后面的恐惧感。特别是对于那些专业较为冷门、学习成绩不佳或者平时参加的社会实践较少的学生，他们的焦虑情绪可能更为明显。同时，大三学生还需要决定毕业论文或毕业设计的方向。面对多重抉择难关，他们往往心神不定、意志消沉，甚至影响到正常的学习生活。

在这个阶段，学生需要探索自己的兴趣和才能，并逐渐确定自己的职业方向。这需要他们进行深入的思考和探索，结合自己的实际情况和职业规划，做出明智的决策。

④ 择业彷徨期——大四

在面临毕业就业的关键时期，大四学生进入了择业彷徨期。在这个时期，他们需要开始考虑自己的未来职业和生活方式，在这个阶段，因此，他们需要了解自己的优势和劣势，并逐渐确定自己的职业选择。

就业形势日益严峻，即将毕业的大学生对于自己的就业前景时常感到忧虑和困扰。准毕业生奔波于各大招聘会，期望能寻找到自己满意的工作。若是有明确的目标，情况还好一些；若是目标不够明确的学生，则容易盲目地广泛投递简历，却往往四处碰壁。这种高期望与严峻就业形势的矛盾，容易使准毕业生产生心理失衡和彷徨不安的情绪。另外，即将踏入社会的毕业生也要面对即将开启新的人生阶段所带来的恐惧和担忧，他们担心自己能否成功地融入社会、适应社会。

每个阶段大学生都会面临不同的挑战和难题。然而，我们应该坚定地相信，凭借心理调适能力，最终能够克服这些困难。面对问题时，寻求帮助是一种自然而然的本能，这并不意味着缺乏解决问题的能力。相反，这种做法有助于大学生更好地应对挑战，并最终找到解决问题的方法。

（2）大学生心理发展的两面性

① 主观能动性强而独立性差

大学生具备高度的主观能动性，这一点在他们的学习、生活和实践活动中表现得尤为明显。他们能够积极主动地参与各种活动，并展现出强烈的个性和独特的思维方式。然而，尽管他们崇尚个性独立和自由开放，但由于大部分学生在成长过程中对家庭有较大的依赖性，导致在生活和心理上的独立性相对较差。这种情况在一定程度上影响了他们的自我认同感和自信心。当然，社会进步带来的物质条件的改善是一个积极因素，但这也可能导致他们在独立性方面与主观能动性之间存在一定的差距。因此，大学生有时会感到无力感和疲惫感，这需要他们在个人成长和发展过程中不断努力提高自己的独立性和自我管理能力。

② 自尊自信与自卑闭锁心理相互交织

大学生正处于自我探索的关键时期，容易受到外界评价或干扰的影响，从而影响对自己的判断。大多数学生会以积极向上的态度面对挑战，当他们的优势得到发挥时，他们的自尊和自信需求也就得到了满足。然而，每个人的优缺点、长处和短处都有所不同。当对自己的认知不充分时，容易将自己的缺点与他人的优点比较，从而产生自卑的心态。更有甚者可能会钻牛角尖，陷入这种心态无法自拔，导致自我封闭，产生闭锁心理，认为自己处处不如别人。例如，如果今天在课堂演讲中得到了老师和同学的赞扬，会感到非常高兴和自信。但是，如果明天听到室友的英语四级分数比我高，可能会开始感到自卑。由于对自己的认知定位尚不准确，可能会在自尊自信和自卑闭锁之间产生相互交织的心态。

③ 成才意识强烈与成功焦虑感强

大学生都抱有成为杰出人才、实现自身价值的愿景，并期望以此为社会做出贡献。这种强烈的成才意识有力地推动大学生在专业领域不断成熟，并加速大学生的社会化进程，对他们的发展产生积极影响。然而，就业市场的竞争压力日益加剧，众多岗位在招聘时不仅注重应聘者的学业成绩，还对校内外的实践活动以及科研成果提出高要求。在这种情况下，大学生可能会产生一定的焦虑情绪，担心自己的努力不足、担心被社会所排斥、担心自己的一无所长。适度的焦虑确实有助于他们实现目标，但过度的焦虑可能会影响他们的工作效率。

（3）大学生心理发展的复杂性

大学生心理发展的阶段性及两面性，使得他们的心理发展具有显著的复杂性。在众多压力源，如学业压力、情感压力以及家庭压力等的影响下，大学生的心理健康状况受到广泛关注。这些压力源不仅独立存在，还会相互交织，相互影响。例如，当情感方面承受压力时，平时看似微不足道的学业压力会突然变得沉重起来。这是由于单一压力的增加导致了人们的易感性降低。

这种复杂性要求大学生对待各类心理及发展危机应保持高度谨慎。然而，大学生也无需过度担忧。实践表明，大多数人都有能力顺利度过这些危机，并最终实现自立、自律、自强，形成完整的个性。若对此持有疑虑，可以参考近期发布的大学生心理健康状况调查报告。

3. 大学生心理健康现状

我国 2020 年心理健康蓝皮书《中国国民心理健康发展报告（2019—2020）》涵盖《2020 年大学生心理健康状况与需求》的调查结果，该调查于 2020 上半年在全国 31 个省、自治区和直辖市对本科生进行了心理健康状况、心理健康素养、心理健康服务需求及其满足程度的全面调查。

调查结果显示，我国大学生的心理健康状况总体良好，但存在一定比率的抑郁、焦虑等问题，需要我们加强关注。特别是对于法学生等特定群体，可能存在更高的心理健康问题风险，这一点也需要我们特别留意。在心理健康服务需求方面，调查结果表明，大学生对心理健康服务的需求较高，但实际获得的服务满足程度存在差异，这也提示我们需要加强心理健康服务的提供和保障工作。

这份报告提供了我国大学生心理健康状况的全面概览，为相关政策制定和实践提供了重要参考。我们需要继续关注大学生的心理健康状况，并采取有效措施加以改善。

（1）抑郁

大学生中存在约 18.5% 的抑郁倾向，其中 4.2% 具有高风险倾向。尽管这一比率不容忽视，但需要认识到，心理问题如同身体感冒一样常见。因此，大学生需要时刻关注自身的心理健康。一旦出现心理感冒的症状，应积极寻求专业帮助，以避免可能产生的自杀观念和行为。

（2）焦虑

大学生活是充满机遇与挑战的阶段，但同时也伴随难以避免的焦虑情绪。在这个新的环境中，学生承受着学术、社交和未来不确定性的多重压力。课业的繁重、考试的紧张、与同学的竞争以及对未来职业道路的担忧都可能引发焦虑。然而，这种焦虑并非全然是消极的，它也可以作为激发进步和成长的动力。适当的焦虑能促使学生更刻苦地学习，更积极地发掘自身的兴趣与潜力。关键在于如何正确理解并应对焦虑，积极寻求支持和采取适当的应对策略。通过与同龄人、辅导员及心理健康专业人士的交流，大学生可以学会更好地应对焦虑，从而更好地面对学业和生活中的挑战。

（3）睡眠问题

大学生中普遍存在睡眠不足的问题。43.8% 的大学生表示最近一周中有几天睡眠不足，7.9% 的大学生表示超过半数时间睡眠不足，而4.4% 的大学生表示几乎每天都睡眠不足。这些比率相当高，表明许多大学生的睡眠状况堪忧。睡眠不足会影响我们的精神状态和身体健康，因此，如果有失眠问题，建议咨询专业人士以寻求改善。

（4）心理健康素养

心理健康素养，即我们对心理健康的认识和了解程度。根据此次调查，大部分大学生具有较强的心理健康意识，仅 4% 的大学生心理健康意识较低，需要提高心理健康意识。此外，大部分大学生懂得可以通过转移注意力或利用人际支持来调节情绪。

二、大学生心理健康的影响因素 ……………………………………………

大学生的心理健康状况总体上呈现良好的态势，然而，不容忽视的是，一小部分群体可能面临心理方面的问题。为了深入了解这些问题的成因，必须探究影响大学生心理健康的各种因素。总体来说，这些因素可以归纳为个体、家庭、学校以及社会四类。

1. 个体因素

个体因素包括生理因素、个性特征以及生活方式等方面。

（1）生理因素

生理变化会对大学生的心理健康产生影响。遗传因素使每个人对于心理疾病的易感性有所不同。据调查统计，许多心理疾病或精神疾病中，遗传占有十分重要的地位，例如神经衰弱、抑郁症、精神分裂症等。此外，生理健康也会影响我们的心理健康，例如甲亢、糖尿病等疾病发展下去容易导致人的脾气暴躁、易激惹等情况。

（2）个性特征

个性在心理健康方面具有关键性的作用。情绪不稳定的大学生容易受到心理障碍的困扰。若其个性内向，即内向且不稳定，遇到事情时情绪波动较大，却又不愿表达出来，将情绪压抑在心中，这种情况下更容易出现心理障碍。个性外向且不稳定的大学生则容易表现出过激行为，也容易产生心理障碍，甚至产生自杀意念。然而，如果我们个性比较稳定，情绪波动较小，就不容易受到心理障碍的困扰。

（3）生活方式

保持合理饮食是维持身心健康的重要一环。通过摄入适量的蛋白质、维生素和膳食纤维等营养素，不仅可以提供身体所需的营养，维持身体正常活动所需的能量，还可以增强抵抗力，保证身体正常发育生长。更为重要的是，合理饮食还有助于维护心理健康，预防心理疾病和精神疾病。

在饮食结构方面，适量的瘦肉、奶制品以及膳食纤维、粗加工谷物、海产品、鱼肉、水果、蔬菜等食物的摄入可以减少抑郁和焦虑的风险。相反，缺乏脂肪酸和高蛋白、高脂肪的饮食结构则有可能成为心理疾病和精神疾病的诱因之一。

此外，久坐也可能对我们的身体健康造成负面影响。长时间保持坐姿不仅会导致腰肌劳损和颈椎病变，还可能影响我们的心理健康，导致抑郁等心理问题的出现。因此，进行适量的体育锻炼是非常必要的。

体育锻炼可以帮助我们发泄负面情绪，缓解压力。在运动过程中，人体会分泌多巴胺等神经递质，这是一种让我们感到愉悦和快乐的激素。因此，坚持体育锻炼可以缓解因学习等压力带来的疲劳感，增强身体机能，提高面对困难和挑战的自信与韧性。

综上所述，合理饮食和适量的体育锻炼对于维持身心健康至关重要。通过科学合理的饮食结构，可以摄入足够的营养素来支持身体和心理健康。同时，适当的体育锻炼也有助于缓解压力、增强身体机能，帮助人们实现目标。因此，大学生应该养成健康的生活方式，积极参与合理饮食和体育锻炼。

2. 家庭因素

父母之间的家庭关系以及我们与父母之间的亲子关系，均会直接作用于我们的心理健康状态。若家庭关系长期处于一种紧张、高压的状态，我们的心理状态会持续性地感到紧张，从而增加发生心理障碍的风险，其危险性比家庭关系和睦的子女要高 0.245 倍。另外，父母作为我们成长过程中的重要导师，其为人处世的性格态度也会深刻地影响我们的性格形成。若家庭成员之间经常产生冲突、相互猜疑，即使我们并未意识到这一点，也会使我们习惯性地怀疑他人，并难以避免地与他人产生冲突。尤其在那些出现过家庭暴力行为的家庭中，子女在成长过程中往往会出现情绪问题。若因父母外出打工或离异等原因，子女常常缺乏父爱或母爱，可能会产生自卑、孤独、抑郁等不良情绪问题。此外，若父母对子女有过高的期望，不顾及子女的自身意愿，强行将自己的梦想强加于子女身上，子女可能会出现疲惫、麻木或叛逆的心理。

3. 学校因素

在大学自主学习模式下，如果学生缺乏自律，无法合理安排时间或迷失人生目标，可能会导致沉迷于游戏或学习和生活漫无目的，从而产生厌学、自卑、孤僻等不良心理问题。此外，大学环境相较于中小学更为复杂，充满各种诱惑，容易导致学生养成不良生活习惯，例如熬夜、喝酒等，甚至可能陷入网络贷款、校园贷款等骗局。因此，我们需要持续保持警觉，加强自我管理，以避免这些不良后果。

4. 社会因素

社会的现状对人们的心理健康产生显著的影响。社会正处于互联网高速发展的时代，互联网具有全面、快速和共享等特点，使得人们可以短时间内接收到大量且多元化的信息。然而，在这个阶段，大学生正处于自我同一性的形成阶段，价值观、世界观、人生观容易受到外界的干扰，在面对如此大量的复杂信息时，可能会缺乏正确的判断力和独立思考能力，有可能在不良网络信息的引导下，形成错误的价值观。

此外，社会的竞争压力日益增大，从大一的社团面试竞争，到大二的期末成绩竞争，再到大三的实践经历竞争，大四的找工作竞争，竞争压力既能促进他们能力的提升，也可能在不经意间扰乱他们的心神，给他们带来痛苦。

综上所述，影响大学生心理健康的因素包括个体因素、家庭因素、学校因素和社会因素。个体因素包括生理因素、个性特征和生活方式等。希望通过这节课，能对心理健康的总体面貌有一个更加清晰的了解。在未来的日子里，大学生可能遇到很多困难和挑战，但只要他们以积极的心态去面对和克服，都有可能战胜挑战，开启人生的新篇章。

第三节 认识常见心理问题

> 幸运所生的德性是节制，厄运所生的德性是坚忍。
>
> ——［英］弗朗西斯·培根

大学生活被赞誉为青春的独立篇章，充满机遇和挑战，是探索未知、塑造个性的重要时期。然而，这个充满活力的阶段常常伴随着一系列复杂而常见的心理问题。随着现代社会的迅猛发展，大学生在追求学业成功、人际关系建立以及未来规划的同时，也面临着诸多心理压力和困惑。焦虑、抑郁、自我怀疑等问题已经渐渐影响大学生活的方方面面。从期末考试的紧张到社交互动的不安，从职业选择的犹豫到自我身份的迷茫，这些情感和挣扎可能会影响到他们的学习、健康和整体幸福感。因此，深入了解和解决大学生常见的心理问题，不仅有助于个人的成长，也为建立更健康、更支持性的学习环境提供了重要基础。本节将探讨这些常见的心理问题，探寻其成因、表现以及应对方法。通过理解这些问题的本质，我们可以更好地释放自己的潜能，迎接未来的种种挑战。

一、影响心理健康的因素

心理健康是个人全面健康的重要组成部分，然而它并不是一个孤立的领域，受到众多因素的影响。本节将深入探讨这些因素中的三个关键方面：生物遗传、社会文化和心理，以期大家更好地理解和应对自身心理健康问题。

1. 生物遗传因素

生物遗传因素在影响个体心理健康方面扮演着重要的角色。个人的基因构成和遗传背景在很大程度上影响了人们的情感、行为和应对方式。遗传易感性是指个体由于遗传基因的特定表达，对于特定心理障碍更容易产生。例如，某些基因变异可能与抑郁症、焦虑症等情感障碍的发展相关联。这种遗传易感性并不意味着不可避免地会患上心理障碍，而是使个体在面对压力和环境因素时更容易受到影响。

除了遗传易感性，基因与神经系统的相互作用也对心理健康产生影响。基因可以影响神经元之间的连接方式，进而影响信息传递和情感调节。例如，某些基因变异可能导致神经元对于某些情绪调节化学物质的敏感性增加或减少，从而影响个体的情绪反应。这也解释了为什么某些人更容易对压力产生情绪波动，而其他人则能更好地应对。

此外，生化过程也是生物遗传因素影响心理健康的一个关键机制。荷尔蒙和神经递质是情感调节的重要物质，它们在个体的情绪体验和情感状态中发挥着重要作用。例如，低谷期的荷尔蒙波动可能会导致情绪低落和抑郁，而多巴胺等神经递质的不平衡可能与情绪波动有关。生化过程的异常可能在一定程度上解释了情感障碍的发展。

总的来说，生物遗传因素在心理健康中的影响是多维度的，涉及遗传易感性、基因与神经系统的关系，以及生化过程的平衡。了解这些因素有助于更好地理解心理健康问题的发展机制，从而为制定干预措施和个体化的治疗方案提供更深入的基础。

2. 社会文化因素

在社会文化因素对个体心理健康的影响中，社会环境、家庭关系以及学校环境在塑造个体的情感状态、思维方式以及心理健康水平方面都扮演着举足轻重的角色。社会环境中的挑战与压力，如竞争激烈的工作环境、高标准的学业要求等，都会对个体的心理健康产生深远影响，可能引发焦虑、抑郁等心理问题。

家庭关系的质量对个体的心理健康也有着重要的影响。温暖的家庭环境与积极的亲子沟通可以培养出情感稳定的个体，而家庭冲突和不良的亲子关系则可能导致情感问题和心理障碍的发展。

此外，学校作为个体成长的重要环境，也会对个体的心理健康产生影响。学业压力、同伴关系以及社交适应问题都可能影响个体的情感状态。同时，积极的社交支持网络如朋友、同学和老师，对于心理健康的维护以及应对压力至关重要。

3. 心理因素

心理因素在塑造个体的情感状态、思维方式以及心理健康方面具有关键作用。个体的思维、情感和认知模式直接决定其对待生活挑战和压力的方式，从而影响心理健康的水平。具备积极的自我认知能力的个体能更准确地评估自身能力和价值，因此能增强自尊心和自信心。同时，掌握有效的情感管理技能能使个体更好地应对压力和情绪波动，减轻情感不适，从而有助于维护心理健康。

个体思维方式和应对策略在应对生活中的挑战时发挥至关重要的作用。积极的解决问题的能力和灵活的应对策略有助于减轻压力，降低情感问题的风险。相反，消极的思维方式，如过度担忧、自我怀疑，以及不良的应对策略，如逃避和沉溺，可能加剧心理问题。

个体的自我意识程度和自我调节能力直接影响对情绪和行为的管理。高度的自我意识使个体更容易察觉自己的情绪和需求，从而更好地应对内在和外在的压力。同时，有效的自我调节能力有助于控制冲动、减轻情绪不稳定，并维持情感的平衡。

焦虑、抑郁等消极情绪可能加剧心理健康问题。这些负性情绪往往伴随着对未来的担忧、自我怀疑以及对情境的过度反应。它们可能成为心理障碍的风险因素，影响个体的整体幸福感和心理健康。

在理解心理因素对心理健康的影响时，我们应认识到积极的自我认知、健康的情感管理以及灵活的思维方式和应对机制都是维护心理健康的重要因素。通过培养这些心理因素，个体能更好地应对压力，减轻情感问题的影响，并建立更加稳定和积极的情感状态。

二、心理障碍

1. 什么是心理障碍

心理障碍是指那些不符合特定文化预期或属于非典型行为反应的情况，通常表现为个体内部心理功能的紊乱，并伴随着痛苦体验或功能性受损。具体而言，心理功能的紊乱主要表现为心理活动未能履行正常职责和发挥功能，从而导致各种问题的出现，包括不合理的感觉、过度的情绪体验或不合理的想法。此外，还可能出现不可预知的体验，比如听到不存在的声音，或者产生强烈冲动出现某些不良行为。痛苦体验是指那些具有临床意义的痛苦，而在日常生活中，个人需要无法得到满足时可能产生一些负性情绪，但这种情绪并不具备临床意义，因为它们持续时间很短暂并随即消退。最后，心理障碍还表现为个体出现一些不恰当的反应，在旁观者看来可能产生不适体验。

2. 心理问题与心理障碍的区别

心理问题和心理障碍在临床分类和处理上存在明显的区别。在健康状态下，个体的心理状况可能表现为较高的心理健康水平、一般水平，或存在轻微但可控的心理问题。而不健康状态下，轻度情况可能包括人格障碍、抑郁症、焦虑症以及强迫症等，而严重的情况则可能涉及精神疾病，如精神分裂症和偏执型精神障碍等。在处理上，通常所说的心理障碍可以与心理疾病基本等同起来。

在现实生活里，心理问题常常由升学就业、同伴关系以及家庭关系等现实因素诱发，表现为小型、轻微的困扰、烦躁或困惑。这些问题持续时间较短，对个体的社会功能和身心健康影响较小，通常可以通过个体自身的调整或简单的心理疏导得到缓解，且在一段时间后往往会有所好转。

而心理障碍则具有生理基础，可能涉及大脑中某种神经递质的功能紊乱。客观表现上，它更多地呈现为严重偏离常态的精神病性症状，如幻觉和妄想，有时可能伴随危险行为，如肇事肇祸、自伤自杀等风险。因此，治疗心理障碍通常需要采用心理治疗或药物治疗，或两者结合的方式。愈后则取决于具体的疾病类型，例如精神分裂症等严重精神疾病的愈后通常相对较差，需要更为专业的治疗和支持。

3. 常见的心理问题

（1）抑郁

针对抑郁问题，我们将进行深入探讨。我们都曾经历过心情不愉快、郁闷的时刻，但这种情况并不等同于真正的抑郁。我们感受到的不愉快通常是受到一定诱发因素的影响，例如与同伴发生争执，这种不愉快是可控的，其持续时间相对较短，并且不会对我们的生活或学业造成严重影响。这种情况通常不具备临床意义。然而，与之相反，临床上所指的病理性抑郁问题或抑郁症更加侧重于在没有明确诱因的情况下持续出现显著且持久的情绪低落。这里的"显著"意味着负性情绪体验的过度，超出了通常不开心的范畴。以心情评分类比，从 0 分到 100 分进行自我评价，零分代表极度糟糕、无法忍受，100 分代表非常愉快。我们通常会自我评分多少分来表达心情不好？或许是 60 分。然而，抑郁症患者通常自我评分会低于 40 分，甚至更低。而"持久"则指的是情绪低落的时间较长，通常超过两周，这种持久的情绪低落在临床上符合抑郁发作的诊断标准。

抑郁症的核心特征包括：

首先，情绪显著低落，无法感受到愉悦，且情绪反应过度抑制。在此同时，可能出现思维迟缓，表现为语速减缓、语音低沉，回应反应时间延长，使得交流变得困难。例如，在交流中，你可能明显觉得对方的思维速度变得缓慢，难以跟上交流节奏。

其次，活动减少，表现出缺乏动力和主动性。此外，兴趣明显减退，曾经喜欢的活动或爱好变得不再吸引他们，或者只是勉力参与，但从中获得的愉悦感已经减少或完全丧失。

第三，无助感、无望感和无价值感。即使得到大量帮助，抑郁症患者仍可能认为这些帮助毫无意义。他们可能感到前途无望，就像苍蝇陷在玻璃上，即使前方看似光明却无路可走。同时，他们可能认为自己对社会没有任何贡献，甚至成为他人的负担，觉得自己没有存在的价值。

第四，睡眠异常也是抑郁症的常见症状之一，表现形式多种多样。有些患者可能会入睡困难，即使在完全安静的环境下也无法入睡。另一些人可能体验到睡眠过浅或频繁觉醒，使整个睡眠过程变得支离破碎，醒来时感到疲倦和缺乏休息。此外，早醒也是抑郁症患者的常见问题，他们可能在凌晨四点就醒来，并且无法再次入睡。

除了上述症状外，抑郁症也可能表现为一天中情绪体验的波动，早晨的抑郁症状最为严重，到晚上可能会有所缓解。此外，食欲和性欲下降、体重减轻等症状也可能是抑郁症生物学层面的表现。

（2）焦虑

焦虑情绪与抑郁情绪类似，也是一种常见的负面情绪体验。当个体面临未来不确定的情况时，产生消极预期是一种合理的反应。通常我们会采取积极的应对措施以避免不良后果。从这个角度看，焦虑具有重要的适应意义。例如，在考试即将来临，但没有好好学习，担心挂科，可能感到焦虑。这种焦虑与即将发生的事件紧密相关，程度可控。此时，可能通宵学习，专注力增强，记忆力提高，效率显著，并没有心慌、呼吸困难、尿急、尿频、发抖等表现。随着刺激源的消失，例如考试结束，焦虑感也会迅速消退。这些情况都表明这种焦虑是正常的。

相较于病理性焦虑，非病理性焦虑更注重不固定、游离的焦虑感。这种焦虑缺乏明确的诱因，担忧的对象没有特定性或附着物，几乎任何事物都可能引发担忧，且担忧的程度超出了正常范围。此类焦虑通常伴随着自主神经症状，例如心慌、胸闷、呼吸困难等，导致患者惶恐不安、无法集中注意力、效能感降低。为了减轻这种感受，患者可能采取不良的应对方式，例如吸烟、酗酒或飙车等。

在临床实践中，病理性焦虑通常被划分为两种不同的类型。第一种是广泛性焦虑，这种情况下患者没有特定的担忧对象或具体的附着物，却对即将发生或正在发生的事件表现出过度的紧张和不安。伴随着这种情绪状态，患者可能出现各种身体不适，以及表现出运动性不安的症状，例如无法静止不动，持续的小动作和来回走动。

第二种被称作惊恐发作，它的主要特点是在没有预兆或明显诱因的情况下，突然出现并迅速达到严重的症状。这些症状可能包括心慌、心跳加速，甚至感觉心脏要从口腔跳出，呼吸困难，甚至有窒息的感觉。为了试图缓解呼吸困难，患者可能会过度换气，并伴有头晕、身体发抖等其他症状。同时，患者还可能会感受到强烈的濒死感或失控感。尽管这种症状在短时间内可能达到非常严重的程度，但其持续时间相对较短，通常为几分钟或十几分钟，一般不会超过一个小时。然而，即使症状已经完全消失，患者仍然可能会持续感到焦虑，担心症状会再次出现。

（3）其他的心理障碍征兆

在此，列举一些可能预示着其他心理障碍的征兆，这些征兆中，许多症状可能预示着心理危机的出现。

言语表现异常：个体可能在没有其他人在场的情况下，表现出与空气对话，或者独自低声自言自语的行为。此外，还可能出现听到不存在的声音或看到不存在的事物的幻觉。

认知功能受损：个体可能表现出思维不连贯，言语难以理解，或者在沟通中难以进行有意义的交流。这种情况可能暗示着个体的认知功能出现了问题。

妄想观念：某些人可能会认为大多数人都在关注、指责、追踪、监视甚至伤害自己。这种妄想可能导致他们对周围的人和事产生持续的猜疑，这可能与妄想症相关。

情感消极：有些人可能会感到自己的生活毫无意义，缺乏价值。这种情感可能与抑郁症有关。

情绪剧烈波动：如果个体的情绪在短时间内突然发生剧烈变化，或者出现自伤倾向，这可能与自杀等心理危机相关。此外，如果个体突然中断与他人的联系，不再与人交流，也可能预示着出现心理危机。

这些征兆提示我们可能在面临心理障碍或心理危机。如果身边的人出现类似症状，务必采取积极行动，寻求专业的心理健康帮助，以便及早干预和治疗。

（4）正确认识心理问题

首先，个人应该加强对心理健康的关注，采取积极措施来提升心理健康水平，以预防心理问题的发生。其次，需要具备相关的知识背景，以便能够敏锐地识别和察觉特殊情况。及早发现问题对于心理问题的处理至关重要。再次，需要学会识别心理危机的征兆，并及早干预。最后，如果真的存在心理问题，寻求专业的帮助是不可或缺的。

需要明确的是，心理问题与心理疾病并不等同。以抑郁和焦虑情绪为例，我们可以更好地理解如何区分正常和异常的状态。对于出现异常情况，我们应该保持正确的态度，并积极应对。这些方法有助于我们更好地应对和管理心理问题。

第四节 维护心理健康的方法

> 在寻求真理的长河中，唯有学习，不断地学习，勤奋地学习，有创造性地学习，才能越重山跨峻岭。
>
> ——华罗庚

我们每个人都生活在类似的环境中，此环境可能涵盖更广泛的社会环境，也可缩小到特定的局部环境。在这些环境范围内，我们遭遇各种问题，这些问题构成我们的应激源。对于这些因素，我们会进行认知评估，评估它们对我们的挑战或威胁程度，以及我们是否具备足够的资源和应对方式。如果我们坚信有能力、有途径应对，就会视其为积极的压力，会做出积极的反应，无论在身体、心理还是行为层面都表现良好，并保持身心健康的状态。然而，如果感到应对的挑战过大，无法有效应对，常会产生一系列负面反应。在生理上可能表现为头痛、高血压、溃疡等症状，心理上可能出现抑郁、焦虑等情绪，而行为方面可能出现学习效率下降、逃课等现象。久而久之，这些负面反应可能演变为心身疾病的症状。总之，环境中的应激源和我们对其的认知评估，直接影响着我们的身体和心理健康状况。

一、影响认知的因素

应激源的认知和评价受到多种因素的影响。这些因素包括生物调节系统、社会支持系统和认知评估系统。这些系统的作用在应激反应中至关重要，它们可以放大或缩小应激源的影响。

生物调节系统涉及神经内分泌和神经免疫因素，这些因素可以影响我们的身体状态，从而影响我们的应激反应。社会支持系统的作用也不容忽视，它包括主观社会支持和客观社会支持，以及个体对社会支持的利用程度。有效的社会支持可以减轻应激反应，而缺乏社会支持则可能加剧应激反应。

认知评估系统在应激中扮演着关键角色。对事物的看法会直接影响到我们的情绪和应对方式。这一系统受到多种因素的影响，包括个体的抱负水平、人格特点以及过往经验。个体的抱负水平可以影响对挫折的评价，高抱负水平者更可能积极应对困境。人格特征也对应激反应产生影响，外向和开朗的人可能更有助于摆脱困境。既往经验同样重要，它强调我们是否有应对类似问题的成功经验。

我们对应激源的认知和评价受到多方面因素的影响，包括生物调节系统、社会支持系统和认知评估系统。这些因素共同决定了我们面对挑战时的情绪和应对方式。因此，我们需要全面考虑这些因素，以便更好地应对各种挑战。

二、积极的自我调适

面对心理问题，我们应采取积极的自我调适方法。首先，不应感到紧张或害怕，而应将其视为增强个人心理健康的机会。为此，应做好积极的调整准备，勇敢地面对问题，而非逃避或怪罪外部环境。其次，要认识到我们无法完全避免消极的负面体验，但可以通过建设性的方式增添愉悦感。

在具体操作上，我们可以从三个方面进行积极的自我调整。

生理方面。我们可以采用多种方法来进行调整，如调整饮食、睡眠，进行放松的呼吸练习等。特别值得强调的是运动，每天坚持进行30分钟，每周至少进行5天，这将有助于改善身心健康。推荐的运动方式包括挥拍样运动、游泳和有氧体操。

社会支持系统。家人、朋友、老师和学校等构成了有效的支持网络。我们应该有意识地去建立、扩展、巩固并充分利用这些支持。

认知评价系统。我们可以运用 ABC 法则：A 代表事件，B 代表认知，C 代表情绪和行为结果。在认知治疗中，我们强调真正令人困扰的不是事件本身，而是我们对事件的认知。可以将所有事情根据时间和积极程度分类，从而更好地体验积极情绪。

此外，记录快乐日记或感恩日记也是调动感官来体验各种积极、愉悦和美好的事物的重要方式之一。

另一个重要方面是正确认识心理咨询的作用。心理咨询通过建立良好的人际关系，运用心理学方法来帮助来访者。它遵循自愿和保密等基本原则。如果有需要，不要犹豫，可以直接联系学校的心理中心。

三、正确认识药物治疗 ·····················

在面对常见的心理问题时，维护心理健康的意识尤为重要。大学生应该以积极的态度去践行各种有益身心健康的活动，这不仅有助于预防心理问题的发生，还能在问题出现时提供坚实的支持。无论是运动、放松、感恩，还是与亲朋好友的交流，都能在日常生活中构建起强大的心理防线。然而，有时问题可能超出我们的能力范围，这就是寻求帮助的重要性所在。记住，在面对困难时，主动接受专业的心理咨询和支持，不仅能够帮助我们更好地理解和应对问题，还能让我们走出困境，重新找回内心的平衡和幸福。因此，让我们始终保持警觉，关注自己的内心世界，用积极的态度和有效的方法，共同维护好宝贵的心理健康。

药物治疗在特定情况下是有效的，例如对于明显的病态心理如精神分裂症、偏执型精神障碍，以及严重的冲动行为和剧烈的情绪波动等。这些药物的作用机制是通过调节大脑中特定的神经递质功能，以达到消除精神症状的目的。

药物治疗中常用的药物可以分为四大类别：

第一大类是抗精神药物，这类药物的主要适应症分为三类。第一类是针对阳性症状，如幻觉、妄想、思维障碍和行为异常。第二类是针对阴性症状，如思维贫乏、情感淡漠、意志活动减少等。第三类是针对认知功能异常，包括注意障碍、记忆障碍和执行功能异常等。这些药物的使用是针对具体症状进行的。在临床实践中，目前使用的抗精神病药物具有剂量较小、疗效较好、作用广谱、安全性高等特点，患者对药物的依从性较好，适合长期使用。然而，这类药物也可能带来某些副作用，如过度镇静、锥体外系反应，以及急性肌张力障碍、静坐不能、药源性帕金森综合征等。针对这类药物的使用，有一个基本原则是强调全病程治疗。治疗过程包括急性期、巩固期和维持期三个阶段。急性期一般为 2 周到一个月，强调及时将药物剂量加至治疗剂量。巩固期强调在患者症状消失和自知力恢复后，药物剂量不应减少，需要长时间维持，直至医生建议减量。维持期的重要特点是可以逐渐减少药物剂量，减至治疗剂量的三分之一左右，然后长期使用。药物的使用持续时间取决于疾病本身的情况。例如，对于首次发作的精神分裂症，治疗过程需要维持 1—3 年；对于二次发作，需要维持 3—5 年；如果发作达到三次或更多，就建议长期维持用药。

第二大类是抗抑郁药物。这些药物主要通过抑制突触前膜的重新吸收途径，以提高突触间隙中的递质浓度，从而改善抑郁症状。同样，抗抑郁药物的治疗也需要较长的时间。至少需要连续服用半年到一年，甚至更长时间。

第三大类是心境稳定剂，主要用于治疗躁狂发作或双相障碍，包括碳酸锂和抗癫痫药物，例如丙戊酸钠和丙戊酸镁。

最后，还有一类药物是镇静催眠药物，用于减轻焦虑症状并改善睡眠。这类药物常常是苯二氮䓬类药物，主要通过其镇静和催眠效应来改善睡眠，缓解焦虑情绪。然而，这类药物的长期使用可能会引发成瘾或药物依赖问题，因此需要在医生的严格指导下使用。

在面对心理问题时，这种维护心理健康的意识尤为重要。大学生应该以积极的态度去践行各种有益身心健康的活动，这不仅有助于预防心理问题的发生，还能在问题出现时提供坚实的支持。无论是运动、放松、感恩，还是与亲朋好友的交流，都能在日常生活中构建起强大的心理防线。然而，有时问题可能超出我们的能力范围，这就是寻求帮助的重要性所在。记住，在面对困难时，主动接受专业的心理咨询和支持不仅能够帮助我们更好地理解和应对问题，还能让我们走出困境重新找回内心的平衡和幸福。因此让我们始终保持警觉关注自己的内心世界用积极的态度和有效的方法共同维护好我们宝贵的心理健康。

第五节　从心理健康走向幸福生活

> 世上只有一种英雄主义，就是在认清生活真相之后依然热爱生活。
>
> ——［法］罗曼·罗兰

一、幸福是一种奖赏

1. 什么是幸福

幸福是人们一直追求的目标，也是人类生活的核心。亚里士多德认为，追求完善的幸福是人生的关键。然而，对于许多人来说，幸福的定义可能不同。

一些人可能认为拥有财富、享受舒适的生活、追求外表的美丽或权力的提升是幸福的定义。这些因素确实可以带来短暂的快乐和满足感，但一旦我们习惯了这些事物，它们并不能带来持久的幸福感。这种现象被称为"享乐适应"。此外，商家往往利用这种需求来满足人们短暂的享乐和满足感，但这并不能带来真正的幸福感。

除了享乐型幸福观外，还有一种被称为实现论幸福观。这种观点认为，真正的幸福来自发现自己的优点并充分发挥自我优势，实现自己的人生价值。这种幸福观可以追溯到亚里士多德关于幸福的观念，即真实地面对内心的自我。

根据马斯洛的需求层次理论，享乐型幸福观主要满足物质层面的需求，包括生理需要和安全需要。而实现论幸福观则更关注精神层面的满足，包括爱与归属的需要、自尊的需要、自我实现和自我超越的需要。

总的来说，幸福是一种生活状态，是对生活经验的主观感受和对自我生活价值的评价。过一种完善幸福的生活不仅需要体验快乐和满足感，还需要积极地去寻找人生目标并实现这些目标。这样，我们的快乐和满足感才会变得更有意义和真实。

2. 幸福的特点

幸福的人通常具备哪些特质？积极心理学家经过深入研究，总结出以下六个特点：环境掌控、自主性、目标感、个人成长、自我接纳以及维持良好的人际关系。接下来着重讨论维持良好的人际关系对于幸福感的影响，即良好的人际关系是幸福感的基石。

二、幸福生活的基石之一是良好的人际关系

1. 人际关系的建立与发展

（1）人际关系的概念

人际关系是指人们通过直接交往形成的情感联系。这种联系可能是短暂的、表面的，也可能是长期而深入的。随着时间的推移，人际关系会经历不同的阶段，从初步的注意和探索，到深入的情感交流和稳定交往。

在定向阶段，人们开始注意到他人，并对其产生初步的兴趣。这一阶段通常涉及对他人的一般性观察和初步互动；在探索阶段，人们开始更深入地了解他人，并尝试建立更亲密的关系。他们开始分享更多的个人信息，并寻求对方的反馈和建议；在情感交流阶段，人们开始坦诚地表达自己的情感和需求，并尝试建立更深层次的联系。他们开始更加信任对方，并寻求更多的支持和理解；在稳定交往阶段，人们已经建立了稳定而深入的关系。他们可能已经形成共享的价值观和目标，并享受与

对方的密切互动和合作。

总之，人际关系的建立与发展是一个渐进的过程，需要时间和努力。通过理解关系的阶段和发展过程，人们可以更好地管理自己的人际关系，并建立更健康、更幸福的生活。

（2）人际关系的发展阶段

第一阶段为定向阶段。在这个阶段，交往的双方开始彼此注意、选择并尝试建立沟通。在人际交往中，我们的注意力是有限的，因此我们对于人际交往的对象有着高度的选择性。通常来说，那些拥有我们感兴趣特质的人会吸引我们的特别注意，并激发我们与他们建立联系和关系的愿望。这种注意是自发的，非理性的。然而，我们选择谁作为交往的对象则是理性的决策，这通常取决于那些在我们价值观上具有重要意义的人。

第二阶段为探索阶段。在这个阶段，双方会探索彼此的异同点并尝试建立联系。双方会努力寻找可以建立真实情感联系的领域。随着双方共同情感领域的发现，沟通的范围也会逐渐扩大，自我暴露的深度和广度也会逐渐增加。需要注意的是，在这个阶段，我们应该避免触及别人的私密领域，同时也应该注意不要触及自己的根底。此时，双方关系已经有了一定程度的情感卷入，但彼此仍然会注意保持行为的规范性。

第三阶段为情感交流阶段。在这个阶段，双方的交流进一步深化，并带有更深的情感。此时，双方在人际关系中的安全感已经得到确立。谈话的内容会更加深入自我，并伴有较深的情感卷入。在这个阶段，双方的表现不再受到规范性的限制，开始更多地展现自我，并相互提供真实的、评价性的反馈信息以及建议。如果关系在这个阶段破裂，将会给人带来相当大的心理压力。

第四阶段为稳定交往阶段。在这个阶段，双方的关系更加稳定，伴随着更为深度的自我分享与自我暴露。同时，双方也允许对方进入彼此的私密性领域。在这个阶段，双方的心理相容性会进一步提高，自我暴露也会更加广泛深刻。他们愿意让对方进入自己高度私密性的个人领域，分享自己的生活空间。然而，实际上很少有人能够达到这一情感层次的友谊关系，他们通常只是在第三阶段的同一水平上简单重复。

大学生可以根据这个人际交往四阶段理论来明确自己与人际关系对象的进展在哪，以及在这个阶段的交往需要注意些什么，来提高我们人际关系的质量和适宜度。总体而言，人际关系不管在它形成的阶段还是在发展的阶段，其过程应该是相互作用的。

2. 人际关系的重要性

积极的人际关系对于我们的幸福至关重要，原因如下：

（1）积极的人际关系是人身心健康的需要

积极的人际关系对于我们的身心健康至关重要。缺乏与他人建立有联结感和足够安全的关系，会导致我们产生强烈的孤独感。经历孤独感的人可能会感到自己不被爱、不值得被爱，或者缺乏自信。这种孤独感会逐渐消磨我们的活力和意志，引发情绪问题，损害我们的心理健康。

另一方面，身处积极的人际关系中，我们能够得到支持和关爱，这有助于我们建立自信和自尊。这种自信和自尊会促使我们更加积极地参与社交活动，与他人建立良好的关系。同时，积极的人际关系也有助于我们应对孤独感。

因此，积极的人际关系是幸福的基石之一。它们能够满足我们的情感需求，增强我们的自尊和自信，促进我们的身心健康，并帮助我们传播爱和幸福。

（2）积极的人际关系是物质生活的需要

积极的人际关系是物质生活的必需。人生的幸福构建在物质生活与精神生活的双重基础之上，而物质生活的内容往往是人生幸福中不可或缺的一部分。创造人类物质生活的幸福，离不开人际关系的影响。良好的人际关系可以促使我们在工作过程中充分发挥个人积极性和创造力，进而增加物质财富的生产，丰富人们的物质生活。同时，良好的人际关系也使得人与人之间的物质交往渠道畅通无阻，进一步促进我们社会能力的发展。通过互通有无、互利互惠的方式，人们可以享受到更多的物质幸福，这也正是我们经常谈及的"人类命运共同体"理念。

（3）积极的人际关系是精神生活的需要

人生幸福的实现不仅依赖于物质生活的满足，更要求精神生活的充实。精神生活的状况与人际关系息息相关，思想道德、理想情操、心理境况等都与人际关系有着直接的联系。人的思想感情需要得到交流与共鸣。一个和谐、信任、友爱、团结、理解、互相关心的环境，可以满足我们社会支持和理解的需要。在这样的关系中，我们能够获得自尊的发展，更好地接纳自己。自尊的培养并非取决于我们自身的优点，而是我们对自身缺点的接纳程度。良好的关系就像是一面镜子，帮助我们更加了解自己的优势和不足，塑造完整的自我和健康的人格。

此外，积极的人际关系还有助于提高我们的沟通技巧，培养良好的人际交往能力，满足短期和长期的社会适应需求。因此，实现型幸福观要求我们关注精神的丰富与满足。

三、以同辈关系为起点，探寻幸福

作为社会性动物，人类的存在依赖于社会关系和人际互动。进入大学后，大学生置身新的环境和群体，此时良好的人际关系显得尤为重要。它不仅反映大学生的心理健康水平和适应社会的能力，还是他们未来事业发展和人生幸福的重要基石。

大学生在校内的人际关系主要以同辈关系为主，而同辈关系又主要包括同学关系和恋人关系。

1. 同学关系

同学关系是大学生在校期间以及以后的一笔宝贵的财富。大学生跟同学交往能带来很多快乐。我们要注意与同学的沟通技巧。

（1）平等互利

同学关系是在校期间及以后人生中一笔珍贵的财富。与同学交往带来许多欢乐，但也需要注重与同学沟通的方法与技巧。

应该秉持平等互利的原则。无论是公务还是私交，双方的地位和尊严都应得到尊重。人际交往是一种双向行为，单方面索取他人的付出是不可持续的，也无法维系长久的友谊。

（2）包容与尊重

应该学会包容与尊重。在人际交往中，误解和矛盾是难以避免的。大学生个性较强，接触密切，容易产生矛盾。通过有效的沟通，我们可以化解误会，缓解矛盾。当矛盾发生时，及时沟通是非常必要的。我们可以采取主动沟通的方式，表达自己的感受和想法，并邀请对方分享看法和感受。通过沟通，有可能发现自己的误解或不足之处，从而改进自己的沟通方式。

大学是一个充满包容和多元文化的地方。在这里，可以遇到来自不同地区、不同性格和拥有不同思想的同学。在与他人沟通时，应该尊重对方的人格和自尊心，尊重对方的个性、爱好和隐私。应该以平等友好的态度对待他人，用欣赏的眼光看待他人，从内心尊重并接纳他们。同时，应该主动与他人交往，结交与自己相似的人，也要结交与自己性格相反的人。通过求同存异、互学互补的方式，处理好竞争与相容的关系，可以更好地完善自己。

（3）诚信与担当

在人际交往中，一个人的诚信形象至关重要。因此，在言行举止中必须注重诚信，避免轻易做出无法实现的承诺。例如，"下一次请大家吃大餐"这样的话，不能随意说出而不考虑实际情况。如果轻易许诺却未能实现，将严重影响个人的诚信形象，让人觉得缺乏可信度、责任感和担当精神。因此，一旦做出承诺，必须尽一切努力去实现，以免失信于他人。如果确实无法实现承诺，应立即向对方说明情况并做好解释。

（4）不自我设限

一些同学担心自己无法融入集体，认为自己缺乏大众化的兴趣爱好或没有兴趣爱好，因此不敢参与集体活动。然而，我们不必过于担忧。王者荣耀和追星并不能定义一个人的价值，我们应相信自身具有独特的闪光点。如果对此有所疑虑，可以向亲密的室友或长期的朋友寻求反馈，他们会列举出我们的诸多优点。请记住，第一步是最具挑战性的。只要鼓足勇气微笑着向他人打招呼，接下来的事情便能够轻松应对。

（5）给人留下良好的第一印象

在人际交往中，第一印象往往起着至关重要的作用。良好的形象不仅能有效地展示个人的素质和品位，还能使人在社交场合中更加自信和得体。因此，我们应该注重自己的仪表和形象，以给人留下良好的第一印象。

在建立良好的人际关系方面，个人的内在品质同样重要。个人的知识水平和涵养直接影响到人际交往的效果。因此，应该不断提高自己的知识水平和综合素质，以展现出更好的个人魅力。

此外，大学生还要注意自己的言行举止，包括谈吐和仪表。这些细节都能反映出一个人的素质和修养。在社交场合中，应该尊重他人，保持礼貌和谦逊的态度，这样才能更好地与他人建立良好的人际关系。

（6）曝光效应

曝光效应，又称熟悉效应，是指人们通常会偏爱自己熟悉的事物。这种现象，即经常出现的事物能增加我们的喜欢程度，被称作曝光效应。我们应该主动提高自己在他人眼中的熟悉度，积极主动地与他人交流。通过增强互动的频率，可以增强彼此的熟悉度，从而促进双方的关系。但需要注意的是：

① 如果一开始就让人感到厌恶的事物，或本来两人之间就存在一些冲突，那么就无法产生曝光作用，反而可能扩大彼此的冲突。

② 过多的曝光可能会引起他人厌烦。

（7）学会倾听和共情

当他人向我们叙述事情时，我们必须以耐心和谦虚的态度去倾听对方的话语，并对其话题或言论给予积极的反馈和兴趣。在交流过程中，我们应适时注视对方的眼睛，保持目光接触，并用微笑等非语言方式表达我们的关注和兴趣。在适当时机，我们可以表达自己的观点，但需避免打断对方的谈话。同时，我们需要对对方的情感表达给予认同和关注，展示我们的同情和理解。换位思考是必要的，设身处地地想象对方所处的情况、所面临的情绪和感受。向对方展示共情需要我们真正地去理解对方的处境和情感。

（8）发现他人的显著优点

维克多·弗兰克尔（Viktor Frankl，1905—1997）曾强调：要有一种超越既定目标的信念，以达成最终目的地，因为侧风容易让人偏离跑道。同样，当我们察觉并相信他人具备某种潜力时，便能帮助他们展现"将会拥有的优点"，塑造"理应成为的形象"，而不是只关注他们"目前存在的不足"。

发现他人身上的闪光点，将优良品质与积极行为视为他人的特质，这不仅对对方有益，还有助于我们建立良好的关系。这暗示着，我们不仅要将某种品质视某人所独有的，还要将其视为其固有的品质。举例来说，当在我们遇到挫折时，有朋友向我们伸出援手，我们应该表述为"她曾经对我十分友善是因为她一直都很友善"，而不是"她那时对我很好是因为我过得很糟糕"。

（9）适时赞美他人

赞美他人是一种积极的行为，不仅可以使对方感到愉悦，还可以促进人际关系的和谐。我们应该用真诚和善意的态度去赞美他人，而不是虚伪的阿谀奉承。赞美他人也是一种有效的助人方式，因为这可以带给别人正面的激励和肯定，同时也可以让我们自己感到快乐和满足。

在赞美他人时，我们可以使用"赞美三段论"：首先，要明确指出对方的成功之处；其次，要分析这个成功的原因；最后，要表达出这个成功对我们自己的影响或者我们准备怎么做。例如，我们可以说："这道题你做得太好了，你一定下了很多功夫吧！我也要努力学习，你能告诉我你是怎么做到的吗？"通过这种方式，我们不仅可以夸赞别人的成果，还可以激励自己不断提高。

除了使用赞美三段论的方式，我们还需要注意及时赞美他人。我们应该在对方表现出色的时候及时给予肯定和鼓励，即使无法当面表达，也要尽快通过其他方式表达。同时，我们的赞美应该针对对方的独特之处和深层价值，而不是仅仅停留在表面的夸赞。例如，对于一个公认的美女，我们可以夸她"真好看"，但如果我们夸她"美在内涵"，也就是夸她"这么好看但是一点架子都没有，特别让人感到亲切"，就等于更深入地夸赞她的内在品质。

总之，赞美他人是一种积极的行为，可以帮助我们建立良好的人际关系并促进彼此和谐。我们应该用真诚和善意的态度去赞美他人，找到独特的切入点，并使用适当的方式表达自己的肯定和鼓励。

（10）积极的建设性的回应

热情的、建设性的回应对于增强积极情感和幸福感具有积极作用，同时也有助于促进人际交往。当我们与他人分享积极经历时，对方能够以热情的方式做出反应，这将带来更多的个人收益。我们只需要向信任的朋友和家人分享日常生活中的积极事件，并期望对方能够给予主动的、建设性的回应，就可以使快乐叠加。

相反，被动或冷漠的回应可能会让我们感到不被关心，缺乏价值感。因此，我们应该鼓励积极的、热情的回应，这有助于增强人际关系，并促进积极情感的传递。

2. 恋人关系

（1）成为彼此的朋友

友情和爱情在表面上似乎有很大的不同，但实际上，这两种感情都涉及对彼此的深入理解和相互支持。友情和爱情都强调对伴侣的理解、信任、关心、快乐和共同承担生活的起伏。对于许多人来说，与最好的朋友之间的友情，就像爱情一样，是排他的，不希望他人介入。

当人们将伴侣视为自己最好的朋友时，他们通常会对伴侣的期望值更高，对当前的关系也更加满意。那些在爱情中更注重友情成分的伴侣，也会对这段感情付出更多的承诺，感受到更多的爱意。

有人可能会问，如果我们对伴侣的期望更高，不是更容易产生矛盾吗？然而，我们不妨思考一下我们对"最好的朋友"和"爱人"的要求标准。通常情况下，我们对伴侣的不良行为过于宽容。如果一个人表现出刻薄、粗鲁、不诚实、情绪不稳定，经常无视你的信息，甚至辱骂你，或者不想和你进行有意义的对话，你还会愿意和他保持朋友关系吗？答案是显然的。

然而，在现实生活中，有多少人正在用这种方式对待他们的伴侣，却得到了原谅呢？激情之下的滤镜会让人无法看清一段关系的真相。因此，"最好的朋友就是伴侣"的理念是希望我们用更高的标准、稍微客观一点的眼光去看待自己的伴侣。这并不意味着鼓励你现在就去向最好的朋友表白，更不是让你与其他的朋友断绝关系，把所有的时间都投入对你并不好的伴侣身上。

对于那些仍然单身的朋友们，拥有真爱的最好方法可能是先与 TA 成为最好的朋友。友情和爱情之间的联系是复杂的，但它们之间的交织表明了相互理解和支持的重要性。在一段健康的关系中，友情和爱情是可以相互促进的。通过建立深厚的友情，我们可以更好地理解对方的需求和期望，从而为建立更亲密的关系打下基础。同时，通过保持对友情的重视和关注，我们可以为爱情注入持久的活力和新鲜感。

在寻找真爱时，与潜在伴侣建立友谊的过程可以提供宝贵的线索。通过观察对方的行为和态度，你可以更好地了解对方的价值观、兴趣爱好以及性格特点。这种深入的了解可以帮助你做出更明智的决定，选择一个真正适合你的伴侣。

此外，与伴侣建立深厚的友情还可以为你们的关系提供更广泛的支持和共享经验。当你们一起面对生活的挑战时，你们可以相互依靠、相互支持。这种相互依赖和支持的关系可以为你们的关系注入持久的稳定性和坚韧性。

总之，对于那些仍然单身的朋友们来说，与潜在伴侣建立深厚的友情可能是找到真爱的关键一步。通过相互了解、相互支持、相互依赖，你们可以共同创造一段充满爱意和支持的关系。

（2）保持边界感

在爱情中保持边界感是至关重要的，它能够维护感情的稳定和持久。边界感是指在与伴侣相处时，掌握好分寸和尺度，确保自己、伴侣和感情都处于安全和舒适的状态。通过保持适当的边界感，我们可以为感情注入稳定性和健康性，避免出现过度依赖、控制欲强或失去自我等问题。

为了实现边界感，我们需要学会理解和接纳伴侣的个体差异和独立性。尊重伴侣的边界和个人空间，避免过度干涉或要求对方按照自己的意愿行事。这样能够促进感情的和谐与稳定，避免出现僵局或矛盾。

为了保持边界感，我们需要有自己的学习和生活。学习和其他的社交活动能够丰富我们的内心世界，让我们拥有独立的快乐和满足感。同时，我们也需要让伴侣拥有他们的生活和兴趣爱好，给予彼此足够的自由和空间。只有在相互尊重和理解的基础上，才能在爱情中保持适当的边界感，实现感情的持久和稳定。

（3）承认伴侣身上的优点

承认伴侣的优点不仅有助于增进彼此之间的亲密感，还可以让你更加快乐。为了帮助你更清晰地认识伴侣的优点，可以尝试回答以下五个问题：

① 你们有哪些共同点或者优点？

② 你们各自有哪些独特的优点或差异？

③ 你如何珍视或欣赏伴侣的优点？

④ 你最重要的情感需求是什么？

⑤ 你的伴侣最重要的情感需求是什么？

通过思考这些问题，你可能会意识到你的伴侣身上有很多值得称赞的品质。在沟通中，尝试更多地强调和赞赏伴侣的优点，这不仅有助于加深彼此的理解，还可以增强你们的亲密感。

（4）表达感激

在处理亲密关系时，表达感激是一种重要的策略，可以增进双方的感情和信任。我们建议经常表达感激，让伴侣感到被理解和重视。以下是你可以尝试的一种方法。

首先，花些时间回忆伴侣为你做的最令你满意的事情，并思考为什么这些事情会让你感到如此感激。然后，在一周内，选择一个适当的时机，向伴侣表达你的感激之情。你可以通过口头表达或写信的方式，向他们传达你的感激和欣赏。在表达感激时，可以包括以下内容：

① 描述你感激的事情是什么，为什么它对你如此重要？

② 解释这些事情对你的感情和你们的关系有什么影响？

③ 告诉伴侣他们的存在对你来说有多么有价值，以及他们对你生活的贡献。

通过这种方式，你可以向伴侣表达你的感激和欣赏，同时增强你们之间的亲密感和信任。

（5）了解自己，表达自己

在亲密关系中，当冲突产生时，双方需要深入思考自己的需求和感受，并表达出来。通过了解自己的需求和感受，以及对方的反应和需求，可以更好地沟通和解决问题，避免冲突进一步升级。同时，我们也需要认识到，你和伴侣是两个独立的个体，具有不同的需求和想法。因此，我们需要通过有效的沟通和表达来建立更加健康、稳定的关系。

（6）避免批评、污蔑、防卫和沉默

在恋人之间的互动中，我们应该极力避免使用批评、污蔑、防卫和沉默等手段，以免损害彼此的关系。

首先，批评和指责容易伤害对方的感情，扩大冲突，我们应该仅批评具体错误的行为，避免对对方的性格或个性进行负面评价。在表达不满时，应采用积极、直接的方式，尽量避免使用攻击性或否定性的语言。

其次，污蔑是以不尊重的态度对待他人，常常伴随着冷嘲热讽、挖苦和讥笑等行为。这会加剧负面情绪的积累，使冲突进一步升级。因此，应该尽量避免使用污蔑性的语言，多使用赞赏、感激和尊重的表达方式，建立积极的互动氛围。

再次，防卫行为通常是为了保护自己而采取的措施。然而，这种行为通常无法达到预期的效果，反而可能激化矛盾。因此，在面对批评或冲突时，应该尽量承担责任，通过自我反思和积极的沟通来解决问题，而不是采取防卫的态度。

最后，沉默抵制是一种逃避冲突的行为，虽然暂时避免了更大的争执，但并不能解决根本问题。因此，应该在遇到冲突时主动寻求解决的方法，如休息一下、冷静思考等，以便能够更好地沟通并解决问题。

总之，恋人之间的互动需要建立在相互尊重和理解的基础上。通过避免批评、污蔑、防卫和沉默等不良行为，我们可以更好地维护彼此的关系，建立更加温暖和甜蜜的恋人关系。

本章小结

通过本章学习，首先，帮助学生建立现代健康观，了解大学生心理健康标准，并在全面掌握大学生心理发展特点的基础上，探究大学生心理健康现状及其影响因素。其次，帮助大学生区分心理问题与心理障碍，识别常见的心理问题，并在此基础上提出维护心理健康的方法。最后，通过对人际关系的定义、类型以及建立良好人际关系的途径等方面的深入探讨，帮助学生建立积极的人生体验，追求幸福人生。

参考文献

［爱尔兰］阿兰卡：《积极心理学：有关幸福和人类优势的科学》（第2版），丁丹等译，中国轻工业出版社2013年版。

［美］克里斯托弗·彼得森：《积极心理学——构建快乐幸福的人生》，徐红译，群言出版社2010年版。

［美］斯奈德、［美］洛佩斯：《积极心理学——探索人类优势的科学与实践》，王彦、席居哲、王艳梅译，人民邮电出版社2013年版。

夏洛特·斯泰尔：《向好而生——积极心理学的 10 大发现》，人民邮电出版社 2020 年版。

郑全全、俞国良：《人际关系心理学》，人民教育出版社 1999 年版。

吴绿敏：《人际关系与主观幸福感的关系研究——积极情绪的中介作用》，闽南师范大学 2021 年。

第二章
完善自我意识，有效自我管理

青年初期最有价值的心理成果就是发现了自己的内部世界，对于青年来说，这种发现与哥白尼当时的革命同等重要。

——[俄]科恩

案　例

小欣（化名）是一名大学新生。她在高中时非常活跃，担任班长并且参与了很多课外活动，一直以来她都充满了自信。然而，进入大学后，她发现大学里有很多比她更优秀和更多才多艺的同学，开始怀疑自己是否真的有能力。她对自己的期望非常高，但又害怕失败，因此开始逃避参加任何可能让她受挫的活动。这导致她变得越来越内向和不愿意参加社交活动，一度陷入了自我怀疑。

思考：

1. 小欣在自我意识上存在什么问题？

2. 小欣在高中时的成就和经历可以如何帮助她在大学中树立自信并克服她对失败的恐惧？

3. 大学生常见的自我意识问题有哪些？我们该如何建立积极的自我意识？

自我意识，是我们心理活动的主要内容，也是一个人心理健康的重要影响因素。当我们觉醒自我，意识到自己是独特的、唯一的、拥有完整的自我权时，我们会对自己产生很多疑惑，例如：我是谁？我是什么样的人？这是真实的我吗？我要做什么？我该如何选择？为何我对自己感到陌生、怀疑甚至是厌恶？为何我不像别人那样自信、稳定、乐观？我的生活有意义吗？所有青年人都会为这些问题所吸引，并且急需找到自己的答案。

随着对自我的探索深入，随着这些答案的浮现，我们的自我意识将越来越清晰，更加明确、更为统一。清晰、一致和稳定的自我意识就像自带导航的汽车，在任何时候、任何环境中都能够明确自己在哪里，自己想要去哪里，以及该如何通往我们想要去的地方。

希望通过本章学习，读者能够实现以下目标：

- 掌握自我意识的基本概念，了解其在个人成长和心理健康中的重要性。

- 学习和应用自我状态理论，以更深入地了解自己的情感、想法和行为。
- 学会区分和整合自己的不同角色和身份，以建立一个更一致和积极的自我概念，促进自我接受和认同。
- 学习如何增强自我积极体验，提升自尊，发展无条件自我接纳。
- 了解自我调控的重要性，并掌握一系列有效的自我调控策略，促进个人目标的实现。

第一节　自我意识概论：了解自我的基本配置

> 这世界上最重要的事情，不论从任何角度来说，就是自己彻底了解自己。
>
> ——[法]蒙田

一、何谓自我意识

自我是心灵的核心，对自我的意识是意识发展的高级水平。自我意识（self-consciousness）就是我们对自己所产生的所有心理活动，涉及我是谁、我是否有价值，对我来说重要的是什么，我要怎么做等所有关于自己的认识和行动。对自我意识进行准确定义是心理学家的任务，而对于正在积极投入学习和生活的大学生，更重要的是真正了解自我和发展自我。

我们先通过一个经典的自我探索练习来开启接下来的自我认识之旅。

自我探索

20个"我是谁"？

请你拿出一张白纸，想象自己要向另一个人介绍真实的自己，你可以告诉他关于你自己的20件事。这些可以包括你的个性、背景、生理特征、爱好、你所属于的群体、你所亲近的人，等等。简而言之，就是任何能够帮助这个人了解你真实情况的事情。你会告诉他什么？你可以用"我是一个_____（的人）"格式来撰写。

用一点时间和自己相处，真实地完成这个练习。

以下是某同学在 20 个"我是谁"练习中所写的部分回答：我是一名大一的学生。我的身高不到一米六。我的身材还可以。我是个北方女孩。我性格大大咧咧的。我喜欢交朋友。我是家里的长女，还有一个弟弟和一个妹妹。我的父母都很爱我。我从小容易生病。现在我的身体很好，因为我经常运动。我现在是学校辩论队的一员。我喜欢养小动物。我的专业是信息工程。我从小就喜欢计算机……

通过这些描述，似乎可以看到一个真实的女孩的形象，她如何看待自己，在她心目中自己是什么样的。这就是自我意识的核心内容。如果对这些自我描述进行分类，可以发现一个人的自我意识总是涉及自我的三个方面。例如：

"我是一名大一的学生。"——她在描述自己的社会身份，也就是她的社会自我。

"我的身高不到一米六。"——这是在描述她的生理特征，也就是她的生理自我。

"我的性格大大咧咧的。"——这是她对自己心理特性的描述，可以归为心理自我。

自我意识就是一个人以自己为对象所产生的所有心理活动，它包含了人对自己的身心状况和特征、自己与他人以及周围世界的关系的所有意识。美国心理学家威廉·詹姆斯（William James）认为自我意识总是围绕着自己的三个方面展开：生理自我、社会自我、心理自我。

生理自我是我们对自身生理状态和生理特征的认识与评价，包括对身高、体重、容貌、性别等的认识、评价和感受。

社会自我是我们对自己与周围关系的认识和评价，包括自己归属于什么群体，在群体中的地位、作用，自己和他人的关系的认识评价和体验。

心理自我是我们对自身心理状态和心理特性的认识和评价，包括对自己的知识、能力、情绪、兴趣、爱好、性格、气质等的认识和体验。

每个人眼中的自我肯定是不同的，而且每个人看重的领域也各不相同。有些同学特别看重生理自我方面，关注自己的外貌、身材或健康，所谓的容貌焦虑便属于生理自我；有人可能特别关注社会自我方面，他会把精力投入于社团活动，争取奖学金，发展自己的人际关系；也有人特别关注心理自我方面，想要完善自己的性格，追寻自己的兴趣。自我的不同自然带来了人与人的差异，我们需要看到这种差异，并且接纳这种差异。

如果说我们的自我意识看到的是自我的三个不同的方面，那更进一步的问题是，我们会因此而对自己产生什么样的感受，以及想要为自己做点什么？接下来，你可以在20个"我是谁"练习的基础上，进一步探索自我。

学以致用

自我意识表

（1）把20个自我的描述放到三个不同的类别中；

（2）对于每一条自我的描述，你由此产生的自我评价是怎样的？请用1到10进行评分。分数越高，代表评价越积极；

（3）对于每一条自我描述和评价，你会对自己产生什么感受？是更正向地喜欢自己，觉得自己有价值，对自己满意，还是倾向于负面地感到自卑或自我否定？请用 –2 到 2 来评分；

（4）对于每一条自我描述，在这样的评价和体验之下，你想在这个方面对自己做点什么吗？也请写下来。

现在，如果要大家回答"我是谁"这个问题，你可以呈现这张表格，清晰地回答：这就是我。在生理自我、社会自我和心理自我方面，我是这样的，我对这样的自己有满意或不满意的感受，从中也蕴含了我希望自己努力的方向。所有这些，都可以在这张自我意识的表格当中体现出来。

表 2-1 自我意识

	自我认识		自我体验 （−2—2）	自我调控
	自我认知	自我评价 （1—10）		
生理 自我	我是一名女生	6	1	无
	我的身高不到一米六	4	−1	运动，穿增高鞋
	我从小容易生病	4	−1	运动
	现在我的身体很好，因为我经常运动	7	1	运动，控制饮食
社会 自我	我是一名大一的学生	4	−1	准备考研
	我是个北方女孩	6	0	无
	我是家里的长女，还有一个弟弟和一个妹妹	4	−1	关心不够， 不知道怎么交流
	我的父母都很爱我	8	2	家里最听话的
	我现在是学校辩论队的一员	4	−1	多参加练习
	我的专业是信息工程	6	0	认真学习，参加实践
心理 自我	我性格大大咧咧的	5	1	慢慢学习注意场合
	我喜欢交朋友	5.5	−1	好朋友不在这个城市
	我喜欢养小动物	7	2	考虑要不要在宿舍养猫
	我从小就喜欢计算机	8	2	选修计算机相关课程

以上述的女生为例，她在生理自我方面，对于自己的身高并不满意，因此有较低的自我评价和自我体验，所以她会通过运动等方法来试图对生理自我进行调控；在社会自我方面，她对自己的本科学历评价较低，因此产生的自我体验也偏负面，相应的会计划考研，以此对社会自

我进行调控。在心理自我方面，她对自己的兴趣有较高的评价，所以也会选择做更多和兴趣相关的事情。

通过上述例子，也许你会发现，完整的自我意识，其实包含了对自己的三种自我意识：自我认识、自我体验和自我调控（见表 2-2）。

自我认识，就是我们对自己的认识，包括自我认知（我是一个什么样的人）和自我评价（我怎么样）。

自我体验，是我们在自我认识的基础上形成的对自己的情绪体验（我是否接受自己，我是否满意自己）。

自我调控是自我意识中的意志成分，是人对自己的行为、活动和态度的调控，以达到自我期望的目标。包括自我检查、自我监督、自我控制等。

表 2-2 自我意识的主要结构

	自我认识	自我体验	自我调控
生理自我	对自己的外表、体能以及所拥有物质等方面的认识	对自己的生理特性感到满意、喜欢；或为此自卑、自我否定等	追求外表、物质方面的满足，维持身体健康等
社会自我	对自己的社会角色、社会地位、人际关系等社会属性的认识	因自己的社会角色、地位等而感到自豪、满意和尊重感；或为此感到自卑、自我否定等	追求社会地位、超越他人、赢得他人好感和认可等
心理自我	对自己的能力、兴趣、性格、思想等的认识	为自己的能力、兴趣、性格等感到满意、接纳；或为此感到不足、不充分、不自信等	价值观引领、追求兴趣、注重能力发展等

二、自我意识与心理健康

自我认识、自我体验和自我调控是自我意识三个不可分割的部分。完善的自我认识可以带来积极的自我体验，从而导致有效的自我调控。有效的自我调控会让我们对自己的评价更积极，也更有信心。三者互相影响。

由于特殊的成长经历，我们可能在自我意识的某些方面存在偏差。例如，自我认识过于片面，总看到自己不好的地方，忽视了自己的优点，觉得自己不如他人；自我体验过于负面，有强烈的自卑感和自我否定感；自我调控缺乏清晰的目标、没有有效的自我管理的方法。这也意味着，在自我认识、自我体验或自我调控任何一个方面出现问题，都会带来总体的自我意识的问题，从而影响心理健康。

拥有了自我意识，尤其是拥有健康、清晰、有力的自我意识，我们会清楚自己的位置、知道自己的目标、能够处理与他人的关系。自我意识具有意识性，让我们通过自己的眼睛看待世界；自我意识具有能动性，感受到的自我不足和理想中的自我形象会激励我们在生活中追求发展，不断行动；自我意识具有社会性，因为我们所有人都要在社会交往中实现自我；自我意识也具有同一性，我们总是在追求自我的一致性、连贯性和协调性。

那健康和健全的自我意识应该是什么样的呢？樊富珉教授给出了这样的标准：

（1）自我肯定、自我统合。

（2）自我认识、自我体验和自我调节协调一致。

（3）自我是独立的，同时又与外界保持协调。

（4）会主动发展自我，自我具有灵活性。

（5）不仅自己能健康发展，而且能促进周围的人共同进步。

启发与思考

请对照上述标准，看看自己目前的自我意识水平如何？本书的所有内容，都是试图从不同的角度来帮助你实现自我意识的健康和完善。

第二节 识别自我状态，认识自我的多面性

> 君子博学而日参省乎己，则知明而行无过矣。
>
> ——荀子

在上一节中，我们初步知道什么是自我意识，也通过练习来探索自己在生理自我、社会自我和心理自我方面的自我认识、自我体验和自我调控。接下来要解决另一个问题：为什么我们展现出来的自我好像有很多面？为什么我们有时内向、有时外向，有时悲观、有时乐观？是只有我才这样，还是大部分人都会如此？如果自我就是有很多面，那这与我们的生活以及我们的心理健康又有怎样的联系呢？

⊘ 启发与思考

你是否观察到自己身上所存在的多面性现象？

所有人的自我都拥有很多面。我们在不同的场合会表现出不同的自己：在课堂上学习的时候，也许你表现出正襟危坐，理性、认真；在课后打篮球的时候，你充满了活力，具有竞争性；看到校园里的流浪小猫，也许你体验到内心的柔软，蹲下身来抚摸它们，温柔地对待它们。

不仅如此，即便面对同一件事情，好像我们心中也会有不同的声音。理智的声音会告诉自己："减肥很重要""英语很重要""我需要做重要的事情了"……可是另一个声音却在说："就玩这一把""就吃这一口""明天我再努力"……拖延、自我妨碍，这些常见的现象，正是一个人自我不同的方面相互冲突所导致的结果。

一、自我状态的定义和分类

自我的多面性是在每个人身上都会展现出来的正常现象。心理学家对此进行了很全面的研究和论述，其中最具代表性的便是自我状态理论。自我状态（ego state）是美国心理学家埃里克·伯恩（Eric Berne）

对自我多面性的一种认识。根据伯恩的定义，自我状态是"一种思想与感受一致的系统，借由一套相应的行为模式呈现于外"，换而言之，它是我们在不同场合中表现出来的不同行为模式，是我们在某一时刻的思想、感觉和行为的表达。经过研究，伯恩发现，虽然人会表现出千千万万种状态，但其本质上都可以划拨到以下三个类别当中：

父母自我状态（Parent ego state）是从他人那里模仿和内化而来的自我表现方式，尤其是父母和权威人士。当我们处于父母自我状态时，我们可能表现出关心、保护、评判或控制的行为。

成人自我状态（Adult ego state）是自我针对此时此刻所表现出的行为、想法和感受。当我表现出成人自我时，我会冷静地、客观地面对当前的事情，就事论事地用我的方式和资源去处理。

儿童自我状态（Child ego state）是人表现出早期自我的感受和行为反应，尤其是儿童时期的自我。这种自我状态体现了我们在童年时学到的感受和行为。我们有时候会以过去的自己的方式来面对现在，会表现出儿童式的情感、思维方式和行为风格。

伯恩用上下连接在一起的三个圆圈表示自我的三种状态。

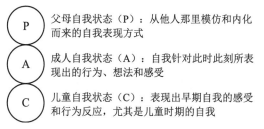

图 2-1　自我状态图

如果再细致一些，自我状态可以分为 5 种。

父母自我状态可以分成控制型父母自我和养育型父母自我。控制型父母自我，是我们像父母一样明确规则和界限，监控自己或他人是否符合规则，所以总是带有应该、必须、要求或期望，是强硬而坚定的。养育型父母自我，是我们像父母一样照顾人、关心人，对自己或他人接纳、相信、安抚、照顾、同情或保护。

成人自我状态只有一种，就是在针对此时此地发生的事件作出直接反应，如计划、观察、组织、分析，逻辑思考、理性决策和行动。成人自我是一个人利用既有的资源来思考、记忆，并应用的自我部分。当处于成人自我状态中时，我们对事情做选择，做决定或评估，就事论事，表现出客观性、理性。

儿童自我状态可以分为自由型儿童自我和适应型儿童自我。当我们处于自由型儿童自我状态中时，我们会用自然而直接的方式表现自然的需要和情感，充满自然的好奇心、创造性，是兴奋的、自我中心的。当我们处于适应型儿童自我状态中时，我们会以某种方式应对大人对我们的要求和期待，适应型儿童自我渴求认可，害怕惩罚和拒绝，会表现出顺从、叛逆或退缩。

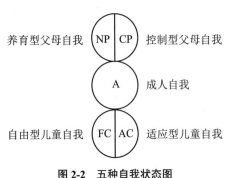

图 2-2　五种自我状态图

案　例

　　小华正和他的室友小明一起学习，准备即将到来的期末考试。突然，小华收到了母亲的一条消息，问他是否在复习，他回答是的。接下来母亲开始给他发一系列的消息，告诉他应该怎么复习，还提醒他要注意健康。然后，小华和小明讨论了他们的学习策略，并最后决定休息一下。

控制型父母自我状态：当小华的母亲发消息告诉他应该怎么复习，哪些书需要重点阅读时，她正处于控制型父母自我状态。控制型父母自我常常以命令和规定的方式表现，强调规则和纪律。

养育型父母自我状态：小华的母亲还提醒他要注意健康，保持良好的饮食和睡眠，这体现了养育型父母自我的特点，关注对方的福祉，给予关心和支持。

成人自我状态：当小华和小明讨论他们的学习策略，比较不同的复习方法，并根据以往的经验和考试的重点来制定计划时，他们处于成人自我状态中。成人自我状态就是对当前事实进行处理。

适应型儿童自我状态：假设小华内心很想反驳母亲的建议，觉得她太控制了，但他选择回复"好的，妈妈，谢谢提醒"来避免争论。这种顺从和避免冲突的行为是典型的适应型儿童自我状态。

自由型儿童自我状态：当小华和小明决定休息一下时，他们开始玩视频游戏，大笑，并完全沉浸在玩耍和享受的时刻中。这种表现出欢乐、自由和兴奋的状态便是自由型儿童自我状态。

自我状态理论将我们的自我表现分为5种类型，学习识别并掌握自我状态，对于大学生改善自我意识具有重要的促进作用：

（1）提高自我反思能力。通过学习自我状态理论，可以更加深入地反思自己的思想、情感和行为，了解它们是如何受到内在信念和过去经验的影响的。

（2）有助于识别行为模式。自我状态理论可以帮助我们识别自己的行为模式，并理解在特定情境中为什么会采用某种行为。这对于改变不健康或不适应的行为模式非常有用。

（3）增强情绪管理。通过了解自己在不同的自我状态下的情绪反应，可以学会更有效地管理和调节自己的情绪，以应对压力和挑战。

（4）建立更健康的人际关系。理解自我状态不仅有助于了解自己，还有助于理解他人。这使得我们能够更加同理他人的感受，建立更加健康和积极的人际关系。

（5）提升决策和问题解决能力。通过识别并利用成人自我的理性和逻辑，可以做出更加明智和理性的决策，有效解决问题。

（6）发展自我同一性，促进自我成长。通过平衡和整合不同的自我状态，可以发展一个更加一致和成熟的自我概念，增强自我同一性。意识到可能过度依赖或忽视某种自我状态，能够努力发展和平衡这些状态，从而促进个人成长和适应性。

⊘ 学以致用

绘制自我图

（1）请你仔细回顾自己在生活当中，尤其是与人相处的时候，5 种自我状态分别是怎么表现出来的，哪些自我状态出现得更频繁，哪些自我状态表现得比较少。

（2）接下来，请你在纸上画出一条横线，横线上间隔均匀地点上 5 个点，从左到右依次代表控制型父母自我、养育型父母自我、成人自我、自由型儿童自我和适应型儿童自我。

（3）然后，请你确定自己在生活和人际交往中表现最多的自我状态，以条形图表示出来；再找到自己在生活和人际交往中表现最少的自我状态，确定好条形图的高度。再把其他三种自我状态的条形图画下来。

自我图（Egograms）通常反映了他人所看到的你的形象。每个人使用自我状态的方式不同，所以每个人的自我图都是自己人格的体现。如果你对当前的自我图不满意，你可以在纸上绘制出一个理想的自我图。如果说心理能量是一个固定值的话，你希望在哪个自我状态中贯注更多的心理能量，而减少哪个自我状态的表现？

⊘ 案　例

某同学经过探索，发现自己在生活和人际交往中表现最多的是控制型父母自我，他特别喜欢告诉别人应该怎么做，喜欢点评时政，喜欢掌控全局；而他在生活中最少表现的是自由型儿童自我，他总是一本正经，不苟言笑，总是给自己的生活安排很多应该做的事情，几乎不给自己休闲和放松的时间；除此之外，他发现自己的适应型儿童自我也很常见，因为他在人际交往中总是感觉自己没有做好，害怕别人会不喜欢自己，害怕别人会发现自己其实没有那么优秀，总有一种紧张感；他的成人自我也比较明显；相对而言，他很少展现养育型父母自我，更多呈现出强硬、指令和评判，而很少给自己或他人带来温暖的关怀、同情或包容。

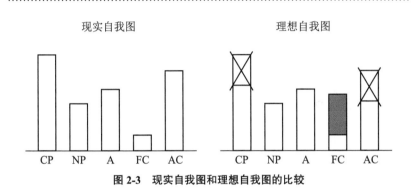

图 2-3　现实自我图和理想自我图的比较

这个同学经过反思，他发现自己生活中的很多问题都来自过高的控制型父母自我，所以他希望自己可以减少控制型父母自我的表现。另外他也意识到需要给自己休闲、放松和娱乐时间，他希望能够自然地在人前展露自己的情感，感受到活力。所以他在自由型儿童自我这里增加了很多，与之相应，他也希望可以减少自己适应型儿童自我的表现。

对照理想自我图和现实自我图，我们就得到一个自我改进的方向。那具体怎么做呢？心理学家发现，比起减少在某个自我状态的投入，其实更容易也更有效地是有意增加在某个自我状态的表现（Dusay，1972）。换而言之，我们在自我状态中的总能量是保持固定的，当我们有意增加某个自我状态的能量时，其他自我状态的表现自然会减少。

例如，每当需要上到讲台，或者要当众表达的时候，某同学就会条件反射般的感到紧张——适应型儿童自我常常都是条件反射的反应，不受我们的意志控制。要想马上减少适应型儿童自我的表现，其实很难。但是我们完全可以在感觉到紧张的同时，有意识地在外在行为上表现出成人自我的特点。也许你在面对很多人讲话时内心特别紧张，但你可以尝试在语调上保持平静，尽可能找到一些思路来表达自己，哪怕身体的儿童自我的紧张依然在那里。久而久之，我们在成人自我的行为会带动相应的感受和想法，而适应型儿童自我的反应会自然减弱。

思考

你觉得自己的哪种自我状态最难使用？你觉得自己在哪种自我状态下最受人欢迎？你觉得自己的哪种自我最不被人喜欢？每种自我状态对你生活的贡献是什么？每种自我状态在什么时候给你带来麻烦？你希望更好地使用哪些自我状态？你希望减少哪些自我状态的出现？

二、客观评估自我状态

到目前为止，我们对自我状态的探索都是基于自己的反思和主观判断。现在我们换另一种方式来增强对自我状态的认识。请你尝试完成下面的自我状态心理测验，看看客观评估的自我状态又会是怎样的情况。

心理自测

自我状态测试（改编自朱莉·海，2020）

接下来会呈现40道题目，每道题目都涉及人们在工作和生活中的常见表现，请根据你和该陈述之间的相似程度来评分，0代表完全不符合，1代表有点符合，2代表基本符合，3代表非常符合。注意不用过多思考，根据你的第一反应作出选择即可。

1. 我会强硬地告诉别人他们应该采取的行为方式。

2. 我在行动前会理性思考。

3. 别人怎么说我就怎么做。

4. 我会对有问题的人表现出同情。

5. 我非常喜欢跟他人在一起。

6. 我喜欢照顾人。

7. 我喜欢用系统的、逻辑性的方式解决问题。

8. 我会告诉他人要做什么。

9. 我会告诉他人我的真实感受并且不觉得尴尬。

10. 我待人礼貌、尊重。

11. 我会做与他人期待相反的事。

12. 当组织中来新人时，我会花时间告诉他哪儿是哪儿。

13. 我可以在危机中保持冷静。

14. 当我知道自己正确时，我会坚持让他人听我的。

15. 我好奇时会问许多问题。

16. 我对我的工作充满热情。

17. 大家好像觉得我知道所有事的答案。

18. 我被要求去照顾新进的同僚。

19. 对我礼貌的人，我会跟他们相处很好。

20. 即便在压力之下我也能进行逻辑思考。

21. 我的工作风格是系统的、有逻辑性的。

22. 如果进入职场，我会根据别人的职场着装方式来选择自己的。

23. 当我觉得有些人应付不了时，我会帮助他们。

24. 问题出现时我可以借鉴以前的经验。

25. 人们说我有创意、爱发明。

26. 我喜欢掌控，而不是让别人主导。

27. 我对他人过分关心。

28. 跟他人相比，我太过情绪化。

29. 身为小组成员，我希望小组领导者能够规定出我的职权范围，将来进入职场我也希望领导能如此。

30. 做决定时我会把所有观点都考虑进来。

31. 我鼓励大家检验自己的能力。

32. 人们抱怨我太喜欢指手画脚。

33. 我会花时间享受独处时光。

34. 人们跟我说我特别有礼貌。

35. 我是出了名的脾气平和，说话冷静。

36. 不论高兴还是悲伤我都会把情绪表现出来，这样大家才会和我一起高兴或宽慰同情我。

37. 即使某人自己可以应付得来，我还是会去帮他。

38. 我很喜欢对笑话进行分析，这会扫了大家听笑话的兴致。

39. 人们会按照我说的去做。

40. 我特别乐意遵循他人的意愿。

以下是每种自我状态对应的题目，请将这些题目的分数加在一起，这就代表了你在该自我状态中的表现，分数越高，说明在日常生活中你越经常地处于这种自我状态中。

控制型父母自我：1、8、14、17、24、26、32、39

养育型父母自我：4、6、12、18、23、27、31、37

成人自我：2、7、13、20、21、30、35、38

适应型儿童自我：3、10、11、19、22、29、34、40

自由型儿童自我：5、9、15、16、25、28、33、36

启发与思考

你可以比较一下测试出来的自我状态和之前绘制的自我图是否一致，如果不一致的话，也请思考可能的原因是什么？

三、自我状态与心理健康

通过之前章节的主观和客观判断，相信你对自我的五种状态已经有了清晰的认识。那自我状态又和我们的生活以及心理健康有何关系呢？

假如人生是一段旅程，自我就是这段旅程最核心的交通工具。如果说我们的心灵是一辆汽车，那这辆汽车里坐着至少 5 名乘客，它们会在不同的场合坐在驾驶位上，让我们表现出相应的想法、感受和行动。自青年期开始，我们的重要使命就是驾驭好自己。

图 2-4　心灵汽车与自我状态

现在的问题在于，谁更适合来驾驶心灵这辆汽车？心理学家的回答是：都可以。因为每一种自我状态都有适合它施展自己的舞台和功能。比方说，现在我们要进行一次小组讨论，完成老师布置的某项任务，五种自我状态在小组讨论中都有其角色和位置：控制型父母自我会根据老师的要求来组织小组讨论，控制每个成员的发言时间，在讨论偏离主题时及时打断；养育型父母自我会照顾到小组内每个成员的感受，帮助组员放松，宽慰被批评的组员；成人自我会对问题提出自己的想法，在不同观点之间寻找可以整合的方面；自由型儿童自我则表现出幽默、说笑话、发散性思维、天马行空的创意，会有意想不到的点子；适应型儿童自我会表现出礼节和尊重，多听少说。

但是，如果我们心灵的驾驶位在不恰当的场合由不恰当的自我状态来引领，就有可能出现问题。同样是小组讨论，不合时宜的控制型父母自我可能变得颐指气使，固执己见；养育型父母自我可能为照顾到每个人而费心，但往往费力不讨好，让其他人觉得自己被看低了；成人自我如果过度，可能在讨论中不带情感，只根据事实推翻他人的观点，忽视大家的感受；自由型儿童自我有可能在讨论中开不合时宜的玩笑，不分场合地玩闹；适应型儿童自我可能对某些成员的权威语气表示愤慨，哪怕对方的观点很有价值也会表达反对意见；或者全程不参与，在旁玩手机；或者被动等待被提问，内心特别害怕自己出丑，感觉自己不被重视。

由此可见，我们的心灵就像不同的自我状态组成的交响乐团，每种自我都会演奏独特的乐器，在合适的那种带领之下，不同的自我状态以其独有的品质共同奏响生命的乐章。在心灵的乐团中，成人自我毫无疑问是最佳的团队带领者。我们需要让自己的成人自我变得客观、有掌控力，可以调节内在的冲突，也可以适应外在的生活。

成人自我并不一定每时每刻都在驾驶位上，我们需要在成人自我的协助之下在合适的场合表现出合适的自我状态。在需要欢笑娱乐的时候，让自由型儿童自我来自由展示；去一所小学实习面对乱糟糟的课堂纪律时，需要让控制型父母自我来宣布规则；当看到自己或他人疲劳、难过、受伤时，及时从养育型父母自我的角度给出安抚；在团队合作中表现出适当的适应型儿童自我以与人合作。

所以，成人自我即使不在驾驶位上，也应该牢牢地坐在副驾驶位上，作为我们行驶过程中的观察者和建议者。提醒控制型父母自我要缓和勇气，接纳不同的价值观；提醒自由型儿童自我切莫太自我中心，学会延迟满足；提醒养育型父母自我切勿过度保护他人，给别人一种自己无能和软弱的感觉；也提醒适应型儿童自我切莫太灾难化地看待事情，安抚它的不安情绪。

总之，随着我们越来越熟悉我们的五种自我状态，学习如何协调它们的关系，让自我的不同方面朝着同一个目标努力，则就会带来生活的充实和有效的行为。这种共同的目标是父母自我的价值观、儿童自我的天然情感和需要，以及成人自我对现实判断的有机统一。

✐ 扩展阅读

埃里克·伯恩和沟通分析（TA）

埃里克·伯恩是加拿大出生的精神科医生和心理学家，以创立沟通分析（Transactional Analysis，TA）而闻名于世。伯恩在多伦多大学接受本科教育，后来在麦吉尔大学获得医学学位。完成医学学业后，伯恩在美国开始他的精神分析训练，但随后开始发展自己的理论，最终发展出沟通分析理论。这是一种社会心理学理论和治疗方法，旨在提供一种系统的方法来分析人际互动和沟通模式。简单来说，伯恩认为人的社交行为可以视为一系列信息和情感之间交换。人们在交流过程中会扮演不同的角色或自我状态，包括父母（Parent）自我状态、成人（Adult）自我状态和儿童（Child）自我状态。了解和认识这些自我状态有助于提高沟通效果和建立更健康的人际关系。伯恩最广为人知的著作是《人间游戏》（*Games People Play*，1964），在这本书中，他描述了人们在日常生活中参与的各种"游戏"或互动模式。此书广受欢迎，也使沟通分析一度成为流行的心理学理论。沟通分析理论对心理学，特别是人际关系和沟通的领域产生了深远的影响。他的理论不仅被用于个人心理治疗，还被广泛应用于组织和团队发展。

第三节 合理认知自我：实现自我同一性

> 知人者智，自知者明。胜人者有力，自胜者强。
>
> ——老子

在本章第一节中，我们知道自我意识包含三个成分：自我认识、自我体验、自我调控，其中任何一个过程的失误或者偏差，都有可能带来自我意识的总体问题，从而影响心理健康。

在自我意识的三个成分中，自我认识是自我体验和自我调控的基础。合理而健康的自我认识，可以促进我们的自我实现、适应和发展。如果我们对自己的认识充满了偏差、不合理或者不健康，则会影响我们的生活和自我实现。

判断自我认识是否合理，有两个标准：第一，我们对自己的认识当中是否存在偏见。第二，我们对自己的认识是否明确和统一。

一、自我认识的偏见 ……………………

自我偏见，指的是我们对自己的认识是片面的、狭隘的，甚至在某些方面是极端的。

自我偏见导致人所看到的自己和自己实际的情况之间相差甚远。你身边也许有这样的朋友，在大家看来，他有很多优点和能力，但不知道为什么他却总是看低自己，总是否定自己；也许我们也见过截然相反的情况，自身并没有过人的能力或权力，却拥有"迷之自信"。这些都是典型的自我认识的偏见。

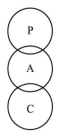

根据自我状态理论，自我认知偏见，其实是父母自我状态和儿童自我状态对成人自我状态的污染（Contamination）。我们在成人自我状态中依然需要参考来自过去的经验和来自他人的经验。如果人在成人自我状态中不经过反思，直接将儿童自我或父母自我的一些过时、片面的观念视为现实，这就是污染。

图 2-5　成人自我被污染导致自我认识的偏见

当我们在成人自我状态中把父母自我和儿童自我关于自己的过时、片面的、消极的、否定的观念当作事实，就会产生自我否定和自我贬低。自我否定与贬低式偏见会让人产生这样的感觉：我什么都做不好，我是不受欢迎的，我的性格不好，我没有运动细胞，我注定会失败……这些对自己的判断有些是我们曾经听到的，来自父母和其他长辈对自己的评论，还有一些则来自我们在成长经历中感受到的，在小时候产生的自我评判。

这些自我评价只能代表在过去某些时候，我们在某些方面表现出来的暂时的特点，并不能准确和客观地反映我们的全部。随着人的成长，我们会有更多人生经验，可以通过成人自我用更合理的自我认识去替换这些过时的论断。但如果我们的成人自我没有反思，直接将这些来自长辈的、他人的判断和自己成长中过去的一些认识，视为自己的现实，就会出现自我否定与贬低式偏见。

启发与思考

你在生活中哪些时候曾经表现出自我否定与贬低式偏见？如果有一个熟悉你的理性的朋友听到你如此评价自己，他会对你说些什么？从无污染的成人自我角度，更客观的自我评价是什么？

回想一下在很小的时候，也许你曾梦想自己拥有超能力，无所不能，或期待可以得到最完美的照顾。这是我们在儿童时期所特有的全知全能的夸大感。在有些家庭，父母似乎也会不断传递给孩子这种感觉：你是最独特的，你是最优秀的，你天生就高人一等，你的家庭就高人一等，你拥有特权。伴随着人的成长，成人自我状态将学会用更现实的态度来看待自己的能力、权利和地位。如果我们在成人自我状态当中把这些过时的、片面的、夸大而膨胀的自我观念当作是事实，就将导致第二种自我认识的偏见，自我夸大和自我膨胀。

自我夸大式偏见会让人相信不用努力也能有高成就，认定自己就是特殊的，以为自己可以不遵循这些规则，想要的一切都必须得到。我们似乎可以看到，这像是一个被不断宠溺而长大的儿童产生的想法，却被成人自我状态误以为事实就应该如此。

启发与思考

你在哪些人身上看到过自我夸大式偏见，你在哪些时候或哪些方面曾表现出自我夸大式偏见？更现实的自我评价是什么？

被污染的成人自我犹如观念狭窄的驾驶者，无法全面、客观地认识自己和现实世界。如果我们对自己的认识充满了自我贬低和自我否定，就相当于明明在大马路上开着一辆性能优良的车，却只允许自己开 30 码，只走"安全"或"熟悉"的有限路线，导致自我妨碍、自我设限，难以实现满意的生活。如果我们对自己的认识充满了自我夸大和自我膨胀，就像是对车的性能和驾驶技术的过度自信，无视现实的状况，超速、危险驾驶、随意突破边界，从而让自己陷入危险的境地，破坏人际关系和自我发展。

　　因此，去除成人自我观念中的污染，消除自我偏见，是通往心理健康的重要一步。

✏️ **自助练习**

去除成人自我中的污染

　　在沟通分析（TA）中，"去污染"（Decontamination）是一个过程，旨在帮助我们清除思维过程中的扭曲和错误信念，特别是那些来自童年和早期经验的信念。去污染有助于个人更加清晰和客观地看待现实、看待自己，使我们能够以更加成熟和理性的方式做出决策。以下是一个人如何自己进行去污染工作的具体步骤。

　　（1）认识到扭曲：首先，意识到自己的想法和感受可能受到过去的经验和信念的影响。注意是否反应过度，或者对某些情境有不切实际的期望。

　　（2）记录和分析：记录你的日常想法和感受，特别是那些似乎不合理或过于情绪化的。分析这些想法，试着找出可能的扭曲和误解。

　　（3）找出根源：追溯这些扭曲和信念的根源。问问自己这些想法是从何而来的，它们是否基于童年或早期经验。有谁曾经这样评价过你？

　　（4）质疑和评估：质疑你的信念和假设。问问自己："这些信念是否基于现实？它们是否有助于我的生活？如果不是，那么更合理的想法是什么？"

　　（5）重新定义自我信息：基于你的分析和评估，尝试重新定义你的自我信息。把那些不健康或错误的信念替换为更加积极和现实的自我评价。

（6）练习和采纳新的自我认识。当你面对类似情境时，注意自己的反应，并尝试用新的方式来思考和处理。

（7）寻求反馈：与值得信任的朋友或家人分享你的想法，寻求他们的反馈。了解他们是否注意到你的变化，并听取他们的建议。

（8）持续监测和调整：帮助成人自我去污染是一个持续的过程。定期检查你的思维和行为，看看是否有需要调整的地方。继续练习新的思维模式，并在必要时做出调整。

二、实现自我同一性

自我认识是否健康的第二个标准，在于我们对自己的认识是否一致，是否统一。

每个人心灵都有很多方面，所以很容易出现自我认识之间的冲突。这种冲突通常发生在现实自我、理想自我和应该自我之间（杨荣华、陈中永，2008）。现实自我（actual self）是个体现实呈现出来的样子，理想自我（ideal self）是个体希望自己成为的样子，而应该自我（ought self）则是个体认为自己必须、应该做到的。例如，某同学希望自己是冷静的，希望自己拥有很多能力，但现实中她可能并非如此，这便是理想自我和现实自我之间的冲突。心理学家发现，现实自我和理想自我之间的差距过大，会带来对自己的失望感和沮丧感。而现实自我和应该自我之间的矛盾，会带来焦虑感（杨荣华、陈中永，2008）。例如，我知道我应该去运动，应该及时把任务完成，但现实中我可能就是会懈怠、拖延，每当现实的我没有达到应该自我的要求时，就会感到一种自我批评和紧张。

冲突会带来自我不协调感，而每个人有一种强烈的动机，就是维持自我的一致性。如果说自我的觉醒开启了我们的青年时代，那么青年时代的成熟标志，就是我们获得了一种稳定的、一致的、整合的自我感。心理学家埃里克·埃里克森将这种连贯一致的自我感，称作"自我同一性"（self identity）。

自我同一性是指我们将自己的需要、情感、能力、目标和价值观等特质整合在一起，形成稳定的自我认识。自我同一性会带来三方面的体验：（1）独特性，感受到我是一个独特的个体，我和别人不同，但我可以作为独特的个体和他人合作；（2）连贯性，对于自我，有一种发展的连续感和相同感，过去的我，现在的我和未来的我是连贯一致的，拥有稳定且一致的价值观、需要、态度；（3）统合性和一致性，自我的各个方面有机整合在一起，我眼中的自己和他人眼中的我是一致的，现实自我和理想自我以及应该自我之间是一致的，父母自我、成人自我和儿童自我之间是协调统合的。

埃里克森认为，如果青年人获得了自我同一性，就会形成"忠诚"的重要品质，有能力在生活中明确自己的位置，在职业、亲密关系等重要的人生议题中做出稳定的选择，并投入自我。相反，如果青年人的自我缺乏同一性，则很容易感觉自己处于一种弥散的、混乱的状态，常常感到犹豫，生活缺乏目标和方向，在职业上、亲密关系方面，都有一种这也可以，那也可以，一会儿想这样，一会儿想那样的矛盾感和混乱感。

大学生在不同的阶段，自我同一性也会呈现不同的特征（瞿珍，2018）。刚进大一的时候，学生对自我了解、自我反思和自我调整的意识和需求会非常强烈。与此同时，在适应高中到大学转换中会产生强烈的自我茫然感，冲突感，所以这个阶段特别容易出现自我同一性的危机。大二和大三是同一性探索和形成的关键期。此时学生会更多思考自己、认识自己，并逐渐确立自己的发展方向和目标。进入大四，同一性将迎来真正的考验。适应于大学生角色的同一性将要面对考研、工作等新角色的挑战，而已经获得的对自己的价值观、态度、兴趣等倾向的认定感，会帮助学生面对新的人生阶段。

现在，你可以来测一测此时此刻自己的自我同一性水平。

⊘ 心理自测

自我同一性测试（SIS，Burger，2014）

请根据以下每条陈述对当前的感觉符合的程度来选择相应的数字。1= 非常不符合；2= 基本不符合；3= 基本符合；4= 非常符合。请根据你的第一感觉来做出判断。

1. 我不知道自己是怎样的人。

2. 别人总是改变他们对我的看法。

3. 我知道自己应该怎样生活。

4. 我不能肯定某些东西在道义上是否正确。

5. 大多数人对我是哪类人的看法一致。

6. 我感到我的生活方式适合我自己。

7. 我的价值被其他人所承认。

8. 当周围没有熟人时，我感到能更好地成为我自己。

9. 我感到自己生活中所做事并不真正值得。

10. 我感到我对我所生活的集体适应良好。

11. 我为自己成为这样的人感到骄傲。

12. 人们对我的看法与我对自己的看法差别很大。

13. 我感到被忽略。

14. 人们好像不接纳我。

15. 我改变了自己想要从生活中得到什么的想法。

16. 我不太清楚别人怎么看我。

17. 我对自己的感觉改变了。

18. 我感到自己是为了功利的考虑而行动或做事情。

19. 我为自己是生活于其中的社会的一分子而感到骄傲。

请先将以下题目的选择进行反向记分（如果你选 1 就记 4 分，选 2 记 3 分，选 3 记 2 分，选 4 记 1 分）：1、2、4、8、9、12、13、14、15、16、17、18。在完成反向记分后，计算总分。请参考以下评分标准，来判断自己当前的同一性水平。

19—49分：自我同一性还没有完全建立起来，在理想、价值观和职业选择的道路上还在探索，尚未形成固定的看法。个体的同一性尚在建立之中，是奋斗、再塑和目标再选择的时期。

49—63分：自我同一性基本建立，在理想、价值观、职业和人际关系中的自我认定相对明确。

63—76分：自我同一性发展良好，对自己的理想、价值观、奋斗目标都非常明确，对自己有充分的认识，具有良好的自我调节和社会适应能力。

既然自我同一性如此重要，那我们如何在众多自我认识的冲突和矛盾中寻找到一致性、连贯性和认定感呢？以下推荐三种实现自我同一性的方法。

第一，在选择中实现自我认定。青年人的世界充满了各种可能性。但是所有的可能性都需要我们去做出取舍。在爱情中，你要选择一个什么样的爱的对象？在职业中，你要选择一个什么样的职业方向？在人际关系中，什么样的人可以深交，什么人只是做普通朋友？在所有重要的领域，我们总在做选择。而每一个选择，都意味着我们认定了某些东西，放弃了其他选项。随着我们在亲密关系、人际关系、职业发展等多个领域做出我们的选择，我们的自我同一性也会越来越稳定。

第二，接纳现在同一性尚未达成的状态。也许此时此刻，你感受到的是自我的矛盾和冲突，也许你会因为尚未达到同一性，而有一种迷茫感、矛盾感、焦虑感。请一定要接纳此时的自己。因为这是一个非常宝贵的时期，这意味着有很多的来自自我的独特有价值的方面在等待你去发现，探索如何把自己的不同的方面整合在一起。只有先接纳自己，才有可能有勇气、有心灵空间让自己来朝着自我统合的方向去发展。

第三，接触真实自我。也许你会问，接纳以后呢？我该如何在众多自我矛盾中找到自己的方向，做出自己的选择？有心理学家认为，所有自我冲突的解决都需要大家来尝试理解我真正的感受是什么，我真正想要的是什么。换言之，我们需要和真实的自己相遇。

身体是帮助我们和真实自我接触的便捷通道。对于任何一件事情，我们会先在身体上产生一种朦朦胧胧的感觉，这种感觉代表了我们最真实的感受和期待。心理学家尤金·简德林（Eugente T. Gendlin）将这种模糊而笼统的身体感觉称为"体会"（felt sense），也即身体的意会。简德林认为，只要我们在生活中，留意这种笼统的身体的某种感觉，去注意它，给一点时间让它慢慢的呈现自己，我们就可以更加真切地知道我们内在的自我想要的是什么。他称这个过程为聚焦（focusing）。

案　例

通过聚焦接触真实自我

小李平时很忙碌。不仅修了第二专业，还参加了老师的项目组。有一个周末，他好不容易闲下来，在宿舍约了几个线上的朋友打游戏。这时室友回来了，开心地告诉大家自己拿到了一个公司的实习机会，晚上要请大家吃饭。大家都为他感到高兴。这个时候，在网上玩游戏的一个队友不小心犯了一个小错误。不知道为什么，小李同学一反常态，在网上对着那个队友大发雷霆。他对自己的情感爆发感到吃惊，因为平常自己不会有这样强烈的情绪波动。他对自己说，没有必要这样生气，又不是什么大事情。可是如此劝解不起作用，他还是强烈感受到不舒服。他对自己说，可能是最近太累了，没有睡好，最近压力有点大。但分析原因之后，他还是有气愤和紧张的感觉。最后他尝试聚焦。

首先，他让自己远离电脑，静静坐着。把现在困扰他的问题和情绪暂时放到离自己远一点的地方。让自己暂时保持一点清静。

接下来，他在心中问自己：对于这种游戏没有打好，自己总体的感受是什么？然后让这种笼统的体会自己显现出来。很快有一种朦胧的身体感觉出现了，他静静地体会这种感觉，然后轻轻地问自己，这种感觉像什么？有什么词或者形象比较贴近这个感觉？他没有从理智上去分析，而是等待某个词会自动出现在脑海当中："对于这个问题，我总体的感觉是什么呢？"

有一个词在脑海中浮现，"嫉妒"。他开始把嫉妒这个词跟自己的感觉进行比对和印证。是这个词吗？是嫉妒这种感觉呢？好像有一点点像，但是有一点点不同。就好像这个身体的体会当中有嫉妒的影子，但还不是很确切。于是他进一步询问自己。这种类似于嫉妒又有些不同的东西是什么？这种感觉就是针对什么的呢。他不让自己从理智上思考答案，而是静静地和身体的体会以及脑海中的浮现的词汇待在一起。突然间，有一种新的明悟产生：这不是一种嫉妒，而是一种"落后"的感觉。当这个词出现的时候，他似乎有一种找到正确答案的感觉，身体也好像松了下来。他没有去马上告诉自己应该怎样应对落后，而是去接纳这个体会，并且越来越多地感受到最近生活当中有很多方面让他感觉到自己的进步缓慢，有很多努力没有得到承认。这样的认识帮助他明确了自己接下来的方向是什么。

美国心理学家卡尔·罗杰斯（Carl Ranson Rogers）曾说："只要某项活动感觉好像是值得去做，那么它就是值得去做的。换句话说，我体会到，我对某种情境的总体上的机体感觉比我的理智更加值得信赖。"当我们陷入自我矛盾和自我同一性的冲突，不妨静下心来，聆听我们的内在。从身体上感受我们内在真实的自己所真正看中的我需要的是什么？我们永远要相信，我们内在的智慧能帮助我们整合我们理智上所无法触及的所有的一切，来实现自我的一致性和连续性。

自助练习

聚焦六步法

（1）为心灵腾出空间。将当前所有存在于你和"良好感觉"之间的东西转移到一个较远的距离，为自己的内在腾出一个宁静安全的空间。

（2）选择一个议题，产生体会。选择一个此刻你关心的议题，将它放到心中，感觉从内在产生的对这个问题的整体的、尚模糊的身体感受。

（3）找到与该体会契合的代表符号。从这种体会中显现出来的词、句或意象是什么？看看是否有一个词语、短语、图像、手势或声音与内在的体会相契合。

（4）在体会和符号之间交互感应。在词语和体会之间来回验证。当你的词句（或意象）能够完美匹配你的体会时，让你自己对此体会一分钟左右。

（5）探问体会。这里最主要的是什么？如果要往前进，它需要什么？

（6）接受这一次聚焦所产生的领悟。

第四节 积极体验自我：保持高自尊

> 自尊自爱，作为一种力求完善的动力，是一切伟大事业的渊源。
>
> ——［俄］屠格涅夫

有人说人生就是一场比赛，那赛场上自然会有运动员，也会有教练。在某种程度上，我们既是赛场上的运动员，也是场外的教练，我们在帮助自己赢得人生的胜利。

如果说我们是在对自己进行指导，教练会对运动员做些什么呢？教练做得最多的一件事情是帮助运动员形成清晰的认识：认识自己擅长什么，不擅长什么，认识比赛的规则，也认识我们的对手。如果运动员过度否定自己的能力，或者狂妄自大，都有可能输掉这场比赛。如果运动员一会儿做前锋，一会儿做后卫，一会儿又去守门，对自己没有一个一致和连贯的定位，这比赛多半也赢不了。同样，我们在对自己进行指导的过程中，也需要帮助自己形成无偏见，没有被污染的认识，另外也要实现自我同一性，这样，我们就可以在生活中更充分地投入和实现自己的目标。

除此之外，教练还会做一件事情。在运动员上场之前以及比赛的过程中，教练会为他打气。除了必要的战术指导，教练做得更多的，是在为运动员加油，鼓舞他的士气，增强他的信心。因此，在做自己的教练时，我们需要学会通过积极的自我评价来增强我们的士气，产生积极的体验，这对于我们的自我实现格外有帮助。

一、自尊的界定与评估

自我体验是自我意识的情感成分，它受到自我评价的影响，是我们对自身的情感体验。自我体验的核心就是自尊。

心理学家认为自尊是由于意识到对自己的肯定评价而产生的自己有价值感、有重要感的体验，是个体对自我概念进行评价的结果。因此，自尊就是我们基于对自己的总体看法所赋予自己的总体价值感，简而言之，是我们如何评判或评价自己，以及我们赋予自己作为人的价值（梅勒妮·芬内尔，2019）。

我们先来测一测目前自己的总体自尊水平。

心理自测

自尊水平测试（SES，Rosenberg，1965）

以下是有关自我描述的 10 个句子，请按照你的实际情况选择相符的数字。1= 非常不同意，2= 不同意，3= 同意，4= 非常同意。

1. 我感到我是一个有价值的人，至少与其他人在同一水平上。

2. 我感到我有许多好的品质。

3. 归根结底，我倾向于觉得自己是一个失败者。

4. 我能像大多数人一样把事情做好。

5. 我感到自己值得自豪的地方不多。

6. 我对自己持肯定态度。

7. 总的来说，我对自己是满意的。

8. 我希望我能为自己赢得更多尊重。

9. 我确实时常感到自己毫无用处。

10. 我时常认为自己一无是处。

在做完选择后，请先对以下题目进行反向计分（非常不同意 =4，不同意 =3，同意 =2，非常同意 =1）：3、5、9、10。再计算总分。总分越高，代表我们的自尊水平越高。如果总分低于 20 分，表明自尊水平较低；如果总分高于 30 分，表明自尊水平较高。

心理学家发现，健康的自尊会带来积极的自我价值感和自我赋权感。人会感到自我满意、自我接纳。对自己也会带有一种更平衡的看法，既能够看到自己的长处，也能够平和接受自己的不足。在面对挑战时，健康的自尊会让我们愿意为了成功而适度冒险，也能够在任何情况下关心自己，在心身两方面给自己适当的照顾。

相反，低自尊会影响我们的健康和生活。有些同学明明知道第二天的面试很重要，今天需要好好准备，提前复习一些材料，可不知道为什么一整晚都在打游戏，结果导致准备不足，没有在面试中表现出自己的最佳状态。这是典型的自我妨碍（self-handicapping），因为比起成功，我们更不想面对失败对自尊的打击。越是面对重要的场合，越出现拖延、分心他事，这都是低自尊导致的自我妨碍现象。因为一旦失败，我们不会因此否定自己的能力，而会归咎于自己没有努力或拖延，从而维系一种岌岌可危的自尊感（张丽华等，2013）。

自我妨碍在本质上也是自我设限（石伟、黄希庭，2004）。一只跳蚤可以跳起超过其身高 100 倍的高度。如果我们给跳蚤头上罩一个玻璃罩，每次它跳到玻璃罩就碰壁弹落下来。最后，当我们把玻璃罩打开，跳蚤可能只会跳到玻璃罩的位置，却远远低于它实际能跳的高度。有些人在生活中也是如此，他们内心给自己主观设定了一个只能达到的高度，只在这个限度之内过有限的生活。

除此之外，低自尊会让人变得敏感。原本别人一句无心之语，或者比较中性的评论，可能让低自尊的人听起来格外刺耳，很容易感觉到是被人拒绝、批评、质疑，于是为了维系自尊而出现不合时宜的自我防御，如激动的辩护、指责他人，或干脆逃避。适应型儿童自我的犹豫、焦虑、羞愧感都和低自尊有关。当我们对自己缺乏肯定时，会在心身两方面疏于自我照顾，似乎低自尊也影响了我们对自己表现出养育型父母自我。

二、自尊公式与自尊提升

心理学家威廉·詹姆斯提出了著名的自尊公式：自尊等于成就除以抱负。也就是说，如果我们在生活中有很多的成就感，我们的自尊也会增强；相反，在同样的成就表现之下，我们对自己的期待和抱负越高，该成就所带来的自尊感和自我价值感会下降。

一个中等生，高考超常发挥，总分超过一本线，他会有非常强的自我价值感；一个抱负水平很高的同学，虽然总分超过一本，可没有达到他心中的期望，他不仅不会有积极的价值感，甚至会因此感到失望。

自尊公式可以指导我们在生活中增强自尊。我们可以提高分子，增强我们的成就；我们也可以调整分母，调整不合理的期望和抱负。

先来看如何增强我们的成就感和价值感。价值感会有多种来源，有些人的价值感来自生理自我，如外貌、身材、体能；有些人的价值感来自社会自我，如自己在担任某社团的部长，自己的成绩，或为自己的某种社会角色而感到自豪；也有些人的价值感来自心理自我，如自己的兴趣、品格。

我们可以把自尊看作是银行存款。如果我们有多个账户，往不同的账户汇入不同水平的自我价值感，其总体就会带来较高的自尊。甚至当我们在某个账户出现自尊损失，如一次考试失败，一次被人拒绝等，还可以在其他账户那里得到补偿，维持一种较高的自尊水平。

相反，如果我们的自我价值感只是单一来源，一旦在新的环境里出现失败、表现不足等情况时，就容易出现自尊危机。这就是为什么有些同学在高中成绩非常优秀，进了大学之后容易被挫折打倒，因为他们的自尊账户太过单一，除了成绩，没有其他的价值感来源。本章开篇案例中的小欣同学，便是如此。

总之，单一的自尊账户有极大的风险，我们需要为自尊扩展账户来源。生理自我、社会自我和心理自我，任何能够带来价值感、成就感、胜任感和满意感的领域，都是潜在的价值感账户。在提升自尊的过程中，请注意以下两点：

（1）建议将焦点放在自己可以决定的领域，而非自己无法决定的领域。例如，智商并不是一个自己能够决定的领域。有人曾经为自己初中时候的记忆力和灵活性而感到骄傲，但随着大学学业压力的增加，学习复杂性增强，他惊慌地发现自己不再像过去那样脑子灵活，产生强烈的焦虑感，这显然是把价值感放错了位置。我们很难改变自己先天的能力，但可以决定自己是否努力；我们无法控制别人对我们的看法，但可以坚持自己内心的道德观念；我们无法控制自己先天的身体素质，但可以通过规律的锻炼来维持身体健康。因此，建议你更多为自己可以控制的特性而自我肯定，如你的坚持、努力、兴趣等。

（2）从社会比较转为自我比较。和他人比较，会把自己放在一种等级阶梯中，价值感也随之忽高忽低，无法稳定，因为总有人比我们做得更好。如果只有超越他人才能够带来自我价值感，可能这个世界上大部分人都会陷入自我否定的深渊。和自己比较，把自己放在成长和发展的时间轴上，这样我们总能看到希望。

✐ **启发与思考**

你的"自尊账户"是否过于单一？在你的生理自我、社会自我和心理自我的相关领域，可以扩展哪些"自尊账户"？

增强自尊的第二种途径是调整我们的抱负水平。抱负水平是我们的自我标准，它由理想自我和应该自我所组成。理想自我是我们希望自身具有的特性、品质；应该自我是我们认为自身在责任和义务方面应该具有的特性。

有些人认为，人之所以对自己不满意，低自尊，是因为他对自己的标准定得太高，现实自我和理想自我以及应该自我之间差别太大所导致的。所以有人建议，我们需要调整自我标准，对自己有现实的期待和要求。

如何判断一个人的理想自我和应该自我是合适的还是不合适的呢？有人说应该现实一点，例如希望自己考上研究生，这就是合理的理想自我。要求自己必须进北大、清华——这可能有点不切实际。

心理学家阿尔伯特·埃利斯（Albert Ellis）曾经提到：你可以希望自己挣一千万美元，挣一亿美元，这都没问题。但如果你对自己说，"我必须、一定要挣一亿美元，否则我就是个彻头彻尾的失败者，我的人生就一无是处"，这才是问题所在。换句话说，问题并不在于我们的理想自我和应该自我标准太高，和现实自我相差太远，真正的问题在于我们如何看待这种差异。

如果我们以一种僵化而极端的态度来对待现实自我和理想自我与应该自我之间的差异，要求对自己"我必须、一定要做到我所希望的、我应该做到的，只有这样我才是有价值的，才是可以接受的，否则我就是有缺陷的、有问题的"，那任何没有做到的地方，都会引发我们强烈的不安感和自我否定感。

相反，如果我们对这种差距所抱有的是一种灵活和接纳的态度，比方说："我希望我做到我理想中的那个样子，我希望我能够始终遵循我的责任和义务，但并不是绝对和只能这样，因为我和所有人一样，都会有失误的时候。如果我这次没有做到，我当然会很失望，但我依然是一个有价值的和有希望的人。"如果你带着这种灵活而包容的态度来面对现实自我和自我标准之间的差异，那哪怕有再高的抱负水平，也不会在没有达到的时候，破坏我们总体的自尊感。

启发与思考

如果用 1 到 10 分来衡量你目前的现实自我和自我标准（理想自我与应该自我）之间的差距，你会评几分？对于这种差距，你的态度是坚持绝对化的要求，还是保持灵活与接纳？

三、警惕脆弱高自尊，学习无条件自我接纳

大家都知道高自尊对心理健康的重要性，但同样是高自尊的人，也会有所区别。有些人的自尊始终如一，非常稳定，无论顺境还是逆境，无论自己的表现如何，似乎都能保持对自己的看重和认可。而有些人的自尊却是波动的、不稳定的，会因为自己的表现而忽上忽下，也有些人外表看起来很自信，有价值感，但内心却常感自卑，似乎其高自尊只是一种脆弱的假象。心理学家称这种现象为脆弱的、有条件的高自尊（金莹，卢宁，2012）。脆弱高自尊不会带来稳定的幸福感和价值感。

为什么有些人的自尊是波动的，有些人却是稳定的一致的？心理学家发现，脆弱而波动的自尊是因为有条件的自我接纳（conditional self-acceptance）。有条件的自我接纳，是我们根据自己在两种主要目标上的达成情况来评价自己的价值，并决定是否接纳自己。第一种目标是成就目标。我得到我所想要的，并因此认为我很好，因为我获得了成功。而我没有实现成就，就会说"这太糟糕了，所以我也很不好"。第二种目标是人际认可目标。我和别人相处得不错，得到他人的认可，就会说这很好，所以我是有价值的。可如果我没有得到他人的认可，甚至被人拒绝或者批评，我就会感到自己没有价值。这种有条件的自我接纳，会带来不稳定的、和局部的自我价值感。

如果我们希望得到稳定的、总体的自我价值感，那就需要学习无条件自我接纳（unconditional self-acceptance）。理性情绪行为疗法的创始人阿尔伯特·埃利斯非常看重人的无条件自我接纳，他提出四种实现无

条件自我接纳的方法：

第一，永远不评价自己。因为自我评价会导致自我贬低和自我夸大两种极端。我们可以继续追求对自己而言重要的人际目标或成就目标，但永远不要对自己和自己的整个生命做出好坏的评价和价值衡量。埃利斯说，你当下的表现只是你的一部分，不是你的全部，我们无法根据这有限的部分就对整个自己做出评价。

第二，把行为和人分开。我们可以评价自己的思想、情感和行为的效果，但不要对自己整个人或自己的整体做出评价。换而言之，我们的思想、情感和行为可能是正确的，也可能是错误的，可能是有用的，也可能是没用甚至有害的，对思想、感受和行为进行评价，我们可以吸取教训，争取下一次做得更好。但无论我们的想法、感受和行为怎样，都不能决定我的整体价值。

第三，相信有人可以无条件接纳自己。在我们的人生当中，曾经有人让我们感受到自己是被无条件接纳的，甚至也包括宗教信仰，我们可以在心中重复想象和体验这种被无条件接纳的感觉。

第四，反复练习无条件自我接纳的宣言。心理学家比尔·博赫特（Bill Borcherdt）整理出一系列无条件自我接纳的宣言，以下为摘选部分：

（1）当我表现糟糕时，我不是一个糟糕的人，我只是一个做出糟糕表现的人。

（2）当我表现出色、有所成就时，我并不是一个出色的人，我只是这一次表现出色、取得成就的人。

（3）不管胜利、失败还是打平，我都会接纳我自己。

（4）我不会根据自己的行为、其他人的意见或任何事情对我的整体盖棺论定。

（5）我可以列举自己的弱点、缺点和失败，但同时也不会以此为依据判断或定义整个自己。

（6）我可以责备自己的行为，但不责备自己；我可以表扬自己的行为，但不表扬自己。

（7）无论其他人如何评价我，我都能接纳我自己。

（8）我就是一个拥有优点和缺点的人，我可以评价这些优点和缺点，但永远不评价我这个人！

通过反复默念和宣告，我们可以在成人自我中拥有更坚定的无条件自我接纳意识。随着我们每天在生活中练习，就等于在人生的赛场上永远都有一名教练在积极关注着我们，接纳我们的真实情况，永远带着希望鼓励着我们自己。

学以致用

通过自我关怀培育无条件自我接纳

想象一下，如果面前是你最重视的朋友，或是个6、7岁的孩子，他们犯了某种错误，表现出某种弱点，你会如何对待他们？大部分人会有一种同情、慈悲、关切和接纳的态度，这就是我们的养育型父母自我状态。请你在每天的生活中，尤其当你的思考、感受或行为并不如自己理想或应该的标准时，试着以养育型父母自我的态度对待自己，永远肯定自己的存在价值，接纳自己所有自然的反应，给自己充分的成长空间。

第五节　有效管理自我：自我实现与自我创造

未有不能自足而能足人者，未有不能自治而治人者也。

——（汉）桓宽

生命的唯一意义在于活出真我，并完成那充满各种潜能的明天的我。

——［英］R.L.史蒂文森

在上一节，我们使用教练和运动员的比喻来理解人可以如何自我鼓励，引导自己积极生活。合理的自我认识是一方面，通过无条件自我接纳来获得积极自我体验，鼓舞士气，是赢得比赛的另一条路径。除此之外还有积极生活的第三条路径，那就是在合理认识自己和积极评价自己的基础上，通过有效的自我调控来协助自己实现目标。

一、自我指导

美国精神病学家罗伯特·克洛宁格（Robert Cloninger）提出了一种气质-性格理论。他认为我们的气质是天生的，有些人天生爱好新鲜，有些人却更喜欢怀旧，有些人生来胆大，充满活力，也有人更敏感，更虚弱。克洛宁格认为气质只有倾向不同，没有绝对的好和坏。我们的性格是后天发展而来的，是我们在社会舞台上表现出来的生活方式，性格有成熟和不成熟之分。

我们可以用两个指标来衡量一个人的性格成熟与否，一是自我指导性（Self-Directedness），二是合作性（Cooperativeness）。性格成熟的人是自我指导的，并且能够与他人合作；性格不成熟的人则是非自我指导的，难以和他人合作。在这里，我们重点关注自我指导性。

在克洛宁格的理论中，高自我指导者是自我负责的，低自我指导者容易将责任归咎于他人，归咎于环境，总是把自己放在受害者角色上。高自我指导者在生活中有明确的目标来指导自己，低自我指导者在生活中没有清晰的目标。高自我指导者的工作和学习风格可以帮助自我实现，而低自我指导者有更多自我妨碍的习惯，如拖延、散漫、冲动等。高自我指导者有较强的自我胜任感，面对困难有一种我可以解决或者我可以学习如何去解决的信心；低自我指导者容易陷入无助和被动，很明显，这与我们之前提到的自我否定和自我贬低偏见有关。高自我指导者是自我接纳的，会现实地平和地看待自己；而低自我指导者很难面对自己现实的不足，会用各种幻想来补偿内在的自卑感（卢宁等，2013）。

启发与思考

　　请你对比高自我指导和低自我指导者的不同特征，评价自己当前的自我指导性水平。

二、澄清目标

　　克洛宁格的理论为我们如何进行有效的自我调控指出了方向。自我指导性显然受到自我认识的客观性和统一性的影响，除此之外，还有两个特别重要的因素也与自我指导和自我调控有关：如何明确我们的目标，当拥有了目标以后我们如何去管理自己来实现目标。换而言之，有效的自我调控意味着人不仅拥有清晰的目标，还养成了有助于自我实现的良好习惯，这就像在教练的帮助下，运动员清楚地知道自己的目标是什么，并且每天为此开展训练。

　　我们先通过一个练习，来探索和确定目标。目标不能仅仅因为别人认为这个很重要就去做，如果没有自由型儿童自我的热情和兴趣，我们很难在一个目标上坚持下去。所以，这个练习的重要一步，是探索自由型儿童自我的渴望。

自我探索

目标澄清

　　请你找一个不受打扰的地方。让自己的心情平静来，安静地回到自己的内心。这个探索练习需要一定的时间。

　　（1）在一张纸上，写下你从小到大所有的心愿。释放你的自由型儿童自我，把所有曾经希望实现的愿望都写下来。不要限制自己，无论自己小时候的梦想或目标有多遥不可及，都不要紧，只管去想、去写就好。如果在书写的过程中感到困难，也可以通过依次回答以下问题来帮助自己探索：

　　● 从小时候开始，你曾有过哪些梦想？

- 从小时候开始，你曾希望自己成为一个怎样的人？
- 从小时候开始，你曾希望自己过上怎样的生活？
- 在过去的生活中，是否发生过这样的事情：你在做这件事的过程中，感受到强烈的成就感。在这个过程中，感受到快乐、投入、富有成效？
- 如果你的生命只剩下六个月，你会在这六个月中做哪些事情？
- 如果你立刻成为百万富翁，在哪些事情上，你的做法会和现在不一样？
- 你觉得生活中哪些事情最重要？
- 假如你确定自己不会失败（拥有充足的时间、资源、能力等），你特别想要做什么？实现什么？

给自己足够的时间，完成自由型儿童自我有关梦想和愿望的探索，直到感觉写完。

（2）将现实照进梦想。我们需要从成人自我的角度对自由型儿童自我的愿望进行整理，所以，请你看着在纸上写下的所有的目标和梦想。让自己处于和现实接触的成人自我之中，区分有哪些梦想和目标是自己能决定的，有哪些是自己不能决定的，或者把这些不能决定的改写成能决定的。

（3）接下来请进一步区分：在这些目标中，有哪些是有可能实现的，而有哪些是肯定不能实现的？

（4）为每一个自己能决定的和有可能实现的目标写上一个期限，比方说："我将在××时候来实现这个目标。"你也可以把这些目标放在我们的生理自我、社会自我和心理自我的分类框中。哪些目标与生理自我有关？哪些目标与社会自我有关？哪些目标与心理自我有关？

（5）选择在接下来的一年里，对你来说最重要的三个目标，三件你今年最想投入的事情。

一个和谐的自我系统是所有自我状态都认可同一个目标。控制型父母自我会从道德、责任、义务和价值等方面来判断目标是否合适；养育型父母自我主要关注我们在实现这个目标过程当中是否安全，是否幸福，是否健康，是否能让自己和周围的环境平衡；成人自我评估实现这个目标的可行路径，考虑现实当中的条件和限制；适应型儿童自我可能更多在意遵从限制，服从规范，以及会预判自己是否具备实现目标的能力；自由型儿童自我会对目标注入最真实的向往、兴趣和热情。

最后，你可以进一步使用在本书第七章第二节所提到的"SMART"原则（具体的、可以衡量的、可以达到的、和我们的重要追求有关联，并且是有截止期限的），为自己的目标写下清晰的陈述。根据沟通分析理论，这相当于和自己的内心签订契约，让目标真正成为行动的指引和动力源泉。

学以致用

对于每一个目标，你可以探索自己的内心，询问内在每一种自我状态对目标的看法。对于每一个目标，是否所有的自我状态都感到愿意去遵从？往往控制型父母自我和适应型儿童自我最容易对目标提出怀疑的意见或抵触的态度，所以我们需要通过成人自我的方式与人协商，努力找到大家都认可的目标。

三、调整工作风格

假设我们有了明确的、内部协商一致的、符合 SMART 原则的目标，下一个问题就是我们目前的工作习惯、学习习惯是否有助于我们实现这个目标？每一个人在工作和学习中都会形成一种相对稳定的、比较突出的风格，心理学家称为工作风格（working style）。

心理学家发现了五种常见的工作风格：第一种要快，一种迅速和追求高效的工作风格。第二种要完美，一种精益求精，追求完美和尽量不犯错的工作风格。第三种要让人愉悦，一种强调友好团结的学习和工作风格。第四种要努力尝试，一种热情求新的工作风格。第五种要坚强，一种冷静和独立的工作风格。每一种工作风格有它的优势的部分，也有它的不足的部分，所以我们需要发展出一种具有一定灵活性的自我管理的工作习惯。

　　在详细了解每一种工作风格之前，可以先来做一个自我测试，测一测我们的工作风格。

心理自测

工作风格测试（改编自朱莉·海，2020）

　　以下是我们在工作和学习当中常见的自我管理的习惯和倾向。请根据每条陈述和你的一致程度。从0—8分来打分。0分代表非常不符合，4分代表一般符合，8分代表非常符合你的情况。

　　1. 我经常等到截止日期已近才会开始工作。

　　2. 我喜欢把我的办公或学习区域整理有序。

　　3. 保持工作关系的和谐对我来说很重要。

　　4. 我喜欢开始新项目。

　　5. 我擅长在危机中保持冷静。

　　6. 工作（或学习）中无论遇到何种要求，我都能保持稳定和认真。

　　7. 我擅长看到一个任务的全局并表现出主动性。

　　8. 我喜欢鼓励人并帮助人。

　　9. 我会提前做好充分计划，这样才能准备迎接任何问题。

　　10. 我喜欢有许多事要做的感觉（即便我有时也会抱怨）。

　　11. 检查很重要，这样才能不出现失误。

　　12. 对于新项目我通常比其他人更热情。

　　13. 我通常比其他人更冷静、更平和。

14. 我通常对其他人的感受有敏感的直觉。

15. 我通常比其他人更快完成任务。

16. 有时人们觉得我对工作标准要求太苛刻。

17. 有时我会犯错是因为我做得太快。

18. 有时我给别人提供帮助的时候，对方好像不喜欢。

19. 即使任务太重我也不愿找人帮我，有时甚至会因此错过截止日期。

20. 我常常启动多个事情但一个也完不成。

21. 有时人们会抱怨我把事情搞得太复杂，因为我想到了太多可能的层面。

22. 有时人们觉得我冷漠且不友好。

23. 即使我已身负重任，也很难拒绝别人。

24. 当人们花太多时间讨论要做什么时，我会感到不耐烦。

25. 有时我会错过截止日期，因为我需要更长的时间来检查我的工作。

要快：1、10、15、17、24

要完美：2、9、11、16、25

要让人愉悦：3、8、14、18、23

要努力尝试：4、7、12、20、21

要坚强：5、6、13、19、22

将相关题项相加，即得到你的工作风格排序清单。

（1）"要快"（Hurry up）

第一种工作风格是要快，这是一种追求迅速和高效的工作风格。在控制型父母自我中，有一种只要快速做事，你就是有价值的判断。这种工作风格的优势在于，我们做事会很快，短时间内能完成许多事情；我们喜欢手头有许多事要做；并且追求速度、高效和以量取胜。对于截止时间较短的事情应对得尤其好。

但是过度追求速度，会让我们在适应型儿童自我中有一种强烈的时间紧迫感，导致人因追求快而行事匆忙，容易出错，没有时间完善自己所做的，也容易缺乏耐心，常打断他人，有一种时间永远不够用所以总是匆匆忙忙的状态，阻碍了自己与人深交。

自助练习

调整"要快"型工作风格

我们可以在成人自我之中，对要快的工作风格进行调整：允许自己慢下来，及时觉察自己想要打断他人的意愿；保持耐心，给任务安排出充足的时间，尤其增加准备的时间；我们可以使用最简单的事务管理系统，能够迅速做出分类，无需转录；我们也可以学习把要做的事情分阶段做规划，设定阶段的时间节点；面对时间紧迫感，我们可以学习放松技巧。

面对要快的工作风格，可以在快速的优势基础上，学习提高做事的准确性。

（2）"要完美"（Be Perfect）

也许你最突出的工作风格是要完美。要完美是一种精益求精的工作风格。在控制型父母自我中，有一种只要完美做事，只要不犯错，你就是有价值的判断。有要完美工作风格的人，做事情精准、有序；喜欢仔细检查事实，详细进行准备并且关注细节，而且对格式和内容都要求完美；这样的人组织性很强，会提前规划如何应对潜在问题，避免遇到意外。

但是过度追求完美，会让我们在适应型儿童自我中对错误感到忧虑甚至恐惧。优势我们会因过于追求完美而无法按期完成任务，经常错误判断任务所需的细致程度；我们的表达往往变得冗长、繁复、关注细节，易让听者感到困惑。

🔘 自助练习

调整"要完美"型工作风格

面对要完美的工作风格，我们可以在成人自我中反复提醒自己：人无法完美、犯错误是学习的一个重要途径。我们可以学习列出事情的优先选项，判断哪些事情确实需要很高的准确度，哪些事情可以粗略一些，减少精力的无谓消耗。我们需要提醒自己截止日期的重要性，时常关注目标。我们的计划应该围绕着如何按时完成任务，而不是花很多时间去做一份"完美的"计划。在人际交流中，我们练习只给出核心信息，避免用数据和信息把别人"淹没"。在每次发现错误时我们可以站在成人自我的角度问自己：结果到底有多糟糕？

对于要完美工作风格的人而言，需要在准确的基础上，提高按时性和对细致程度的合理把握。

（3）"要让人愉悦"（Please People）

要让人愉悦是一种很常见的追求友好团结的工作风格。这种风格与控制型父母自我认为只有让人愉悦，你就是有价值的判断有关。

有这种工作风格的人追求和人良好相处，对他人的感受有直觉敏感，给人感觉是理解、同情和善意的。这样的人擅长鼓励团队中的和谐、拉近团队成员之间的距离、照顾他人的感受，养育型父母自我和适应型儿童自我都比较突出。

但过度的要让人愉悦，会导致人在适应型儿童自我中不愿意和人对峙，害怕让他人生气或失望，害怕不被认可，过于在意他人看法，变得不愿拒绝，缺乏果断性，缺乏坚持自己信念的勇气。

🔘 自助练习

调整"要让人愉悦"型工作风格

面对要让人愉悦的工作风格，我们可以在成人自我中给自己和他人之间设定一定的界限，明确自己的优先事项。我们需要学习有技巧地拒绝，学会给出礼貌、坚决地回绝，维护合理的自我边界。我们也需要不再为别人认为什么是对的而担心，练习根据自己的喜欢来做出选择，而非选择"大家认为好"的东西。在小组合作时，我们可以直接问对方想要什么，而不是自己猜测，我们可以在成人自我的帮助之下克服适应型儿童自我的恐惧，学会坚定地告诉别人他们犯错了，说出来自己想要什么。

对于要让人愉悦的工作风格，我们需要在和善的基础上，提高果断性。

（4）"要努力尝试"（Try Hard）

也许你最突出的工作风格是要努力尝试，这是一种热情求新的工作风格。似乎我们的控制型父母自我在说，只要你一直努力尝试，你就是有价值的。

要努力尝试的人喜欢投入新的事情，喜欢每个新项目或新任务最初的阶段。他们喜欢探索不同的领域，考虑各种可能性，他们做新任务时能量值最高，有把事情做起来的动力和能力。

但是，这种工作风格过于突出的话，我们容易在完成任务之前就把最初的兴趣消耗殆尽；会因为兴趣太广泛，对太多事物的关注而让工作变得过于庞大；要努力试的人总是产生新的角度，说话常常跑题，新想法不断冒出来，让听者困惑。

⊘ 自助练习

调整"要努力尝试"型工作风格

对于要努力尝试的工作风格，我们需要在成人自我中预先知道自己容易在事情的后期感到无聊，需要找到一种适合的方法和做事程序来让自己完成事情。我们可以尝试找到有创意的方法让单调的工作变得有趣。我们可以做一个能把任务完成的计划，然后在成人自我状态中提醒自己一直按照计划走到底。我们需要核实任务的指标，只把要求的做好就行，要克制住自由型儿童自我不断发散出来的新的角度和新的方向。

要努力尝试的人，需要在热情的基础上，提高对任务计划的坚持性和完成度。

（5）"要坚强"（Be Strong）

最后一种工作风格是要坚强，这是一种冷静独立的工作风格。控制型父母自我对于坚强和自己搞定一切做出最高的评价。要坚强的人以由自己来解决问题为傲，他们面临危机也会保持冷静，他们的情感可以脱离当下的情境，从而可以冷静地解决棘手的问题；因为他们应对问题的沉着，被认为是可靠的、稳定的。

但过度的要坚强，会让我们无法接纳自己的脆弱，不愿意承认自己的弱点，不愿意接触脆弱的感受。有时我们宁愿工作负荷过重也不愿找他人来帮忙，而且在人际交往中缺少情绪反应，很少显露出自己的感受。

⊘ 自助练习

调整"要坚强"型工作风格

对于要坚强的工作风格，我们可以在接受新任务之前，检查自己是否够条件承担它。做好任务和时间记录，监督自己的工作量。我们需要在成人自我中提醒自己觉察并接纳真实的脆弱情绪：这是人性的重要部分。我们要允许自己在必要时寻求他人的帮助，提醒自己他人不仅具有有帮助的技能、知识，也具有帮助我们的时间、热情和意愿，只要我们开口提出来。我们也可以发展一个自己喜欢的业余活动。

对于要坚强的人，需要在独立性的基础上，适度寻求合作与帮助，表达情感。

　　五种工作风格代表了五种强有力的控制型父母自我的要求。同样，我们可以在成人自我中保留五种对做事的要求，但过滤掉当中给我们带来巨大压迫感的绝对化的要求和逼迫。更为重要的是，我们需要在养育型父母自我中给自己允许。

⊘ 自助练习

学习自我允许

　　根据前面的工作风格测试以及对每种工作风格的描述，请确定你最常表现出来的几种工作风格，在日常生活中可以有意进行如下自我允许：

　　（1）针对过度的"要快"型工作风格，在养育型父母自我状态中允许自己可以慢一点；在成人自我状态中告诉自己，时间是够的，就算错过也没有糟糕到极点。

　　（2）针对过度的"要完美"型工作风格，在养育型父母自我状态中允许自己可以犯错；在成人自我状态中告诉自己，就算犯错，你也是 OK 的。

　　（3）针对过度的"要让人愉悦"型工作风格，在养育型父母自我状态中允许自己愉悦，重视自己的需要；在成人自我状态中告诉自己，你是重要的，你可以为自己而活。

　　（4）针对过度的"要努力尝试"型工作风格，在养育型父母自我状态中允许自己可以停止无休止的努力尝试；在成人自我状态中提醒自己，完成比努力更重要。

　　（5）针对过度的"要坚强"型工作风格，在养育型父母自我状态中关怀自己的脆弱性，允许自己表达脆弱，寻求他人的帮助；在成人自我状态中提醒自己，脆弱是人性的一部分，你可以接受他人的关心和帮助。

本章小结

本章的目的在于通过心理学的原理和方法，协助读者围绕自我构建出清晰、明确的"内在导航仪"，发展出健康、积极、有力的自我意识，在人生旅途中顺利、幸福、坚定地行驶。

自我意识是一个人以自己为对象所产生的所有心理活动，它包含了人对自己的身心状况和特征、自己与他人以及周围世界的关系的所有意识。自我意识总是围绕着自己的三个方面展开：生理自我、社会自我、心理自我。完整的自我意识包含了对自己的三种心理活动：自我认识、自我体验和自我调控。每个人在生活中都会表现出三种状态，每一种自我状态都有它的价值。我们需要学习在自我认识、自我体验和自我调控这三个方面不断完善自己，明确目标，实现自己的追求，和发展自我。

自我是一个不断被发现、被重构和被创造的过程。在我们身上还有很多未知的潜力和可能性，只要我们保持对自己的无条件接纳，尊重内在真实的声音，以独立的个体与他人互动，就可以在当下充分活出自我，在未来创造更完整的自己。

书籍推荐

1. 岸见一郎、古贺史健：《被讨厌的勇气》

该书以对话的形式展开，描述了一个青年与一个哲学家的对话，通过这些对话，引导读者深入探讨自我、幸福和生活的意义。书中大量借鉴阿尔弗雷德·阿德勒的个体心理学理论，通过深刻的对话，帮助读者理解自己的想法和情感，提高自我认知，以引人入胜的方式探讨人生的深刻问题，提供许多对个人成长和幸福有价值的见解。

2. 托马斯·哈里斯（Thomas Harris）：《我好，你好》

该书是一本深刻且实用的心理学著作，它主要基于沟通分析理论，提供有关人际关系、沟通和个人成长的深刻见解。可以帮助读者理解自己和他人的行为模式，可以学会更加清晰和有效地沟通。通过学习和应用书中的概念，读者可以增强对自己行为和情感的理解，并学会更加接纳自己。

3. 阿尔伯特·埃利斯（Albert Ellis），《无条件接纳自己》

埃利斯是认知行为疗法的先驱，也是理性情绪行为疗法（Rational Emotive Behavior Therapy, REBT）的创始人。该书强调无条件自我接纳的重要性，认为很多人的心理问题和不满是由于对自己过于苛刻和持有不切实际的期望。他提出，通过理解和改变自己的认知过程，人们可以学会更加友好和慷慨地对待自己。该书是那些希望通过增强自我接纳来提高生活质量和幸福感的人的理想读物。为在自尊、自我接纳和情绪管理方面遇到挑战的人，提供深刻的见解和实用的工具。

参考文献

［1］瞿珍：《大学生心理健康》，华东理工大学出版社 2018 年版。

［2］朱莉·海：《态度与动机：工作中的人际沟通分析（TA）》，机械工业出版社 2020 年版。

［3］埃里克·埃里克森：《身份认同与人格发展》，世界图书出版有限公司 2021 年版。

［4］简德林：《聚焦心理：生命自觉之道》，东方出版中心 2009 年版。

［5］伯格（Burger）：《人格心理学》，中国轻工业出版社 2014 年版。

［6］阿尔伯特·埃利斯：《无条件接纳自己》，机械工业出版社 2017 年版。

［7］艾恩·斯图尔特、范恩·琼斯：《今日 TA：人际沟通分析新论》，世界图书出版公司 2017 年版。

［8］乔纳森·布朗等:《自我》，人民邮电出版社 2015 年版。

［9］梅勒妮·芬内尔:《克服低自尊》，上海社会科学院出版社 2019 年版。

［10］Dusay, J. M. Egograms and the "Constancy Hypothesis."［J］Transactional Analysis Bulletin, 1972, 2（3）: 37–41.

［11］卢宁、赖璐路、刘玎等:《气质性格量表修编版中文版的效度研究》,《预防医学情报杂志》2013 年第 8 期，第 628—632 页。

［12］韩向前、江波、汤家彦等:《自尊量表使用过程中的问题及建议》,《中国行为医学科学》2005 年第 8 期，第 763 页。

［13］张丽华、邱芳、刘雯婷等:《自尊与自我妨碍关系研究述评》,《辽宁师范大学学报》(社会科学版) 2013 年第 1 期，第 51—55 页。

［14］石伟、黄希庭:《自我设限及其研究范型和影响因素》,《心理科学进展》2004 年第 1 期，第 72—78 页。

［15］金莹、卢宁:《自尊异质性研究进展》,《中国临床心理学杂志》2012 年第 5 期，第 717—722 页。

［16］杨荣华、陈中永:《自我差异研究述评》,《心理科学》2008 年第 2 期，第 411—414 页。

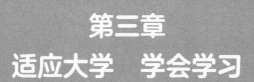

第三章
适应大学　学会学习

博学之，审问之，慎思之，明辨之，笃行之。

——《中庸》

案 例

小南，某校大一学生，高考填报志愿时，在父母的要求下选择了护理学专业，进入大学后，小南对专业课没有兴趣，经常不去上课。期中考试他有好几门成绩不及格，此后，他更加不重视学习，把时间都用在玩网络游戏上。辅导员找他谈话，希望他把心思用在学习上，但小南不以为然，觉得上大学就是六十分万岁，自己的目标就是能够拿到毕业证。

思考：

- 小南为什么宁愿打游戏也不去上课？
- 小南对辅导员的话不以为然的真正原因是什么？
- 小南要怎么做才能改变自己的学习状态？

人生在世，总是从事两类活动。一是改造客观世界的活动，二是改造主观世界的活动。前一类活动可以统称为工作，后一类活动可以统称为学习。学习是个体生存发展的基本手段，也是个体成就自我的必要过程。大学环境优越，学习资源丰富，大学生精力充沛，思维敏捷，大学学习本应是大学生活中重要的一环。但由于大学期间的学习和高中及义务教育时期的学习有着本质的区别，学习环境、教学方式、学习内容等都发生了巨大的转变，导致部分大学生在学习中可能会遇到诸多困惑和不适应，如学习适应不良，学习动机不足，以及拖延、完美主义、专业抗拒、厌学等问题，由于学习问题产生的逃课、挂科、沉迷网络等问题也较为突出。本章将带领读者认识大学学习的意义，学习调节和化解学习中的心理问题，寻找适合自己的学习风格和学习方法，帮助读者适应大学学习，平衡大学生活，保持心理健康。

希望通过本章学习，读者能够实现以下目标：

- 了解大学学习的含义，认识四种不同的学习动机理论
- 正确地认识大学生学习心理问题并能够进行自我调适
- 了解不同的学习风格类型并找到自己的学习策略与方法

第一节 角色转换与学习动机

一、学习的定义

学习是贯穿每个人一生的活动。人类通过学习获得自身的发展，并且推动时代的进步。关于学习的定义，学界一直未有统一的标准。学习在心理学上通常被定义为一种相对持久的行为变化，这种变化是通过经验或者在外界刺激和环境下获取新信息或知识所获得的。学习是人类最主要的适应机制之一，也是行为和心理变化的关键来源之一，同时，它也被认为是人类认知系统激活和塑造的重要因素。

学习有狭义和广义之分，广义的学习定义是指通过个体经验或观察事物而获得知识和技能，从而导致行为、能力、态度或价值观等方面的持久变化，同时还包括指导个体行为的认知、情感和意志等方面的变化。狭义的学习，也就是专指学生的学习，即学生在教师的指导下，有目的、有计划、有组织、有系统地进行学习。

二、大学学习的特点

从高中进入大学后，学习的特点发生了明显的变化。

学习内容上，高中学习主要围绕课本，内容相对比较简单易懂；大学学习则更加深入和广泛，主要侧重于专业领域的研究和实践。

从学习形式上来看，高中学习主要以授课和作业为主，学生按照老师和课本的要求学习；大学学习则更加自主和以探究为导向，主要以讨论、研究、实验为主，学生可以根据自己的兴趣和前提知识进行学习。

学习方法上，高中学习注重记忆和应试，主要通过记忆和练习取得好成绩；大学学习则注重思考和创新，发挥个人的创造力和批判性思维。

学生角色上，高中学生主要是被动接受知识和技能；大学学生则更加积极主动，需要自主选择课程、研究领域和实践方向，并且根据自己的兴趣和特长来学习。

评价方式上，高中教学主要以考试成绩为标准来衡量学生的学习成果，评价形式相对单一；大学学习则注重多元评价，包括书面作业、报告、口头演讲、实验、小组项目等多种方式，学生需要充分发挥创造力和独立性，并能够承担更高的学习风险和责任。

三、学习动机理论模型

何谓学习动机？

在大学学习的过程中，我们可能看到，不同的同学学习的理由有所不同。有的同学为了获得高分而学习，有的同学因为对学习内容感兴趣而学习，有的同学为了获得他人的认可而学习。

心理学家将动机（motivation）定义为激发、引导和在一段时间内保持行为的内心过程。动机的种类、强度、目标与指向各不相同。接下来介绍四种有关学习动机的理论，解释为什么人们会受其驱动进行各种活动。

1. 动机强化理论：斯金纳

学习涉及行为的改变。心理学家斯金纳通过研究动物的学习行为确立了行为学习的原理。行为学习理论强调学习行为根据紧随的结果而发生变化。愉快的结果可以强化行为，不愉快的结果减弱行为。

◎ 拓展阅读

操作性条件反射

操作性条件作用的形成是由于一个反应之后跟随着一个强化刺激，在这种情况下，有机体将反应与某个特定的结果相联系，进而形成"反应→强化物"联结。如此习得的反应是有机体有意识控制某种反应是否发生。有机体是在有意地进行控制，并能够对环境造成影响。

操作性条件反射是一种基于行为结果和反馈的学习方式，即通过重复练习某种行为，使得行为与其带来的结果之间建立联系，从而增加或减少该行为的出现频率。它通常涉及一个刺激和一个反应，其中刺激会触发特定的反应，而随着时间的推移，这种反应会在回应相同刺激时变得更加强烈或更加弱化。操作性条件反射可以用于训练动物进行各种任务，例如按压按钮来获取奖励，或避免某些不愉快的刺激。此外，它也可以用于帮助人类改变他们的行为模式，例如戒烟、减肥、培养健康的饮食习惯等。

行为学习理论已经研究了大量具有强化作用并能增加学习者行为频率的刺激和事件。其中强化的形式包括正强化和负强化。

（1）正强化

学习中的正强化（positive reinforcement）是指将某种愉悦或满意的刺激物或事件与某种行为联系在一起，从而可以增强这种行为的出现频率。例如，一个学生在课堂上回答了问题，老师表扬了他，这个表扬就是一种愉悦刺激，会增强这个学生在以后上课时积极回答问题的出现频率。正强化的例子有物质强化物，例如金钱、奖励等，社会强化物，例如他人的微笑、鼓励、赞扬等。

正强化是一种学习和行为塑造的有效方式。它可以帮助个体建立正确的行为和习惯，并且可以增强个体对某种行为的信心和动力。通过积极的奖励和正反馈，个体可以更加自信、积极和努力地参与学习活动，提高学习效果。

需要注意的是，正强化并不是所有情况下都会成功，有时甚至会产生一些负面影响，比如学习者过分依赖奖励而不是真正的内在动机，从而限制了他们学习的潜力。因此，在运用正强化的过程中，应该掌握一定的技巧和方法，逐步培养学习者的内在动机和习惯，形成可持续的行为变化。

（2）负强化

学习中的负强化（negative reinforcement）是指通过去除某种不愉

悦的刺激物或事件来增强某种特定的行为。例如，一个学生在做作业时表现得好，老师就停止批评他，这就是一种负强化。因为这种去除不愉悦的事件会让学生对做作业的行为产生更积极的态度。

与正强化一样，负强化也是一种有效的学习和行为调节方式。它可以帮助个体建立正确的行为，增强行为的持久性和稳定性。通过去除不愉快的刺激物或事件，个体可以减轻负担、感到轻松和愉悦，从而更好地投入学习。

需要注意的是，在运用负强化的过程中，也应该注意其优缺点和适用范围。负强化有时会导致学习者产生消极的情感或行为，比如它可能让学习者产生厌恶和反感，从而影响个体对学习的积极性。因此，在进行负强化时，需要注意适量、适时和适用范围，尽量避免负面的影响并提高正面的效果。

学以致用

请分别思考一个你曾经使用过的正、负强化的方法影响学习行为的例子。

2. 需要层次理论：马斯洛

需要层次理论是由心理学家亚伯拉罕·马斯洛提出的，它是一种解释人类行为和动机的理论。该理论认为，人类有一系列基本需求，这些需求按照优先级排列成不同的层次。包括生理需要、安全需要、社交需要、尊重需要和自我实现需要。

根据需要层次理论，大学生的学习行为可以被解释为满足不同需求的结果。例如，大学生可能会在课堂上遵循教师的要求和规定，这是为了满足基本的安全需求、获得好成绩和保持学术声誉。同时，大学生也会与同学互动、参加社交活动，以满足社交需求。随着学生进入更高年级，在追求更高水平的学术成就时，尊重和自我实现需求变得更加重要。大学生可能会积极寻求独立性和自我决策的机会，探索感兴趣的领域，参与研究项目或实习，从而获得更多的知识、技能和经验。这样做有助于满足自我实现需求，同时增强自信心和个人价值感。

3. 成就目标理论：德韦克

卡罗尔·德韦克的成就动机理论是一种解释人们在完成任务时表现出的动机和行为的框架。该理论指出，个体对成功和失败的反应不仅取决于他们希望取得什么结果，而且还取决于他们的信念和期望。

德韦克认为，人们的成就动机可以归结为两种类型：掌握目标和表现目标。掌握目标的人关注完成任务本身的质量和效果，通常会积极寻求挑战和追求自我提高。表现目标的人更关注比较自己与他人或过去的表现，通常会将注意力集中在避免失败或达到特定水平上。

此外，德韦克认为，在评估任务结果时，个体的期望和信念也非常重要。个体可能有一个固定的态度，即成功或失败在某些方面是由内部因素（如能力）或外部因素（如运气）控制的。如果个体相信他们的成功或失败主要由内部因素决定，那么他们倾向于更愿意接受挑战、追求更高的目标并努力工作。相反，如果个体相信他们的成功或失败主要受外部因素控制，他们可能会感到无能为力并失去动机。

4. 自我效能感理论：班杜拉

自我效能感理论是阿尔伯特·班杜拉提出的一种学习动机理论，该理论认为个体对于完成某项任务的信心和期望会影响他们的行为和表现。具体来说，自我效能感是指个体对于自己完成某项任务的能力的主观评价和信心水平。

自我效能感理论分为四个方面：经验、榜样、社会支持和情感状态。首先，通过实践和经验，个体可以根据自己的成功或失败来调整他们的自我效能感。其次，观察和模仿他人的行为也会影响个体的自我效能感。如果学生看到一个同学成功地完成任务，则他可能更有信心去尝试这项任务。再次，社会支持也可以促进个体的自我效能感，如鼓励和支持。最后，个体的情感状态，如焦虑、压力等，也可能影响他们的自我效能感。

四、提升学习能力 ·····································

从高中学习向大学学习过渡的过程中，由于学习环境、学习方式的变化，学生容易出现学习动力不足、学习效率不佳等问题，进入大学后，应该如何有效调节学习方法，尽快适应大学的学习节奏呢？

1. 设定合理目标

提升学习动机需要设立合理的目标。目标的设定需要遵循 SMART 原则，既具体的，可测量的，可实现的，相关的，有时限的目标。这是由彼得·德鲁克于 1954 年最先提出的，五个首字母代表的分别是：

S（Specific）：目标必须是具体的，可实现的，可操作性强的。

M（Measurable）：目标必须是可以测量的，可以通过核查确认完成与否。

A（Attainable）：目标必须是可达成的。

R（Relevant）：目标必须与其他目标具有一定相关性。

T（Time-bound）：目标必须是有时限的。

在学习时，可以尝试设立 SMART 目标来完成任务，并且通过完成这些目标积累成就感。举例来说，"我今天要好好学习"，并不是好的目标，而"我需要提前 15 分钟到达教室进行课前预习，下课后我要能够复述今天课上老师所讲的内容"，就是一个好的目标。通过设定合理的短期目标，按照自己的价值观和兴趣去完成目标，可以获得成就感，激发学习兴趣。

有关 SMART 目标，也可以参考本书第七章第二节的相关内容。

2. 学会正确归因

德韦克的成就动机理论提出了人们对于学习成绩的正确归因方式。根据该理论，人们对于学习成绩的归因可以分为以下两种类型：

内部归因：将学习成绩归因于内部因素，比如自己的智力、能力、努力、态度等。这种归因方式可以帮助个体更好地掌握自己的学习情况，并且提高对于未来学习的信心和动力。

外部归因：将学习成绩归因于外部因素，比如考试难度、运气、其他人的影响等。这种归因方式可以将自己从一定程度上解放出来，不会因为结果而对自己的价值做出过多的评价。

因此，在使用德韦克的成就动机理论对学习成绩进行正确归因时，我们应该注重以下几个方面：

（1）鼓励和肯定自己的努力。了解自己的内部因素，如智力、能力、努力程度等，在取得成绩时给予自己肯定。

（2）认识到外部因素的存在，并且尝试将这些因素作为信息来源而非单纯地推卸责任，从而更好地面对学习成绩的挑战。

（3）分析行为和结果之间的因果关系。在评估自己或他人的行为时，应该考虑行为和结果之间的因果关系，而不是仅仅根据结果来进行归因。

通过正确归因的方法，我们可以更清晰地认识自己和他人的行为，从而更好地管理自己的情绪和态度，并且更有效地学习和成长。

自助练习

激发学习兴趣

下面，我们来练习找到自己合理的学习兴趣。

请你从 1 到 10 列出你的学习兴趣排序。

第二节　大学生的学习困扰及调适

大学的学习和高中的学习有很大的不同，大学不是人生的终点，而是一个更有意义的人生起点。我们应该学会独立思考并且具备一定的自学能力。

大学的学习可能不会一帆风顺，在适应新的挑战的过程中也难免出现不同的学习心理困扰，常见的问题包括拖延、完美主义、专业抗拒和厌学。

一、拖延

　　小王明天要交一份作业，如果专注，大概两三个小时就能做完，但他每次打开电脑准备开始写作业的时候老是无法定下心来：反复登录QQ，查看微信，刷朋友圈，好不容易坐定，又想着下楼买点零食，回来后继续查看邮件，照镜子，打开音乐软件听听新歌，跟朋友闲聊，浏览各大网站，玩游戏，时不时看一眼时间又感到焦虑，但没有到截止时间还是不会开始动笔，最后凌晨两点开始赶作业，花了一个半小时草草完成，第二天睡眼惺忪地提交了作业。

　　思考：

　　1. 有哪些理由可能导致小王的拖延？

　　2. 小王要怎样才能在下次完成作业时不拖延呢？

1. 拖延的定义

　　拖延的定义是"在开始或完成一项外显或内隐的活动时实施的有目的的推迟"。拖延其实是一个有害的习惯，这是在完成一件为了维持生存必须完成的任务中表现出来的一种懒惰。拖延其实并不罕见，许多人或多或少觉得自己有拖延症，其实每个人都或多或少有拖延的问题，只是程度不同。

2. 拖延形成的内在原因

　　拖延其实是由于自己的大脑并没有形成足够强大的神经网络，以应对较为困难的任务，而选择较为轻松的任务，以短期的快乐替代自己长期收益的过程。芭芭拉·奥克利（Barbara Oakley）关于拖延形成的过程，她称之为"拖延循环"。该理论包括四个阶段：

　　（1）扳机事件：指拖延行为的触发事件，即启动整个拖延循环的初始事件。例如，看到一项待办任务、听到一个截止日期或者一个想法等。

（2）日常习惯：指个体的一种无意识的自动化反应，即在面临"扳机事件"时启动的一种习惯性的拖延反应模式。这种反应模式可能源于对不确定性的恐惧和担心，从而导致个体避开任务和挑战。

（3）获得奖励：指在拖延行为中获得某种奖励或者避免某种负面后果，从而强化个体的拖延行为。例如，拖延可以带来暂时的放松和舒适，或者避免失败和批评。

（4）强化信念：指个体对于拖延行为的信念和态度，即拖延行为的存在是否符合个体的期望值。如果个体相信他们可以成功地完成任务或者有足够的时间来完成任务，他们会更有可能开始任务。反之，如果他们认为任务是不可能完成或者没有意义的，就可能更容易产生拖延行为。

3. 应对拖延的方法

从完成小任务开始以增加行动力是重要的应对拖延的法则。以下提供三个调适拖延的方法。

（1）趁着还没有开始拖延，先看看任务清单里面简单的几项。比如当你有重要程度不一的 10 件学习任务要做的时候，看看清单里面最容易的几项让自己开始学习，比如复习单词，做基础的练习等。

（2）第二是写下你拖延的事情，带在身上，到哪里都随身带着，直到它们让你觉得拖不下去了，再回来完成。这个方法可以让问题徘徊在发散模式中，甚至在拖延期间，大脑也会对这些问题进行思考。

（3）使用番茄工作法。番茄工作法是一个简单易行的时间管理方法，一个番茄时间是 25 分钟，它不可分割，不存在 0.5 个或者 1.5 个番茄时间。认知神经科学研究发现，当人们真正地开始去做他们不喜欢的事情，只要做 20 分钟，这种生理上的不适其实很快就会消失。

一旦开始设定番茄时钟，中途就不要被其他事情干扰，包括回信息，看手机，上厕所等。如果被打扰了，就要停止任务，重新开始计时。25 分钟到了之后，不管任务完成了多少，都停下来休息 5 分钟，5 分钟休息后即可进行下一个番茄时间的学习。每完成 4 个番茄时间，可以休息 20 到 30 分钟。通过番茄工作法，多次积累，能够让自己有效的完成任务，减少拖延的习惯。大家可以试试看。

二、完美主义

1. 什么是学习上的完美主义

大学里的完美主义，指的是追求完美的学业成绩和表现，无论是在学习上还是其他领域，都要求自己做到最好，达到最高的标准和最好的结果。完美主义者通常会设置非常高的目标和标准，并感到自己对于没有达到这些目标和标准时感到失望和沮丧。

（1）极度注重细节：完美主义者可能花费大量时间和精力来追求完美的学业成绩，甚至是阶段性的小目标，如进行非常详细的笔记、精读每一页课本、反复练习习题、通读所有报告等。

（2）高标准、高期望：完美主义者通常笃定自己可以做到最好，他们把自己和其他人一起比较，并制定更高的标准，为自己设定一个极高的目标。他们倾向于对自己极为苛刻，尝试追求做到尽善尽美而非看到自己的进展。

（3）总是期望完美结果：完美主义者总是追求完美，因此通常做事情不断地调整、修改，以确保达到最佳效果。当没有达到自己的期望后，就会产生失落感、沮丧感，以及自我质疑，甚至是自我否定。

2. 应对学习上的完美主义

完美主义看似能够激励一个人上进，但其实更容易让学生产生负面情绪，不利于个体长期发展。我们可以通过以下方法应对学习上的完美主义。

（1）接受自己的进步：完美主义者常常对自己的进步和成就视而不见，反而夸大自己的不足。因此，当完成一个任务后，要多多关注自己所得到的成绩，从自己的每一点进步中体验乐观和积极的态度。

（2）改变与自己对话的方式：要学会使用自我肯定去替代自我否定，比如，用"我这次进步不小"，替代"我做得总是不够好"。

（3）寻找到适当的娱乐和放松方式：参与有趣的活动，放松自己的身心，游泳、阅读、运动和社交活动都能帮助减轻完美主义的压力。

总之，大学生学习上的完美主义倾向集中于追求彻底完美的学业表现，有时可能导致过度学习、拖延处理和焦虑，影响学习质量和积极性。了解完美主义的性质和影响有助于大学生克服完美主义的负面影响，以达到更好的学习效果。

三、专业抗拒

1. 专业抗拒是什么

专业抗拒，又称学科抗拒，指个体对于某个特定的学科或专业表现出一种消极的、抵触的态度。专业抗拒在大学生中并不少见，这种态度可能源于一系列因素，如个体自身的兴趣、能力、价值观等，也可能与学科的难度、课程设置、教学方法等有关。造成专业抗拒的原因主要有以下三点。

（1）抗拒父母的选择：高考填报专业时受到家庭、社会等多种因素的影响而做出了错误的选择，为反抗父母的意志而抗拒目前的专业。

（2）能力、兴趣、价值观等与现专业不匹配：高考选择专业时可能并没有充分了解自己的兴趣和爱好，在实际学习过程中发现自己的兴趣、价值观、学习方式等与所选专业相冲突。

（3）有更心仪的专业：部分学生内心有一个更加喜欢的专业，却因为各种原因未能如愿。

2. 如何应对专业抗拒

大学生专业抗拒可能是暂时的，也可能是持续的，良好的应对能够化抗拒为动力，找到自己的学习兴趣和动力。

（1）了解现专业、探索自己的兴趣。判断专业是否适合自己时要根据事实出发，避免情绪化的决定。如果来到自己不喜欢或不擅长的专业，先不要放弃学习，而应主动了解目前的专业是否真正适合自己，通过积极学习基础课，甚至加快学习进度，去体验高年级的课程，得出更加客观的答案。对心仪的专业，也可以尝试学习该课程，或者是在校内多了解该专业的相关信息，包括专业介绍、课程内容、授课老师、学习方法等。

（2）尽早进行职业生涯规划。通过充分探索自己未来的目标和方向，确立自己的未来规划，并有针对性地学习。

（3）转专业。学校对于转专业都会有比较严格的要求和流程，如果决定要转专业，需要尽早熟悉转专业的规则，以便于做准备，并且尽快定好学习计划。一旦通过了转专业的考试，反而需要加快学习，追上进度。如果没有成功，也不必灰心丧气。大学学习并没有围墙，不要放弃自己热爱的领域，你可以选择其他的方式去继续学习，比如学习喜欢的专业必修课、选修课，参加讲座，修双学位，去开放的慕课平台，去知识付费平台，或者自学自己感兴趣的内容等让自己的学习充满乐趣。

（4）接受辅导或咨询：寻求导师、辅导员或心理咨询师的帮助，向他们表达自己的担忧和困惑，了解选课和推荐学习资源等相关知识，得到专业知识和学习策略等的支持。

✏ 拓展阅读

德国考古学家谢里曼（Heinrich Schliemann，1822—1890），是特洛伊古城的发掘人。然而谢里曼不是职业的考古学家，他的考古过程并非一帆风顺。当时世人都只认为特洛伊的故事仅是一个传说，而他从小对特洛伊古城的存在深信不疑，一直立志找到特洛伊古城。他十四岁时，为了生计只能辍学当了学徒，后来又当过船仆、听差和账房，开始没日没夜地工作。几十年后，虽然他作为商人取得了巨大的财富，但他依然没有忘记初心。他开始学习古代史，并投入个人财产进行考古挖掘。他不是专业的考古学者，但是他准确地根据书中的地理线索挖掘到了特洛伊、迈锡纳等好几座古城，震撼了世界，他的故事使得考古学广为人知，他的研究思路也促进了考古学成为一门现代学科。

如果你现在选择的专业并非你所热爱的，而你有自己喜欢的领域，不妨将眼光放长远，不要放弃你所热爱的领域，说不定会有意想不到的收获。

四、厌学

1. 什么是厌学

大学生厌学指的是大学生对学习感到不感兴趣、厌倦和无动于衷的心理状态。这种状态的学生可能会出现缺勤、没兴趣参与课堂讨论、放弃扩展个人知识、考试成绩下降，以及在完成学业任务上缺乏动力等情况。大学生厌学可能由多种原因引起，如学业压力过大、没有足够的兴趣、个人情绪问题和环境问题等。以下是一些可能导致大学生厌学的原因。

（1）学业压力过大：可能来自课程、考试和论文等方面，若感到劳累、陷于不断的任务中难以喘气，甚至学习时无法集中注意力。

（2）学习兴趣缺失：伴随着不感兴趣的学习就会使人懒散，无动于衷，学习动能力严重下降。

（3）个人情绪问题：如情感挫折、家庭问题或其他生活压力等，情感上的重压会极大影响学习和动力，逐渐导致学习成效不佳，成绩下降。

（4）环境问题：如与同学关系不好、宿舍噪声或拥挤的居住条件，都会对学习产生影响。

2. 如何应对厌学

因为影响因素复杂，大学生厌学的原因可能是单一或多重的。厌学并不可怕，每一个人或多或少在大学期间产生过厌学的情绪，可以通过加强自我认知、寻找适合自己的学习方法，积极面对问题并寻求解决方法，如与老师或辅导员交流；寻找专业人士，例如心理咨询师的帮助；参与有趣的活动，通过课外活动充实生活；学习如何缓解压力等方式，帮助调整心理状态，重新找到学习动力。

第三节　寻找适合自己的学习风格和学习方法

　　每个人擅长的学科和学习方法不同，有的同学喜欢动手实践，有的擅长空间想象，有的喜欢与人讨论，这些都构成在学习风格上的偏好。学习风格是学习者持续一贯的带有个性特征的学习方式和学习倾向。学习风格很少因学习内容、学习情境等因素的变化而发生变化，因而构成学习者的个别差异，从而成为学习者鲜明个性特征的、独立稳定的风格。

案　例

　　小哲在高中成绩非常优异，上大学后他沿用了高中的学习方式，每天上课、做作业、被动等着老师讲授所有的内容，但是他逐渐感到自己在学习上没有建树。他对上课的内容非常陌生，听课时难以理解，总是开小差，他可以掌握一定的知识点，但是这些零散的知识很难统合，不能形成相应的知识结构，一旦综合考试，就感觉自己什么也没学会。随着学习任务越来越多，他感到力不从心，感觉自己每天上课、吃饭、做作业、考试，一直忙忙碌碌却忙不到点子上，经常觉得自己不会科学利用时间。一个学期快要过去，他觉得非常挫败。

　　思考：

　　1. 小哲应该从哪几方面分析自己的问题呢？

　　2. 如果你是小哲，你会给他什么建议帮助他解决目前的困扰呢？

一、经验学习圈理论

　　戴维·库伯（David Kolb，1939—　）提出了"经验学习圈理论"（Experiential Learning Theory，ELT），该理论认为学习不仅仅是单一能力的体现，而是体验的转换并创造知识的过程，他认为学习是由经验、反思、理论和行动构成的螺旋循环组成的，这四个部分缺一不可。

1. 具体体验（Concrete Experience）：指学习者通过身体经验和感官经验、体验中所感受到的直接感知、制定观察与经验，进行具体任务和尝试新的技能和技术。比如听了一堂课，做了某个实验，又或者去了某个地方旅行，也可以是他人的经验，从经验得到的感受最深的就是具体经验。

2. 反思观察（Reflective Observation）：在体验之后，学习者通过观察自己的行为和他人的反应来分析体验的过程。通过对于经验的思考，反省，整合，从中抽取有价值的收获和心得，这种反思提供了专注于体验背后含义和目标的机会。比如说上了一堂课之后，对这堂课的内容进行一个总结，或者回忆起某一篇我们读了的文章，我们产生的心得和体会。

3. 抽象概括（Abstract Conceptualization）：在反思后，学习者通过思考、理解、组织观察到的现象，尝试从中识别出共通的观点、意识和规律的过程。抽象概括关注对逻辑、思想、概念的运用，强调思维和构建一般理论，注重科学的方法。比如说从大量的读书笔记中，找到关于读某类书的方法，或者是通过某一个作者的作品了解到这个作者的写作风格。

4. 行动应用（Active Experimentation）：在分析和整合了以前的经验和知识之后，学习者制定计划并尝试将新得出的概念转化为行动，从而获得体验中的新经验。比如，我们用学会了的读书方法去读某一类书，又或者是掌握了一套解题方法，用来解决类似的问题，就是行动应用的过程。这个阶段形成一个新的开始，再次进入周期内的下一个循环。

学习圈理论认为，从具体体验到反思观察，再到抽象概括和行动应用，是一个动态和相互依赖的学习过程。通过循环不断且反复的学习，学习者能获得更加全面和深入的经验，不断地调整和完善他们的知识结构和技能，形成自己的认知模型。

二、测量自己的学习风格 ·················

　　根据每个人在不同学习循环中的偏好，库伯将学习风格分为四个类型：辐合型、发散型、同化型、顺应型。大家可以通过完成学习风格量表（Learning Style Inventory，LSI）测量自己的学习习性与倾向。

Ⓞ 心理自测

　　请你根据你的感受、反应以及认同程度为评定指标，回答以下48道题目，1表示基本不符合，2表示一般符合，3表示比较符合，4表示最符合。

　　1. 我在学习过程中喜欢调动自己的情感体验

　　2. 我在学习过程中喜欢思考

　　3. 我在学习过程中喜欢做中学

　　4. 我在学习过程中喜欢看和听

　　5. 我感觉什么时候学习效果最好：认真聆听并观察的时候

　　6. 我感觉什么时候学习效果最好：借助逻辑思考的时候

　　7. 我感觉什么时候学习效果最好：相信自己的预感和体验的时候

　　8. 我感觉什么时候学习效果最好：努力将事情做完的时候

　　9. 我在学习过程中：喜欢推理

　　10. 我在学习过程中：认真负责

　　11. 我在学习过程中：安静而沉稳

　　12. 我在学习过程中：有强烈的情感反应

　　13. 我采用什么方式学习：情感体验

　　14. 我采用什么方式学习：实践

　　15. 我采用什么方式学习：观察

　　16. 我采用什么方式学习：思考

　　17. 我学习的时候：对新的体验、新经历采取开放的态度

　　18. 我学习的时候：会多方位地观察问题

19. 我学习的时候：喜欢分析事物，将整体分解成各部分

20. 我学习的时候：喜欢试验

21. 我在学习的时候：乐于观察

22. 我在学习的时候：积极活跃

23. 我在学习的时候：看重直觉

24. 我在学习的时候：偏重逻辑思维

25. 通过什么途径我会学得最好：观察

26. 通过什么途径我会学得最好：人际间互动

27. 通过什么途径我会学得最好：合理的理论

28. 通过什么途径我会学得最好：有机会试验和实践

29. 我学习的时候：喜欢看到自己的学习成效

30. 我学习的时候：喜欢理念和理论

31. 我学习的时候：倾向行动前做好充足的准备

32. 我学习的时候：喜欢全身心投入学习

33. 什么时候我学得最好：依赖观察时

34. 什么时候我学得最好：凭借感觉时

35. 什么时候我学得最好：已尝试做时

36. 什么时候我学得最好：思考时

37. 我在学习中：是个心静、含蓄的人

38. 我在学习中：是个乐于接受的人

39. 我在学习中：是个负责的人

40. 我在学习中：是个理性的人

41. 我学习时：乐于投入其中

42. 我学习时：喜欢观察

43. 我学习时：喜欢对事情作评价

44. 我学习时：乐于积极行动

45. 什么时候我可以得到最理想的学习效果：进行思考、分析时

46. 什么时候我可以得到最理想的学习效果：乐于接受、思想开放时

47. 什么时候我可以得到最理想的学习效果：认真仔细时

48. 什么时候我可以得到最理想的学习效果：学以致用时

计分方式：

1. 具体体验：1、5、9、13、17、21、25、29、33、37、41、45 相加的总分；

2. 反思观察：2、6、10、14、18、22、26、30、34、38、42、46 相加的总分；

3. 抽象概括：3、7、11、15、19、23、27、31、35、39、43、47 相加的总分；

4. 行动应用：4、8、12、16、20、24、28、32、36、40、44、48 相加的总分。

....

下面我们来看一看每一种学习风格的特点以及每种风格对应的擅长的学科和职业，值得一提的是，每种方法都有自身的优势，没有绝对的好坏之分。

三、库伯学习圈中不同的学习方式

1. 辐合型学习方式

辐合型学习方式主要依赖于抽象概括和行动应用的能力。善于使用这种学习方式的人，在传统的智力测试中的表现都非常好。在这种学习方式下，人们通过假设、推断来组织知识，以集中处理某一个问题。

使用这个学习方式的个体擅长的能力有创建新的思维、行动方式，将新观点付诸实践，寻找最新解决方法，建立目标，作出决策。这个方式对应的学科是科学的专业，有代表性的职业方向是户外类和技术类。对应的学科包括商业、生态学、电机工程、土木工程、化学工程、机械工程等。对应的职业包括：工程师、应用科学家、发明家、专家等。

2. 发散型学习方式

发散型学习方式与辐合型的学习方式恰恰相反。它强调使用具体经验和反思观察的能力，使用这种方式学习的优势在于具有丰富想象力和对意义和价值的高度敏感。发散型学习方式主要是顺应能力，从多角度观察具体情境，将多种关系组合成一个有意义的整体。具有这种学习方式的人注重观察而不是行动。在提供多种可供选择的观点时，比如在头脑风暴活动中，他们会表现得非常好，而且他们对人比较感兴趣，具有丰富的想象力，情感丰富，因此，他们被称为学习方式的发散学习者。

发散型的学习方式，对应的是擅长学科是艺术和人文科学，有代表性的职业方向是服务类和艺术与休闲类。这个方式对应的专业包括：艺术、音乐、史学、语言类专业、哲学、政治学、新闻、社会学、人类学等。对应的工作类型包括：警察、社会工作者、临床医学家、设计师、艺术家等。

3. 同化型学习方式

同化型学习方式的学习能力主要表现在抽象概括和反思观察。这一方式的优势在于理性推理能力和创造理论模型的能力比较强，能够将完全不同的观察结果同化为一种解释。像辐合型一样，它对人的关注更少一些，对观点和抽象概念关注得更多一些，但它却较少用实际价值来评价这些观点。在这里，理论的逻辑性和精确度就更为重要。

持有同化型学习方法的人擅长组织信息、建立概念模式、验证理论与观念、设计实验、分析大量数据等等。这个方式对应的学科是自然科学和数学，而有代表性的职业方向是科学和大众文化。所对应的专业包括地理学、植物学、生态学、生理学、经济学、农学、林学、生物化学、化学、物理学、高等数学等。对应的工作类型包括：技术助理、办事员、记者、教师、学者、科学家等。

4. 顺应型学习方式

使用此方式的人善于掌握具体经验和行动应用。它主要是靠实践、实施计划、完成任务、融入新体验来进行的。这个方式关注寻找机会，接受冒险和采取行动。当一个人处于需要顺应自己以适应瞬息万变的环境时，最好采取这种方式。

拥有顺应型学习方式的人擅长坚持目标，寻求发展机会，影响领导他人，个体融入和与人相处。它所对应的擅长的专业是社会性专业，对应的有代表性的职业方向是组织与业务联系。对应的学术方向包括社会服务、法学、建筑学、教育管理、心理学、医学等。对应的职业类型包括推销员、公共关系运营、房产商、会计等。

注意，并不是一个人擅长使用某一种学习方式，就只能做这个方式中适合的职业，学习这个方式对应的学科。具有发散型学习风格的人，如果锻炼抽象概括的能力，也可以做关于科学研究类的工作。具有同化型学习风格的人，如果能够增加关于具体体验和行动应用的方向，也可以成为擅长协调关系的人。通过了解自己的学习风格，我们可以更了解自己擅长和不太擅长的学习方式，进而取长补短，将理论与实践更加有机地结合，成为更加全面的学习者，以便更好地适应学习和工作。

⊘ **启发与思考**

　　找找你所喜爱的名家的学习故事，用库伯学习圈理论分析他们是哪一类型的学习者，使用的是哪一种学习方式。

四、终身学习

先秦时期音乐大师师旷曾经说过，"活到老，学到老，知无涯，生有涯"，庄子也说过"生也有涯而知也无涯"。终身学习是指一个人在一生中不断地学习、改进和发展自己的知识、技能和个人素质的过程。这种学习不仅在青少年和成人时期进行，在任何时候和任何地点都可以进行。终身学习的目的是通过持续的学习，提高自己的工作能力，增强个人创造力和适应力，同时也促进社会发展和经济增长。在一个快速变化和不断创新的世界中，终身学习已成为现代生活必不可少的一部分，有助于人们适应社会和经济环境中的变化和需求。

通过大学学习可以为终身学习打下坚实的基础。通过实践学习、探索新领域、寻求反馈、自主学习、学术讨论、跨学科学习、独立思考有助于激发我们保持好奇，保持学习的活跃度。

拓展阅读

10个好的学习法则

1. 运用回想。学完一个阶段的内容，先不要翻书，回想一下刚才所学的主要观点。

2. 自我测试。任何内容、任何时间都可测试。

3. 对问题进行组块。根据意义将与问题相关的信息碎片进行组合，提升解决问题的能力。

4. 间隔开重复的学习。尽量不要将同样的学习任务安排得太过集中，可以像运动员一样每天安排不同的练习项目。

5. 在练习中交替使用不同的练习技巧。试着每次使用新的方法解决不同的问题，而不是只使用一种解题技巧。

6. 注意休息。每天学一点比集中一天学要好很多。

7. 使用解释性的提问和简单类比。将复杂的概念用通俗的方式解释明白，巧用类比更有助于理解。

8. 专注。关掉手机和电脑上所有干扰你的信号，设定25分钟的学习时间，集中注意力，完成学习任务。到时间后，给自己一个小小的、有趣的奖励。

9. 困难的事情最先做。最清醒的时候要做一天中最困难的事情。

10. 心理对照。在你的学习区域贴一张自我鼓励的话来提醒自己的梦想。通过对比过去的你和未来通过学习能够成就的你，激励自己的学习动力。

⊘ 自助练习

　　除了本节所列举的学习方法之外，请再列举 3 个适合在大学期间使用的学习方法。

本章小结

　　大学学习是指个人在高等教育机构（如大学、学院等）接受的学习。在大学学习期间，每个人都可以通过接受专业知识和技能的培训，不断地发展自己的认知和信息素养、创造力和问题解决能力、社交和沟通能力等。在大学学习中，个人可以通过实践学习、交流学习和独立学习等方式提升自己的学习效果，同时也从教师、同学等资源中汲取精华，建立学术网络和社交网络，为个人未来的发展和终身成长提供支撑。

参考文献

［1］芭芭拉·奥克利：《学习之道》，中机械工业出版社 2016 年版。

［2］D. A. 库伯：《体验学习：让体验成为学习和发展的源泉》，华东师范大学出版社 2008 年版。

［3］泰勒·本-沙哈尔：《幸福超越完美》，机械工业出版社 2011 年版。

［4］伍新春：《高等教育心理学》（第 2 版），高等教育出版社 1992 年版。

［5］斋藤孝：《学会学习：从认知自我到高效学习》，江西人民出版社 2016 年版。

第四章
人际关系

"你好，我好"是对人性的一种信念，即相信人类本性的善良与尊严。人类自然的倾向就是彼此依赖，彼此亲近且彼此信任。我们终身都需要彼此，都需要从彼此获得认可和安抚。这样，我们才能在和平与爱中生存。

认为自己和他人皆处于"好"的心理地位，是个体通往幸福、满足以及良好关系的重要途径。

每个人都是可以改变的，都可以实现一种真正的"我好-你好"的态度。

——托马斯·哈里斯

案 例

大一女生小芳走进辅导员老师的办公室，惴惴不安地说："老师，我不想在宿舍里住了。"说完便低下了头。"你愿意具体说一说吗？"老师耐心地问。在老师关切的目光下，她敞开了心扉："我不能选择宿舍和宿舍里的人，宿舍里每天总是闹哄哄的，她们天天都三个一群，两个一伙，总是干扰我。而我不能把时间和精力放在人际关系上，只想做自己的事，但是我现在什么也做不成，我想搬出去算了。"

思考：

请问小芳搬出宿舍就可以解决一切问题了吗？

如果想回避人际关系，就真的可以回避得了吗？

她有可能找到与室友之间和谐相处、相互促进的方法吗？

通过本章学习，希望能够实现以下目标：

- 了解人际关系的概念，了解大学生人际关系的特点
- 了解心理地位的内涵，尝试在人际交往中进行自我探索
- 识别人际关系中的问题，学习调适和处理人际问题的方法与途径
- 了解自我分化的内涵，学会在人际关系中自我成长与自我发展

第一节 人际关系概述

阅读材料

我总觉得我非常孤独，我很难和人建立起比较好的关系，不知道是为什么，也不知道怎么办，常常有一种空虚感。我很想像其他同学一样，能够和小伙伴好好相处，有说有笑的很融洽的样子，能够和所有人都处得比较好。

——某大学生日记

人不仅是指生物意义上的人，也指社会意义上的人。人离开了社会就很难独立存在于世界上。人际关系是人们社会关系的一种。人类在社会生活中从事共同活动，彼此之间建立了各种复杂的社会关系。其中，人们在社会活动过程中直接接触到的人与人之间的心理关系就是人际关系。比如社会中的朋友关系，单位中的同事关系、上下级关系，家庭中的亲属关系，学校中的师生关系、同学关系，等等。这种直接的人际关系制约着人们的直接的心理关系，制约着人与人之间心理上的距离的远近，以及相互之间的合作关系或竞赛关系。

人与人之间心理上的直接关系是人们社会交往的基础，人际关系对于人们的日常生活、各种社会活动都是不可或缺的。人际关系是社会生活的中心课题，也是人与人之间相互作用的结果。由于人与人之间的相互作用，从而形成了复杂的人际关系网络。

一、人际关系

人际关系（Interpersonal relationships）是指人与人之间的关系，是指人与人之间通过交往与作用形成的直接心理关系、心理上的距离。人际关系反映了个体或群体寻求满足其社会需要的心理状态。因此，人际关系的变化和发展决定于双方社会需要满足的程度。

交往双方在个性、态度、情感等方面的融洽或不融洽、相互吸引或相互排斥，必然导致双方人际关系的亲密或疏远。

人际交往是指在社会活动中，人们运用语言符号系统或者非语言符号系统相互之间交流信息、沟通情感的过程。包括人与人之间的非物质性的信息交流、物质交换，以及在相互作用的过程中建立起来的相对稳定的关系。

人际关系是人际交往的结果。

二、人际关系的内涵

认知成分：反映个体对人际关系状况的认识和理解，人与人之间的相互感知，以及对对方所持的态度。通常以认知上的一致为相互选择的标准。

情感成分：体现个体在人际交往中的情感体验（比如积极情感或消极情感、爱或恨、满意或不满意）。通常以情感上的倾慕为相互选择的标准。情感成分是人际关系的核心成分。

行为成分：个体人际交往中的行为和行为结果。通常以行为上的共同活动为相互选择的标准。

三、人际关系的建立

人际关系的建立通常经历四个阶段。首先是定向阶段，交往双方彼此注意、选择及沟通。然后是探索阶段，探索双方的异同点并建立联系。之后进入稳定交往阶段，伴随着更为深度的自我分享与自我暴露，同时允许对方进入彼此的私密性领域。最后是情感交流阶段，双方进一步交流，带有更深的情感，逐步信任并稳定交往。

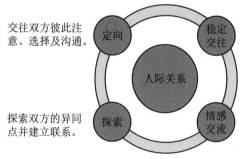

图 4-1 人际关系的建立

四、人际关系的重要性

如果在大学里能和老师、同学相处愉快，能够有几个好兄弟、好姐妹是一件十分快乐的事，能为我们四年的大学生活带来更多的欢声笑语，良好的人际关系是人生幸福的基石。

在马斯洛的需求层次理论中，归属与爱的需要位于第三层，对应的就是对人际关系的需要，如果这种需要得不到满足，人们会产生强烈的孤独感、疏离感，产生痛苦的体验。

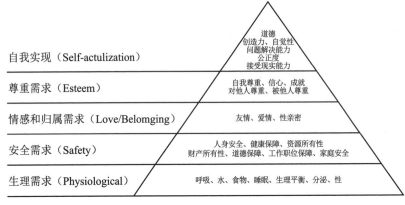

自我实现（Self-actulization）

道德
创造力、自觉性
问题解决能力
公正度
接受现实能力

尊重需求（Esteem）

自我尊重、信心、成就
对他人尊重、被他人尊重

情感和归属需求（Love/Belomging）

友情、爱情、性亲密

安全需求（Safety）

人身安全、健康保障、资源所有性
财产所有性、道德保障、工作职位保障、家庭安全

生理需求（Physiological）

呼吸、水、食物、睡眠、生理平衡、分泌、性

图4-2　人际关系的重要性

阅读材料

　　心理治疗师萨提亚女士说过："我们因为相同而相遇，因为不同而成长。"我们在大学中会遇到形形色色的人，遇到与自己一拍即合的人那是极好的，同时应当认识到存在分歧也是正常现象，君子和而不同。

——某大学生日记

五、大学生人际关系的特点

　　当代大学生成长在一个更加开放包容的社会环境中，在人际交往中他们追求平等、合作、团结、友爱、互助的关系，这些已经成为大学生人际关系的主要特点。

　　平等是大学生人际关系最主要的特点，平等相待能够在人际交往中更好地了解彼此的感受，做出积极的回应，在平等交往、相互尊重中获得成长。合作与团结是社会发展对人际关系提出的更高要求，大学生在学习和生活中相互合作、共同进步，各美其美、美美与共。保持友爱和善良，能够站在他人的角度考虑问题，关心身边的同学，与同学相处的时候能够肯定对方，做大家的"小太阳"。理查德·爱默森说道："人生最美丽的补偿之一，就是人们真诚地帮助别人之后，同时也帮助了自己。"在大学里，舍友之间帮忙打饭、拿快递是常有的事，有时候友谊就是在一次次的互助中加深的。在帮助别人的过程中，自己也获得了价值感，收获了愉悦的心情，送人玫瑰，手有余香。

图 4-3 平等、合作、团结、友爱、互助

第二节 人际关系中的自我探索

🖉 阅读材料

"我好"，仅仅因为出生于这个世界，我就有权利拥有生命及可能获得的幸福。"你好"我知道其他任何人与我拥有同样的权利。因此，我好，你也好。

——托马斯·哈里斯

托马斯·哈里斯（Thomas Harris），美国心理学家、精神科医生。他毕业于天普大学医学院，曾任美国海军精神医学部主席。从中校职位上退休后，哈里斯博士成为一名大学教授，从事指导儿童辅导医学医疗中心、精神医院，青少年矫治机构以及最高安全级别监狱的工作。1956 年，他在萨克拉门托市开设私人门诊，成立人际沟通分析研究院，并成为国际人际沟通分析协会主席。哈里斯博士师从 TA 理论缔造者艾瑞克·伯恩，并在他的理论观点之上写出了《我好，你好》这本经久不衰的畅销著作。

一、人际交往中的心理地位

心理地位理论是其创始人艾瑞克·伯恩在 1964 年提出的。该理论的哲学理念，可以从以下几个方面来阐释：人都是好的；人都有自己的思考能力；人决定自己的命运；人所做的决定是可以改变的，人可以为改变负责。

心理地位这一理论又是怎样看待人生呢？该理论认为：人生的意义是自己不断去创造，人生的价值是因为我活着所以我要沟通，人生的最终目的是自我完成并相互完成，人生的任务是享受成长的喜悦，人生永远是一个过程，人生应该要活在当下，人生永远要接受已经发生的一切。

伯恩认为，心理地位（life positions）是一个人对自己、他人与世界关系的基本信念，并与本人的决定和行为相符合。个体在生命早期形成人生脚本的过程中，逐渐对自己和周围环境产生某些基本看法，形成关于自我、他人与世界关系的基本信念，即个体的心理地位。

心理地位可以简单分类为：

1. 我好

2. 我不好

3. 你好

4. 你不好

把这几种分类组合起来，就可以得到关于自己、他人与世界关系的四种基本看法：

1. 我好，你好

2. 我不好，你好

3. 我好，你不好

4. 我不好，你不好

我们把这四种基本看法称为心理地位。这些看法代表一个人从什么立场来感知自己、他人与世界关系的基本价值和基本信念。

伯恩认为，每个人的人生脚本、心理游戏及个人命运，都是这四种心理地位的其中之一。

"我好，你好"心理地位的人，认为自己是好的、是可爱的，他人也是好的、是可爱的，人与人之间是平等的、相互尊重的，人际交往中会选择合作，互助的方式前行。认为自己和他人皆处于"好"的心理地位，是个体通往幸福、满足以及良好关系的重要途径。

"我不好，你好"心理地位的人，往往容易围绕在自己是受害者的主题上，总是觉得自己不如别人，人际交往中容易出现自卑、内疚、受伤、担忧、窘迫等心理状态。

"我好，你不好"心理地位的人，容易自大、偏执和得意，容易怪罪他人，容易表现出愤怒和生气的情绪状态。

"我不好，你不好"的心理地位容易相信人生是徒劳无益的，充满了失望，他看自己是没有价值的、不可爱的，也不相信别人会帮助他，因为别人也是不好的，所以他的人生脚本都围绕在拒绝别人和被别人拒绝的情境中，容易出现人际退缩、无助、无望、空虚和困顿等心理状态。

二、心理地位的评估与应用 ·······································

在心理地位研究的基础上，发展了《心理地位量表》来测量和评估一个人的心理地位。

心理地位量表

指导语：请在下面的陈述中找出每组题目中与你最相符合的一条陈述，并记录你的选择。请坦诚面对自己，不要选择你认为"最佳"的答案，而是选择最符合你的人际表现的答案。

第 1 组题目

A. 我会让他人说完后自己再说。

B. 在团体里我喜欢坐后排并让他人做主导。

C. 我会在他人说话时打断他们。

D. 我会尽量避免出现在需要提出自身观点的场合。

第 2 组题目

A. 当我觉得自己正确时，我会坚持自己，并且也希望他人也这样做。

B. 通常我认为他人知道得最清楚。

C. 大部分时候我认为我是正确的，并且希望他人遵从我的观点。

D. 我不认为把自己的观点强加给别人有什么意义，因为人们很少欣赏我的观点。

第 3 组题目

A. 我会根据自己觉得正确、恰当的东西来做决定。

B. 我让他人替我做决定。

C. 我经常替他人做决定。

D. 我对于做决定或者听他人建议都很抗拒。

第 4 组题目

A. 我一般会根据环境来调整自己的交流水平。

B. 我时常压低声音并且避免眼神接触，以避免别人关注我。

C. 我有时说话声音很大，想要形成一定的影响力。

D. 我不想做过多交流。

第 5 组题目

A. 我会尽力去理解他人的感受，然后再让他人了解我的感受。

B. 有时我会把自己的情感隐藏起来，只随大流就好。

C. 我喜欢责备他人，挑他人的毛病。

D. 我对任何事都没有什么强烈的感受。

第 6 组题目

A. 我会在问题发生之前预先把问题摊开来讲，问题发生之后我会找方法解决问题。

B. 我真的不介意别人得偿所愿。

C. 我会确保事情要按照我希望的方向发展。

D. 我常让步让他人得到他们想要的，但我又经常对此感到愤慨。

第 7 组题目

A. 我处理自己的问题并做自己的决定。

B. 我不做决定，从而让他人来替我做决定。

C. 我会给无法做决定的人提供解决方案。

D. 我喜欢回避问题，把决定留到明天去做。

第 8 组题目

A. 我认为自己很能干，与他人平等。

B. 我认为自己比他人弱，没他人有能力。

C. 我认为自己比他人强，比他人有能力。

D. 我认为多数人都很弱小或没什么能力，包括我在内。

第 9 组题目

A. 我接受自己的责任，而且知道他人有哪些责任。

B. 我喜欢由他人承担责任，由他人带头。

C. 我会尽可能多地承担责任，甚至包括他人的工作。

D. 我会避免承担责任，因为当事情失败时这只会给你带来指责。

请分别统计你选择 A、B、C、D 的数量，数量越多代表你在人际交往中越常处于该心理地位中。

A 代表"我好，你好"的心理地位

B 代表"我不好，你好"的心理地位

C 代表"我好，你不好"的心理地位

D 代表"我不好，你不好"的心理地位

每个人长大以后，都已经按照四种心理地位写好了自己的人生脚本，奠定了对自己、他人与世界关系的基本信念，并会按照自己的信念去做出决定和行为。

但我们并不是每时每刻都停留在某一个心理地位里，而是在不同的心理地位间转换。你的选择结果，也恰恰说明了这一现象。心理学家法兰克林·恩斯特（Franklin Ernst）依据这一现象发展出一种象限图，用来分析心理地位间的转换、调整和改变。

	你好	你不好
我好	我好，你好 （平等—自尊）	我好，你不好 （怪罪、得意、 愤恨、生气）
我不好	我不好，你好 （内疚、自卑、受伤、 担忧、窘迫）	我不好，你不好 （无助、无望、空虚、 困顿）

图 4-4　心理地位象限图

第三节　人际关系中的问题调适

启发与思考

　　在人际交往中，你是否因担心被评价或被否定而不敢表达自己的想法？

　　你是否觉得很难理解别人？

　　你是否容易和同学发生冲突，遇事易冲动，之后又后悔不已不知如何解决？

　　你是否渴望融入集体，却缺乏社交技巧而不知所措？

一、大学生常见的人际关系问题

　　首先，尝试用心理地位理论来理解和识别大学生人际关系中常见的心理问题：

　　"我不好，你好"的心理地位的人，总是觉得自己不如别人，人际交往中容易出现自卑、内疚、受伤、担忧、窘迫等心理状态。

　　"我好，你不好"的人，容易自大、偏执和得意，容易怪罪他人，容易表现出愤怒和生气的情绪状态。

"我不好，你不好"的心理地位的人，容易相信人生是徒劳无益的，充满了失望，看自己是没有价值的、不可爱的，也不相信别人会帮助他，因为别人也是不好的，容易出现人际退缩、无助、无望、空虚和困顿等心理状态。

其次，尝试用心理地位理论来改善和调适大学生的心理问题，尝试去认可自己是好的、是可爱的，他人也是好的、是可爱的，人与人之间是平等的、相互尊重的，在人际交往中选择合作、互助的方式，逐渐形成"我好，你好"的心理地位。

尝试用自我肯定的方法增强"我好"的心理地位，尝试用非暴力沟通的方法增强"我好，你好"的心理地位，尝试用沟通分析的方法增强成人自我的力量。

二、自我肯定练习

> 我们看待事物的方式，而不是事物本身如何，决定着一切。
>
> ——卡尔·荣格

自我肯定练习，就是通过向自己重复暗示一些具有积极意义的话语，以代替我们头脑中已有的消极想法，从而改变我们的日常习惯、生活态度和自我期望，使我们在日常行为中充分感受到自己具有的潜能和力量。也就是自觉地、有目的地、有意识地运用积极的语言来改变自己。

在进行自我肯定练习时，需要把握以下几点：

1. 每句都用"我"开头。这样能使我们时刻意识到是"我"在监督我自己，是我自己监督自己，而不是别人。如：用"我是一个自信的人"来代替"一个自信的人"。再比如："我是一个善良的人"，"我是一个热爱生活的人"，"我是一个勤奋的人"，等等。

2. 用肯定的正面的语句。这样能体会到自己的状态是正面而积极的。如：在考试前用"我可以复习好"代替"我不可能复习好"；在考试时用"我一定会考好的"代替"我不能考砸了"；在考试中用"我很放松"代替"我千万不要紧张"，等等。

3. 尽量使用现在时。在语句中使用"正在"之类的词语，而不是"将会"之类的词语。这样能使自己体验到这种良好的状态就在现在。如：用"我现在的学习效率很好"代替"我的学习效率将会很好"；用"我正在专心听讲"代替"我过一会就会专心听讲"，等等。

4. 使用简短精练的句子。这样能使自己时刻体会到一种力量感。如：用"我是一个自信的人"代替"我一直认为无论在哪方面我都是一个具有很强的自信心的人"；用"我心情很好"代替"我感觉今天从早上到现在我的心情都非常好"，等等。

尝试用自我肯定的方法增强"我好"的心理地位，逐步改善和调适"我不好"的心理地位，就能逐渐塑造"我好，你好"的心理地位。

自助练习

举个例子：我从来都是一个不自信的人，在同学交往中总是很胆怯，参加活动的时候很怕说错话，怕被别人嫌弃，怕被同学看不起。

1. 每句都用"我"开头：我。

2. 用肯定的正面的语句：我是一个自信的人。

3. 尽量使用现在时：我正在全情投入活动。

4. 使用简短精练的句子：我可以表达；我真的做到了。

三、非暴力沟通的方法

鬼谷子曾经说道："口者，心之门户，智谋皆从之出。"这句话的意思是说，语言是心灵的窗户，人们心中的谋略都是通过语言来表述的。但你真的会表达自己吗？也许你会发现以下对话经常在耳边出现："一晚上不回信息，我觉得你根本不爱我。""你怎么做事总是那么不认真？"

类似的话语常常给我们带来伤害，如何更好地用语言诚实而不带批判地表达自己、带着同理心去倾听别人呢？

你是否曾有过这样的疑问：人天生热爱生命，乐于互助。可是究竟是什么，使我们难以体会到心中的爱，以致互相伤害？又是什么，赋予我们力量，使我们在最恶劣的情况下，也能关爱生命？

阅读材料

"我们无法给予别人，我们自己没有的东西。"以前我一直把温柔理解成要求自己去包容对方的行为，以至于内耗严重，读到这句话时，我发现我对自己也充满了评价，往往没有关注到自己的感受和需要，所以也做不到真正地对别人温柔。于是我在心里演练关注自己的感受与需要，就感觉很神奇，对自己一下子也变得温柔起来。

——某大学生日记

阅读材料

非暴力沟通

大多数暴力的根源在于人们忽视彼此的感受与需要，而将冲突归咎于对方。听了你的话，我仿佛受了审批，无比委屈，又无从分辨，在离开前，我想问，那真的是你的意思？语言是窗户，否则，它们是墙。

非暴力沟通是一种功夫，跟有经验的人学习，你才能真正体会到它的温暖、力量和深刻。运用非暴力沟通聆听彼此心灵深处的需要，我们将以全新的眼光看待人际关系。

——摘自《非暴力沟通》

当我们褪去隐蔽的精神暴力后，爱将自然流露。

为了倾听他人，我们需要先放下自己已有的想法和判断，全神贯注地体会对方。

——马歇尔·卢森堡

🔍 阅读材料

　　马歇尔·卢森堡（Marshall B. Rosenberg），师从人本主义心理学家卡尔·罗杰斯，美国威斯康星大学临床心理学博士，国际非暴力沟通中心创始人，全球首位非暴力沟通专家。他有着 50 多年的实践经验，不仅指导人们在工作和生活中运用非暴力沟通，消除分歧和争议，实现高效沟通，还帮助解决许多世界范围的争端和冲突。马歇尔·卢森堡著有许多关于非暴力沟通的书籍，《非暴力沟通》出版于 2003 年。

　　马歇尔·卢森堡在 1963 年提出了一种神奇而平和的沟通方式，即非暴力沟通方式。非暴力沟通指导人们通过转变谈话和聆听的方式来减少人与人之间因为语言带来的痛苦和伤害。非暴力沟通提出基于爱的、非暴力的、互助的沟通。非暴力沟通的目的是帮助我们在诚实和倾听的基础上与人建立联系。用非暴力沟通的方法，学会改善和调适"我不好""你不好"的心理地位，建立"我好，你好"的心理地位。

　　在沟通中，明白自己的观察、感受、愿望和期待，有意识地使用平等而又互相尊重的语言，也就是要掌握非暴力沟通四个要素。

　　非暴力沟通模式的总结：关切地倾听他人，而不解读为批评指责；诚实地表达自己，而不批评指责。

　　1. 观察（观察而非评论，陈述事实而非评价）："我看到/听到……"

　　2. 感受（表达感受而非表达想法，表述情感而非想法）："我感到……"

　　3. 需要（什么样的需要导致我产生那样的想法，而非某种具体行为）："因为我需要/看重……"

　　4. 请求（提出具体的请求而非命令）："你是否愿意……?"

⊘ 自助练习

当父母看到你又没关灯而批评你时，你可以尝试使用非暴力沟通四个要素来回应：

1. 观察："我听到你们因为关灯的事情批评我。"

2. 感受："我感到很伤心和自责。"

3. 需要："因为我很看重爸爸妈妈对我的赞扬和关爱。"

4. 请求："我知道不关灯是个坏毛病，你们愿意给我机会帮助我改掉这个坏毛病吗？"

人际交往方

在微笑中沟通，在微笑中包容，
让微笑凝聚你和我！

图4-5 人际交往方

四、沟通分析的方法

（一）把握人际交往的核心模式

人际沟通分析（Transactional Analysis）是一种心理人格理论，也是促使人格改变和成长的一种方法。认为自己和他人都处于"好"的心理地位，即"我好，你好"，是个体通往幸福、满足以及良好关系的重要途径。托马斯·哈里斯认为每个人都是可以改变的，并且无论对自己还是对他人，都可以实现一种真正的"我好，你好"的态度。他也提供了非常有效的工具，帮助我们真正了解自己，开启潜能，改变人生。

但是，年幼无助的孩子需要依赖父母的关心和照顾，总是感到自己比父母卑微。因此，最初必定会形成"我不好，你好"的心理地位，继而有可能发展为"我不好，你不好"和"我好，你不好"的心理地位。如果这样的负面态度出现，将伴随孩子一生，影响他们自己的感受以及与他人的关系。

我们每个人解决问题，都有三套需要加工的信息，第一套来自父母自我，第二套来自儿童自我，第三套来自成人自我。父母自我和儿童自我的信息都是陈旧的，成人自我的信息独立于父母自我和儿童自我之外，是对当前外部现实的反应，并且与以往所积累的大量信息融合在一起。在面对外部刺激时，三套信息同时输入大脑进行分析，哪一组会率先做出反应呢，是父母自我、成人自我或者是儿童自我呢？这取决于个体的三套信息加工系统之间的冲突与和谐状态。人际沟通分析的目的在于促使人们获得选择的自由、根据自己的意愿加以改变的自由，并改变人们对重复刺激和新刺激的反应方式。

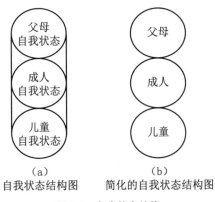

（a）　　　　　　　　（b）
自我状态结构图　　简化的自我状态结构图

图 4-6　自我状态结构

交互作用是社会交往的基本单位。当两个或者更多的人在一个社会群体中相遇后，迟早会有一个人开始说话，或者用其他的方式来表示自己认识到他人的存在，这便是交互性刺激。然后另一个人会说一些或者做一些与前面的刺激有关的事情，这便是交互性回应。对交互作用的简单分析主要在于判断是哪一个自我状态发出交互性刺激，而又是哪一个自我状态给予交互性回应。

首先，最简单的交互作用，是刺激和回应都来自沟通双方的成人自我状态，比如在手术中，医生要求护士递给他手术工具，而护士准确的反应即恰当的回应。其次，比较简单的交互作用是儿童自我对父母自我之间的交互作用。比如，发热的孩子想喝水，父母把水递给孩子。这两种交互作用都是互补的，也就是说，回应方的回应是恰当的，符合沟通发起者的期待，而且遵从健康的人际交往的自然顺序。很明显，交互作用通常是连锁发生的，所以每一个回应都会变成下一个交互作用的刺激。沟通的第一条规则是，只要交互作用是互补的，沟通就可以顺利进行。对此的推论是，如果交互作用保持互补，那么沟通在原则上就可以无限进行。

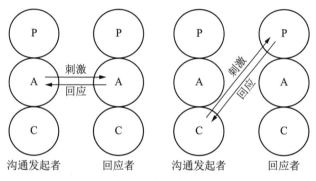

图 4-7　互补沟通

与之相反的规则是，当出现交错的交互作用时，沟通就会中断。最常见的交错式交互作用是社交困难的根源，无论其困难是在婚姻中、爱情中、友情中，还是在工作中，这类交互作用都是心理咨询中最关注的类型。交互性刺激是从成人自我到成人自我（A—A）。例如："你知道我的衬衫纽扣在哪儿吗？"对这种刺激比较恰当的回应也是从成人自我到成人自我（A—A），"扣子在桌子上"。如果对方的回应是突然发怒，例如："你总是什么事情都来问我？"这就是从儿童自我到父母自我的回应，就像交错沟通图所示的那样，两个沟通矢量交叉了。这种情况下，成人自我状态关于纽扣的问题被搁置了，除非沟通的矢量重新排列，否则沟通就陷入僵局。解决的办法是，要么沟通发起者进入父母自我状态，和回应者突然激活的儿童状态进行互补沟通，要么回应者的成人自我状态被重新激活，与沟通发起者的成人自我状态进行互补沟通。

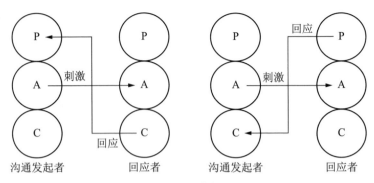

图 4-8　交错沟通

　　图 4-9 显示了在沟通发起者和回应者之间存在的九种社交行为矢量。此图具有一些有趣的几何学（拓扑学）特性。发生在两个"在心理上对等"的人之间的互补沟通表现为 $(1—1)^2$ $(5—5)^2$ 和 $(9—9)^2$。另外三种互补沟通分别是 $(2—4)(4—2)$，$(3—7)(7—3)$ 和 $(6—8)$ $(8—6)$。其他的刺激回应矢量组合都是交错沟通，并且大部分情况都像图中那样沟通矢量之间相互交错。例如 $(3—7)(3—7)$ 这种沟通会导致两个人怒气冲冲的对视，彼此不说话。如果两人都不肯退让，那这场沟通就会结束，他们也必然会分开。对这种情况最常见的解决方法是一个人让步并且采取 $(7—3)$ 沟通。对此更好的解决方法是 $(5—5)^2$，也即两个人都不禁大笑起来或者相互握手。

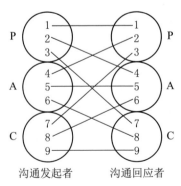

图 4-9　人际关系示意图

（二）增强成人自我的力量

阅读材料

　　一般人对施予的最大误解是认为施予等同于"放弃"某些东西，是被剥夺和牺牲。那些认为施予无益的人，感觉施予就如同贫穷一般……仅仅是因为施予是很痛苦的事，一个人"应该"（父母自我）施予，施予的美德在他们看来就是对牺牲行为的接纳。

　　对于那些认为施予有益的人（成人自我）来说，施予拥有完全不同的含义，施予是力量的最高表达。在施予中，我感受到了我的力量，我的财富，我的能力。这种高度的活力感、力量感使我充满了快乐。除了快乐，我还感受到了充沛感、付出感及生命感，施予比接受更快乐，因为它不是剥夺而是我存在的最好表达（好的心理地位）。

——摘自托马斯·哈里斯《我好，你好》

　　要增强成人自我的力量，首先要对父母自我和儿童自我的信号具有敏感性，激烈的情绪是儿童自我被"勾"出来的信号。首先，学习识别你的儿童自我，了解儿童自我的脆弱、恐惧以及表达这些感受的主要方式。如果一个人想运用成人自我进行信息加工，首要条件是他需要了解自己的儿童自我，并对自己"不好"的儿童自我保持敏感性。只有意识到那是我感觉"不好"的儿童自我在作祟，人们才能避免将情绪外化为宣泄的行动。

　　其次，学习识别你的父母自我，了解他的告诫、禁止信息、固执的态度以及表达这些告诫、禁止信息和固执的态度的方式。加工这样的信息需要一点时间，必要的话数到 10，给成人自我一定的时间来加工信息，将父母自我和儿童自我从现实中分离出来。有疑问的话暂时不要行动，别人不会因为你没有表态而攻击你。所以，成人自我的力量表现为控制，能够控制自动化、陈旧的父母自我和儿童自我的反应，同时等待成人自我找出适当的反应。

当一个人能够对自己的儿童自我变得敏感时，他就开始对其他人的儿童自我也变得敏感。对他人的儿童自我保持敏感，与他人的儿童自我对话，安抚和保护他人的儿童自我，鼓励他人儿童自我创造性的需要，并减轻其"不好"的心理地位。当一个人对另一个人的儿童自我做出回应时，他就不再害怕对方的父母自我了。

另外一种增强成人自我力量的方法就是花一些时间建立自己的基本价值观体系，这样就不必为一些小事费心了。没有这个价值体系，你就无法做出重大决定。我们可以不断地检验这些重大决定，从而使我们无需在与基本价值观不相关的小事上花费太多的时间。这些重大的决定成了时时刻刻面对"我该怎么办"的依据。做这些重大的决定需要意识的努力，你不能处在风暴的漩涡之中时，才去学习如何驾驶。基本的价值观和什么是最重要的问题，需要提前加以思索，我们就能够用成人自我进行建设性的沟通。

成人自我的作用之一是评估可能性。我们需要建立一个价值体系，这个价值体系涉及生活的方方面面和所有的关系。不同于儿童自我，成人自我可以评估后果并且延迟满足。也不同于父母自我，成人自我更关心对人的保护而非对情景的保护。成人自我可以有意识地形成自己的态度，对于父母自我的指令"施予比接受更使人感到幸福"，成人自我显然对此的理解更加深刻。

当成人自我问"这里什么最重要"的时候，价值体系就可以成为所有决定的基础。一旦一个人做了价值决定，他就可以建设性地对所有问题进行解释，并且能够在生活中不断增强"我好，你好"的心理地位。

> 只是突然感觉自己居然是主动的了，可以"决定自己的命运了"。这种发现，让本已经绝望的我又想笑又想哭泣……
>
> ——一名学习沟通分析的学生

第四节 人际关系中的自我发展

一、自我分化的概念

自我分化，是默里·鲍恩（Murray Bowen）家庭治疗的核心理论。自我分化（self-differentiation）是指个体能够区分理性思维和情绪反应的能力，也指个体在人际交往中能同时体验到亲密感与独立性的能力。自我分化包括内心的自我分化和人际关系中的自我分化（Bowen，1978）。

按照鲍恩对家庭关系的理解，个体在成长过程中内心都会经历"个别化"（individuality）与"亲密性"（togetherness）两种力量的对抗，"个别化"促使个体在心理上与家人有所分离，而"亲密性"则会促使个体在心理上和家人保持亲密的联系。

在内心层面，自我分化是指个体将理智与情感区分开来的能力，即在某个特定的时刻个体是受理智支配还是受情绪支配的能力。在人际关系层面，自我分化是指个体在与人交往时能同时体验到亲密感与独立性的能力。

自我分化包括两个过程：一个过程是分辨理智过程和感受过程，另一个过程是把自我从他人那里分化出来。自我分化是一个过程，而不是一个能够完成的目标。自我分化是一种能力，但不是一种要么有要么无的能力，而是一个能力连续谱。

阅读材料

自我分化理论创始人默里·鲍恩（Murray Bowen），美国精神病学家和心理学家。1946 年开始在 Menninger 诊所的临床工作，研究小村庄里那些共同居住的母亲和她们患精神分裂症的小孩，渐渐发现了一种母亲-孩子的共生现象，这启发他提出一个自我分化（differentiation of self）的概念（独立于他人，情感和想法的分

图 4-10　默里·鲍恩

开）。后来，鲍恩去国家心理健康研究所（NIMH）工作，他设计出一个研究项目，旨在帮助精神分裂症的全部家庭成员都一起住在医院，经过观察研究他将母子共生现象的概念拓展到包含父亲角色在内，提出三角化（triangles）的概念（通过将孩子拉进来，把父母两人之间的冲突转移）。1959 年，离开 NIMH 去乔治敦医学院工作，成为精神病学教授，直至 1990 年离世。

二、评估自我分化的水平

自我分化良好的个体，在与人相处时能够维持独立自主与情感连接的平衡。他们在与人相处时能够保持一个清晰的自我感，能够处理好"我"的位置，面对压力时也能够坚持自己的观点，而不是只去迎合他人的期望。因此，这样的个体在与人相处时能保持灵活的距离，能区分情绪和理智，坚持自己不被别人的感受所控制。

自我分化水平较低的个体，其行为只能依据情绪反应，容易依赖他人而产生融合状态，或者完全回避他人而产生隔离状态。在处理问题时容易受外界的影响而缺乏理性的判断，尤其当面临压力时，自我分化程度低的人可能采取两种极端的适应模式：一是通过过度亲近、依赖他人，来减轻自己的心理压力；或者是通过完全回避他人，以避免因害怕失去自主性而产生的焦虑感。

在自我分化理论研究的基础上，以《大学生自我分化量表》来评估一个人的自我分化水平。

《大学生自我分化量表》包含四个维度及 27 个题目。四个维度分别是：情绪反应、自我位置、情感断绝和与人融合。

每个题目都采用六点记分法，从完全不符合记 1 分、不符合记 2

分、基本不符合记 3 分、基本符合记 4 分、符合记 5 分到完全符合记 6 分。其中正向题目 5 个（▲），反向题目 22 个。

量表总分的记分方法是 4 个维度的分数相加或者 27 个题目的分数相加。每个维度的记分方法是将该维度下所有题目的分数相加。（在最后加分时需将反向题目的分数反向计算，即 6 分变 1 分、5 分变 2 分、4 分变 3 分、3 分变 4 分、2 分变 5 分、1 分变 6 分）。

量表总分的分数越高表示个体自我分化水平越高，反之自我分化水平越低。各维度分数越高表示个体在该维度上自我分化水平越高，反之在该维度上自我分化水平越低。

《大学生自我分化量表》测量的 4 个维度分别是：

1. **情绪反应**（ER）表示个体对环境刺激做出的敏感或不稳定的情绪反应。该维度分数越高表示个体情绪反应越稳定。6 个题目全部反向记分。

2. **自我位置**（IP）表示个体能清晰的界定自我感及在压力情境下坚持自己观点、立场的能力。该维度分数越高表示个体自我位置越清晰。5 个题目全部正向记分。

3. **情感断绝**（EC）表示个体对亲密体验的恐惧感及在人际互动过程中因害怕与人亲近而疏离他人的情绪倾向。该维度分数越高表示个体不会出现过度"个别化"。6 个题目全部反向记分。

4. **与人融合**（FO）表示个体对重要人物（父母或配偶）的依赖和情感融合程度。该维度分数越高表示个体不会出现过度"亲密化"。10 个题目全部反向记分。

《大学生自我分化量表》情绪反应维度的题目：

1. 别人评论说我过于情绪化

2. 当身边有人让我失望时，我会避开他 / 她一段时间

3. 我希望自己不再那么情绪化

4. 有时我的情绪会战胜理智，使我不能清晰地思考

5. 有时我感觉自己的情绪像过山车一样难以控制

6. 如果别人使我心烦，我做不到看起来好像没事儿一样

《大学生自我分化量表》自我位置维度的题目：

1. ▲即使面对压力，我也能保持冷静

2. ▲不管生活发生了什么，我都确信不会迷失自我

3. ▲我觉得为自己无力改变的事情去烦恼是没有意义的

4. ▲我能够接纳我自己

5. ▲面对压力我仍能沉着稳重

《大学生自我分化量表》情感断绝维度的题目：

1. 我很难向所关心的人表达我的情感

2. 在家人面前我常感到拘谨

3. 如果我向恋人 / 好朋友表达我对一些事情的真实感受，他将不能容忍

4. 当别人离我太近时，我会感觉不舒服

5. 当我与他人的关系变得非常密切时，我迫切地想要摆脱这种关系

6. 与恋人 / 好朋友在一起，常使我感到亲近得喘不过气来

《大学生自我分化量表》与人融合维度的题目：

1. 我觉得需要得到生活中每个人的认可

2. 我经常为了与他人保持一致而同意他们的观点

3. 周围没有人帮我做决定时，我常常会感到不安

4. 与恋人 / 好朋友争吵后，我会感觉很心烦

5. 我常担心会给别人留下什么样的印象

6. 我对他人的批评过于敏感

7. 如果与恋人 / 好朋友有了争吵，我整天都会想着这件事情

8. 我的自尊心实际上取决于别人怎样看待我

9. 我很容易受到他人的伤害

10. 我常担心会在亲密的关系中失去自己的独立性

获得量表总分较低，往往可能是自我分化水平较低的人，他们在人

际关系中常常容易表现出两种极端状态：情感隔离与情感融合。

情感隔离（emotional cut-off）是一种刻意的疏离状态，回避与他人建立连接，否认家庭与亲密关系的重要性，以逃避和他人的关系来达到一种"伪独立"状态，因为他们担心在关系中被"吞噬"或者被伤害。

情感融合（emotional fusion）是一种过度纠缠的状态，在关系中没有边界，情绪无时无刻不在受到他人的影响。为了保持融合状态，可能一味地取悦他人（取悦者），或者强迫对方与自己保持一致（统治者）。

三、促进自我分化的方法

（一）在自我层面学会辨识情感和理智

在自我层面学会辨识情感和理智，情感与理智的平衡是自我分化中相当重要的一环。在能够比较清楚地区分感觉与事实、感觉与想法、想法与事实，不总是被情绪牵着走而忽略了事实真相的时候，就能够较好地调和情绪与想法。

在成长过程中学会：（1）察觉自己的情绪。（2）接纳自己的正、负向情绪。（3）了解情绪失控的原因与后果。（4）学习控制情绪与调整情绪。

📝 阅读材料

僧人走夜路，因为天太黑，被行人撞了好几下。他继续向前走，见有人提着灯笼向他走来。这时候旁边有人说："这个瞎子真奇怪，明明看不见，却每天晚上都打着灯笼！"僧人被这话吸引了，他也觉得奇怪，于是便停了下来。等那个打灯笼的人走过来时，僧人上前问道："你真的是盲人吗？"那人说："是的，我从生下来就没有见过一丝光亮，对我来说白天和黑夜是一样的，我甚至都不知道灯光是什么样的。"僧人更迷惑了："既然你看不见，为什么还要打灯笼呢？是为了迷惑别人，难道不想让别人说你是盲人吗？"盲人回答："不是的，我听说，每到晚上，人们就都和我一样，看不见了，所以我就在晚上打灯笼出来。"僧人感叹道："原来你是为了别人啊！"盲人说："不，我是为了我自己。"僧人更迷惑了："哦？为何这样说？"盲人答道："你刚才走路的时候有没有被人碰撞过？"僧人说："有呀，就在刚才，我被两个人不小心碰到了。"盲人接着回答："我是盲人，什么也看不见，但我从来没有被人碰到过。因为我的灯笼既为别人照了亮，也让别人看到了我，这样他们就不会因为看不见而碰到我了。"

（二）在人际交往中学习沟通技巧与适当的表达方式

不知道大家有没有过类似的经历，每每和朋友深夜卧谈后都感觉彼此的革命友谊得到了升华，这就是沟通的神奇魅力。因为信息来源不同，可能导致**"自我服务偏差"**，即倾向于用有利于自身的方式来进行自我知觉，无法准确断定对方的行为和想法，而**积极良好的沟通，耐心的倾听**有助于**互相理解**，让**感情升温**。帮助大学生在人际交往中学习沟通技巧与适当的表达方式。

（1）良好的沟通技巧与适度的表达方式对于提升大学生的自我分化能力具有重要的作用，如果大学生在人际交往过程中能合理运用沟通技巧、善于表露自己的观点（非暴力沟通），并逐渐学会把握与他人之间的距离、使自己既能独立自主地处理问题又不至于与他人形成过于紧密或者过于疏离的关系（清晰的自我位置），那么他的自我分化水平自然会得以提升。

（2）在与人沟通的过程中他人或群体的榜样作用也会促进良好自我分化能力的形成。向榜样学习，成为大学生的一种好习惯。

（3）生活的目标是多样的，在不同阶段又是有重心的，探寻生活目标与发展人际关系是相互促进、相得益彰的，将两者有机结合起来，就能够较好地学会调和情感与理智，个人与他人。

⟳ 阅读材料

你的朋友对好消息的习惯性反应是什么?

■主动的／建设性的表达举例:

我的朋友热情地对积极事件做出反应。

我的朋友甚至比我更高兴、更兴奋。

我的朋友常常会问许多问题,表现出对好事的真正关心。

■被动的／建设性的表达举例:

我的朋友尽量不小题大做,但是真的很为我高兴。

我的朋友常常默默地支持发生在我身上的好事。

我的朋友说得很少,但是我知道他为我高兴。

■主动的／破坏性的表达举例:

我的朋友常常对好事挑毛病。

我的朋友提醒我事情有两面性,最好的事情也可能有不好的一面。

我的朋友指出好事的潜在坏处。

■被动的／破坏性的表达举例:

有时候,我的朋友让我感到他们不是很在乎。

我的朋友不太关注我。

我的朋友经常显得不太感兴趣。

(三)加深自我分化的元认知,主动与原生家庭建立适当的边界

加深大学生对自我分化的元认知,主动与原生家庭建立适当的边界。在帮助大学生了解自我情绪的同时,进一步指导学生对自我分化的元认知,让学生了解自己情绪的发生过程与父母交往模式之间的联系,增进对自我的了解,思考家庭与自我分化的关系,使自己不因为受家庭情绪的影响而做出不理性的行为,或是完全被家庭的情绪所控制而不能自拔。

　　个体成长是一个过程，自我分化也是一个过程。大学生在成长过程中逐渐平衡内心的"个别化"与"亲密性"，逐渐平衡独立自主与情感连结，逐渐学会保持一个清晰的自我感，处理好"我"的位置，与重要他人保持灵活的距离，成长为一个自我分化良好的个体。

本章小结

　　通过本章学习，首先，了解了人际关系的概念、内涵、重要性，人际关系建立的过程及大学生人际关系的特点。其次，通过对心理地位理论的学习、评估与应用，理解"我好、你好、我不好、你不好"的心理地位，尝试在人际交往中进行自我探索。再次，识别人际关系中的心理问题，学习调适和处理人际问题的方法与途径，尝试用自我肯定的方法增强"我好"的心理地位，尝试用非暴力沟通的方法增强"我好，你好"的心理地位，尝试用沟通分析的方法把握人际交往的核心模式、增强成人自我的力量。最后，了解自我分化的内涵，评估自我分化的水平，在自我层面学会辨识情感和理智，在人际交往中学习沟通技巧与适当的表达方式，加深自我分化的元认知、主动与原生家庭建立适当的边界，学会在人际关系中自我成长与自我发展。

拓展阅读推荐与参考书籍

　　　托马斯·哈里斯：《我好，你好》，林丹华、周司丽译

　　　艾瑞克·伯恩：《人间游戏》，刘玎、卢宁译

　　　马歇尔·卢森堡：《非暴力沟通》

　　　艾瑞克·伯恩：《沟通分析心理治疗》

　　　纳德·理查森：《超越原生家庭》

第五章
成熟的爱，健康的性

死生契阔，与子成说。执子之手，与子偕老。

——《诗经·邶风·击鼓》

愿我如星君如月，夜夜流光相皎洁。

——范成大《车遥遥篇》

案 例

小青（化名），某校大二女生，成绩优异，高中曾有男生表白，她想专注准备高考拒绝了。进入大学后，看到室友陆续谈恋爱，她也很想谈一段恋爱。小青很欣赏社团的学长佳华，佳华阳光自信、开朗幽默，小青每次见到他都怦然心动，主动请教他学校和生活的问题，佳华常常热情回应小青。小青鼓起勇气向学长表白，佳华说已经有女朋友，在异地。同班同学小李个子不高，性格安静，为人沉稳，对小青很好，经常约小青周末出去，小青和他出去两次，聊的都是学习，很少有其他共同话题。看到室友经常在朋友圈"晒"和男朋友的甜蜜日常，她心里很不是滋味，对爱情也充满疑惑。

思考：

- 小青对学长佳华是爱吗？
- 小青该如何确定小李是不是合适的恋爱对象呢？
- 大学生如何经营一份美好的爱情？

爱情是美好的，也是神秘的。正处花样年华的大学生，生理和心理发育趋于成熟，发展亲密关系，满足归属与爱的需要对社会适应和人格成熟都有重要意义。大学生对恋爱既有强烈的动机和意愿，也存在对恋爱及性的各种思考和疑惑。希望通过本章的学习，读者能够实现以下目标：

- 了解什么是健康成熟的恋爱心理和性心理
- 学会运用成人依恋理论分辨自身和他人的依恋风格，提升爱与被爱的能力
- 培育安全、健康、愉悦的性心理和性行为

第一节 认识爱：什么是爱

爱情，它是人际吸引最强烈的形式。它是指成熟个体之间基于性的吸引而产生的相互接纳、相互需要、相互爱慕。亲密情感关系。对爱情来说，它是具有排他性和占有性的。

一、爱情的生理学基础

过去 20 年的研究，研究者对爱情的神经生理机制有了基本的认识，即爱情有其神经生理基础，它是由某种精确、长时间的神经机制所控制的结果。脑功能影像学研究表明，处于不同爱情阶段的个体，其脑功能活动不同；爱情激活的脑区与奖励系统有一致性，且高度集中在与奖赏、成瘾和精神欣快状态有关的神经调节物质——多巴胺的作用区域。神经生理学研究表明，爱情会引发人体某些激素或神经递质水平发生变化，如多巴胺、五羟色胺、肾上腺皮质醇和后叶催产素等。

美国生物学家海伦·费希尔（Helen Fisher）致力于从生物学角度解释爱情，她经过多年潜心研究发现，把人类的恋爱过程分为三个阶段：欲望阶段、吸引阶段、依恋阶段。这三个阶段又是由人体释放出不同的化学物质和激素来起到不同的作用。

欲望阶段：对对象产生性欲望，是生物本能。控制和提升性欲望的性激素占据主要地位，诱发一些植物神经系统高度唤醒，这个时候调节情欲和改善情绪的去甲肾上腺素就加入进来，血压上升、心跳加快、出汗增多。

吸引阶段：彼此陷入爱河，感觉愉悦和开心，热恋期就是处于此阶段。情欲得到上升，变成高层次的吸引力。这个时候苯乙胺和多巴胺起到主要作用。

依恋阶段：亲密关系中的双方更加依恋对方，长期关系、结婚生子正是处于这种阶段。被誉为"爱的激素"的后叶催产素在确定亲密关系的最后阶段起到关键作用。这种在下丘脑合成的物质能够促使人们建立情感联系。

有一些情境，哪怕和爱情不搭边，但也会引发类似爱的感觉，最典型的例子就是英雄救美，或者是一起看恐怖片，或者一起去走夜路或者是爬山，容易对同伴产生好感，有一定吸引力，这其实也是生理唤醒带来的感受。

案　例

小青和小刚是高中的同桌，他俩平常有说有笑，学习上相互帮助，被同学认为是形影不离的一对，考进同一所大学后，小刚就向小青表白了。小青想到小刚很优秀，也很感激他曾经给予的帮助，没有理由不答应。于是两个人开始交往，平常小刚主动约小青一起上课、吃饭和上图书馆，小青很少主动联系小刚，当忙着社团的事情或者回家等不在小刚身边的时候，也很少想念小刚，小青感到疑惑：她对小刚的是喜欢，还是爱呢？

美国社会心理学家齐克·鲁宾（Zick Rubin）提出，爱和喜欢是两个不同的概念，不能相互混淆。他指出，爱情是一个人对另外一个人的某种特殊的想法与态度，它是各种人际关系中最深层次的情感维系，不仅包含审美、激情等心理因素，而且还包括生理激起和共同生活的愿望等复杂的因素。

鲁宾认为爱包括以下三个特征：（1）接纳和依赖（affiliative and dependent need）。我们爱一个人希望能够依赖对方，希望能够让对方帮你做很多事情，愿意接受对方的一切。（2）愿意提供帮助（predisposition to help）。随时，时刻准备着，甚至无需你发出求救信号，对方就知道你需要什么，愿意无条件地，不计报酬地真心地帮助你。（3）排他和专一性（Exclusiveness and absorption）。爱是排他的，独有的，容不下第三方的，两个人非常亲密，通俗点来讲，就是"两个人好得像一个人似的"。

喜欢也包括三个成分：（1）赞许的评价（Favorable evaluation）。这是一种认知评价过程，觉得这个人就是我比较赞赏的那种，或者说我也想成为那种人。（2）尊敬（Respect）。这是喜欢的一个重要特点。尊敬对方，就会表现出不在公共场合下指责或者贬损对方，在私底下也维护对方。看到对方的优点，而尽量忽视对方的缺点。（3）看法总是相似的（Perception of similarity）。彼此有着共同的特质。这也是一种认知评价过程。比如同乡、同学、社团伙伴等，就是一种很容易找到类似性的群体。彼此能够找到共同的话题，可能有共同熟悉的人或者事情，或者共同熟悉的地方等等。

鲁宾提出爱情是可以被测量的独立概念，可视为一个人对特定他人的多方面的态度，他从文艺著作、普通常识及人际吸引的文献资料中，寻找并拟定叙述感情的题目，经过项目分析、信度、效度考验而建立爱情量表（love scale）和喜欢量表（liking scale）。

二、爱情三角理论

爱情究竟是什么？美国心理学家罗伯特·斯滕伯格（Robert J. Sternberg）提出经典爱情三角理论，他认为爱情有三个成分：第一个成分是亲密（intimacy），包括热情、理解、沟通、支持和分享等爱情关系中的常见特征，这些感觉能让两个人感到心心相印，相互理解，相互支持。第二个成分是激情（passion），特征是性的唤醒和渴望，常以性渴望的形式出现。第三个成分是承诺（commitment），指投身于爱情和努力维护爱情的决心，这个承诺包括短期和长期的两个部分。短期的承诺是指决定去爱一个人，长期的承诺是只愿意和对方维系长久的关系，承诺是维持关系的动力。

爱情三角理论形象地揭示复杂的爱情关系，现实中的爱情往往不只一个三角形。现实中，这个不同的感情的状态，就是有不同的成分，有不同的比例。现实中的爱情三角和我们理想中的爱情三角可能是不同的。

根据三个成分可以把爱情划分成七类：

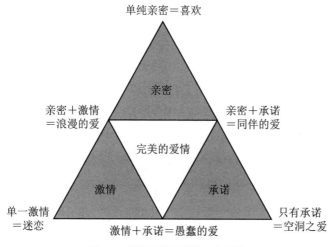

图 5-1　斯滕伯格的爱情三角理论

　　第一种是无爱（empty love），只有承诺，缺乏亲密和激情，常见于激情燃尽的爱情关系中，既没有温情也没有激情，仅仅是在一起过日子。

　　第二种是喜欢（liking），亲密程度高而激情和承诺都非常低时，就是喜欢。喜欢多表现在友谊之中，双方有着真正的亲近和温情，却不会唤起激情或者与对方共度余生的期望。不过喜欢有可能发展成爱情，生活中以友情为基础慢慢相处产生冲动和承诺的也常有发生。

　　第三种是迷恋（infatuation），只有激情，没有亲密和承诺，我们被几乎不认识的人激起欲望就会有这种体验。

　　斯滕伯格认为上述任何一种类型或许都不是我们期待的爱情，因为都缺失爱情的重要成分。爱情是复杂的体验，爱情的三个成分结合起来会有更复杂的爱情形态，包括以下四种。

　　第四种是浪漫之爱（romantic love），只有激情和亲密，没有承诺，崇尚过程，不在乎结果。现代很多人都享受着这种没有承诺的爱情，也催生了感情的快餐主义，没有承诺的爱情是脆弱的，要么是一开始就不够喜欢，要么是随时准备抽身，往往结果不乐观。

第五种是伴侣之爱（companionate love），只有亲密和承诺，没有激情。双方会努力维系深刻、长久的友谊，这种爱情表现出亲近、沟通、分享以及对爱情关系的巨大投入。典型的例子是长久而幸福的婚姻，虽然年轻时的激情已逐渐消失。

第六种是愚昧之爱（fatuous love），只有激情和承诺，没有亲密。这种爱情发生在旋风般的求爱中，在强烈激情基础上双方会闪电般快速结婚，但彼此并不十分了解或喜欢对方。

第七种是完美之爱（consummate love），当激情、承诺和亲密都充足时，我们就能体验到完美的爱情，这是爱情最理想的状态，——是许多人追求的爱情类型。斯滕伯格认为完美的爱情和减肥类似：短时间里容易做到，但很难长久坚持。

表 5-1　爱情三角理论：爱情关系的类型

类　型	成分组合	特　点
无爱	承诺 - 亲密 - 激情	平淡无味　毫无激情
喜欢	亲密 - 承诺 - 激情	有情无爱　徒有好感
迷恋	激情 - 亲密 - 承诺	狂热激烈　虎头蛇尾
浪漫之爱	亲密 + 激情 - 承诺	热烈温存　柔情似水
伴侣之爱	承诺 + 亲密 - 激情	犹若友情　相互关切
愚昧之爱	激情 + 承诺 - 亲密	虚无缥缈　相思情苦
完美之爱	激情 + 亲密 + 承诺	情真意切

资料来源：罗伯特·J. 斯滕伯格《爱情心理学》。

人的一生可能都会遇见以上各种不同类型的爱情，可能有时候并不典型，甚至是几种状态的交织，但我们依然需要审视自己的爱情状态，是不是自己深陷于愚蠢的爱中？是不是自己在爱情中忽视了彼此的亲密感的培养而增加了太多的矛盾？虽然完美的爱情可能不容易实现和维持，但我们依然需要努力地让我们的爱情往成熟和健康的方向发展。

◎ 心理自测

　　请大家仔细阅读每一个条目，然后看看你目前和你交往的这个恋人的情况与条目所描述的是否符合，那么我们从 1 到 5 计分，1 表示完全不符合，5 表示完全符合。如果没有这个谈过恋爱，也可以想象一下，我们在这个爱情当中的态度是怎么样的。这里一共有 42 个条目。

　　"他 / 她"是指目前与你密切交往的恋人。**请选出每一项最符合实际状况的数字。**

　　1 **完全不符合**　2 **不符合**　3 **没意见**　4 **符合**　5 **完全符合**

　　1. 我和他 / 她属于一见钟情型。

　　2. 我很难明确地说我和他 / 她是何时从友情变成爱情的。

　　3. 对他 / 她做承诺之前，我会考虑他 / 她将来可能变成的样子。

　　4. 我总是试着帮他 / 她渡过难关。

　　5. 和他 / 她的关系不太对劲时，我的身体就会不舒服。

　　6. 我试着不给他 / 她明确的承诺。

　　7. 在选择他 / 她之前，我会先试着仔细规划我的人生。

　　8. 我宁愿自己痛苦，也不愿意让他 / 她受苦。

　　9. 失恋时，我会十分沮丧，甚至会有自杀的念头。

　　10. 我相信他 / 她不知道我的一些事，也不会受到伤害。

　　11. 我和他 / 她很来电。

　　12. 我需要先经过一阵子的关心和照顾，才有可能产生爱情。

　　13. 我和他 / 她最好有相似的背景。

　　14. 有时候，我得防范他 / 她发现我还有其他情人。

　　15. 我和他 / 她的亲密行为是很热情且很令我满意。

　　16. 我有时会因为想到自己正在谈恋爱而兴奋得睡不着觉。

　　17. 我可以很容易、很快地忘掉过往的恋情。

　　18. 他 / 她如何看待我的家人是我选择他 / 她的主要考量。

　　19. 我希望和曾经相爱的他 / 她是永远的朋友。

20. 当他／她不注意我时，我会全身不舒服。

21. 我和他／她的爱情关系最理想因为是由长久的友谊发展而成的。

22. 我觉得我和他／她是天生一对。

23. 自从和他／她谈恋爱后，我很难专心于其他任何事情。

24. 他／她将来会不会是一个好父亲／母亲是我选择他／她的一个重要因素。

25. 除非我先让他／她快乐，否则我不会感到快乐。

26. 如果他／她知道我和其他人做了某些事，他／她会不高兴。

27. 我和他／她的感情、亲密行为进展得很快。

28. 我和他／她的友情随着时间逐渐转变为爱情。

29. 当他／她太依赖我时，我会想和他／她疏远一些。

30. 我通常愿意牺牲自己的愿望，达成他／她的愿望。

31. 我和他／她的爱情是一种深刻的友情，而不是一种很神秘的情感。

32. 他／她可以任意使用我的东西。

33. 我和他／她非常了解彼此。

34. 当我怀疑他／她和其他人在一起时，我就无法放松。

35. 他／她如何看待我的职业会是我选择他／她的一个考量。

36. 他／她的外貌符合我的理想标准。

37. 我享受和他／她及一些不同的情人玩爱情游戏。

38. 当他／她对我发脾气时，我仍然全心全意、无条件地爱他／她。

39. 在和他／她深入交往之前，我会试着了解他／她是否有良好的遗传基因。

40. 为了他／她，我愿意忍受任何事情。

41. 如果他／她忽略我一阵子，我会做出一些傻事来吸引他／她的注意力。

42. 我和他／她的爱情关系最令人满意，因为是由良好友情发展成的。

作答完，把这个条目得分相加，分数越高，代表你的爱情态度越倾向某一个类型。如果你有恋人的话，也可以推荐对方做一做，看看两个人的恋爱态度有哪些相同和哪些不同。其实测验代表了六种爱情态度。

表 5-2　爱情态度类型

爱情类型	题　目	说　明
浪漫型	1、7、13、19、25、31、37	最看重的是对方的外表和身体的接触；只要是好看的，就容易跟对方坠入情网
游戏型	2、8、14、20、26、32、38	视爱情为游戏，爱情关系短暂，经常更换对象，承诺在这种类型的人身上几乎看不到
伴侣型	3、9、15、21、27、33、39	感情发展细水长流，平静而祥和，通常刚开始时都只是好朋友的关系，后来才慢慢从相知友谊发展成爱情
占有型	5、11、17、23、29、35、41	占有欲和嫉妒心强烈，关系也有如风暴，起伏不定，对方一点爱意的表示就会狂喜，一点点降温或关系出现点小问题就痛苦不已
奉献型	6、12、18、24、30、36、42	为爱人完全付出自己，关心对方而不求回报。这种人极有耐心、不要求对方，甚至不嫉妒
现实型	4、10、16、22、28、34、40	选择对象以理性条件的考虑为主，诸如教育背景、经济能力、社会地位、共同兴趣等

三、爱情态度理论

加拿大社会学家约翰·李（John Alan Lee）将男女之间的爱情分成六种形态：浪漫式爱情、游戏式爱情、伴侣式爱情、占有式爱情、奉献式爱情、现实式爱情：

浪漫式爱情：将爱情理想化，强调形体美，追求肉体与心灵融合的境界。

游戏式爱情：视爱情如游戏，只求个人需要的满足，对其所爱者不肯负道义责任，因而对恋爱对象的更换视为轻易之事。

伴侣式爱情：缓慢地由友情逐渐演变成的爱情，温存多于热情，信任多于嫉妒，是一种平淡而深厚的爱情。

占有式爱情：对所爱之对象赋予极其强烈的感情，并希望对方回应以同样的方式：对其所爱极具占有欲，对方稍有怠慢或忽视即心存猜疑嫉妒。

奉献式爱情：信奉爱情是付出不是索取的原则，甘愿为其所爱牺牲一切，不求回报。

现实式爱情：理性和现实是基本特征，将爱情视为彼此现实需求的满足。

这六种是常见爱情态度，代表爱情中的期待和价值观。如果恋爱双方的爱情态度比较相近的，那可能在恋爱关系中，你们的冲突可能比较少，走得比较远。如果两个人爱情态度是差距特别大的话，可能在沟通中，冲突就会比较多，需要磨合的地方也比较多。

四、爱是人类的需要

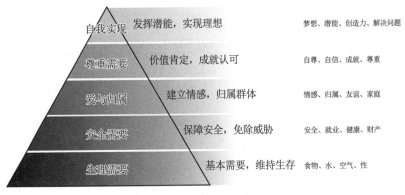

图 5-2 马斯洛需要层次理论

心理学家马斯洛认为，人们至少有五种需要：

1. 生理需要：是维持生存的基本需要，如食物、水、空气、性等的基本需要，生理需要是推动人们行动的最强大的动力。只有这些最基本的需要满足到维持生存必需的程度后，其他的需要才能成为新的激励因素。

2. 安全需要：是保障安全、免除威胁的需要，如安全、就业、健康、财产等。

3. 爱与归属的需要：是建立情感、归属群体的需要，如情感、归属、友谊、家庭等需要，它和一个人的个人特性、经历、教育、宗教信仰都有关系。

4. 尊重的需要：即价值肯定，成就认可的需要，如自尊、自信、成就、尊重；尊重需要得到满足，能使人对自己充满信心，对社会满腔热情，体验到自己活着的用处和价值。

5. 自我实现的需要：即发挥潜能，实现理想的需要。与梦想、潜能、创造力、解决问题有关。这是最高层次的需要，它是指实现个人理想、抱负，发挥个人的能力到最大程度，完成与自己的能力相称的一切事情的需要。

马斯洛认为，这五种需要像阶梯一样从低到高，按层次逐级递升，但这样的次序不是完全固定的，可以变化。五种需要可以分为高低两级，其中生理上的需要、安全上的需要和感情上的需要都属于低一级的需要，这些需要通过外部条件就可以满足；而尊重的需要和自我实现的需要是高级需要，它们是通过内部因素才能满足的，而且一个人对尊重和自我实现的需要是无止境的。

爱情可以满足我们哪些需要呢？通常来说，爱情可以满足生理需要、爱与归属的需要。大学生正处于人格成熟和心智发育的关键时期，发展亲密关系对于避免孤独感，培育健全人格和心智成熟有积极意义。

五、成熟爱情的特征 ·············

　　　不成熟的爱是：因为我需要你，所以我爱你。

　　　成熟的爱是：因为我爱你，所以我需要你。

　　　　　　　　　　　　——美国人本主义心理学家　弗洛姆

埃里希·弗洛姆（Erich Fromm，1900—1980）进一步给出了爱的定义："爱是保持自己的尊严和个性条件下的结合。爱是人的一种主动的能力，是一种突破使人与人分离的那些屏障的能力，一种把他和他人联合起来的能力。爱使人克服孤独和分离感，但爱承认人自身的价值，保持自身的尊严。"成熟的爱情包括五大特征：

（1）给予。是付出，而不是"索取"，想要付出和分享的，而不是单纯为了满足自我需求或者弥补自我不足的欲望。给予不仅仅包含物质的，更多是一个人内心有活力的东西，比如：快乐、知识、兴趣、美感、幽默和伤感。

（2）关心。指对所爱对象的生命和成长的积极关心。缺少这种积极关心就根本没有爱。

（3）责任。爱的道德基础。意味着你们会为彼此的感情而努力，承担自己在爱情中应该承担的责任。

（4）尊重。意味着按其本来面目发现对方，认识其独特个性。尊重蕴含没有剥削，让被爱的人为他/她自己的目的去成长和发展。

（5）了解。爱是一种主动的洞察力。只有了解对方，才能够站在对方的角度理解对方。发现其他人无法察觉的所爱之人的独特性。在这种洞察中，通过与爱人的结合而平息对"人类秘密"的渴望。

这几个因素相互依存，互为基础。只有成熟的人，他才能够把这几种特质结合在一起。成熟的爱情，保留自身的完整性和独特性，也就是保持自己个性情况下和别人结合到一起。相反，不成熟的爱，就是索取，对恋人漠不关心，对爱的对象也不了解，也不承认自己的责任。

自助练习

请澄清爱情价值观，——爱情过程中，你最盼望得到什么？请按重视程度排序。

1. 可以因他/她而扩展生活领域。

2. 可以和他/她共同建立一个家庭。

3. 可以因他 / 她的提携、激励而成长进步。

4. 可以多一个学习 / 工作伙伴。

5. 可以获得爱和支持的感觉。

6. 可以有他 / 她随时随地陪在你的身边。

7. 可以和他 / 她一起赚很多钱。

8. 可以去照顾和爱他 / 她的付出。

9. 可以有他 / 她照顾生活起居。

10. 可以和他 / 她一起生儿育女。

11. 可以因他 / 她而增加生活乐趣。

12. 可以因他 / 她而获得安定感。

第二节 探索爱：依恋风格

> 我们并非孤身一人，生理属性和进化过程让我们
> 彼此紧密地联系在一起。
>
> ——马克·拉克伯尼

一、爱的依恋理论

英国精神病学家约翰·鲍比（John Bowlby，1907—1990）于 1969 年提出了"依恋"（Attachment）的概念，是指儿童与照料者（通常是母亲）之间强烈持久的情感连接。爱情依恋理论认为，我们婴儿时期与养育者建立的依恋关系，会使个体形成一个持久且稳定的人格特质，这项特质在个体与异性建立亲密关系时自然流露出来。约翰·鲍比坚持认为，"依恋在人的一生中都起着重要的作用"。近年来心理学家越来越发现"依恋"对人类的生存和生活质量有重要价值，体现在三个方面：

1. 建立依恋关系是人类与生俱来的动力

寻求和维持与重要他人的接触，是人类与生俱来的动力。人们为了

活下来需要持续保持和重要他人的接触和连接，以保持可以有资源让自己活下来。这是早期婴幼儿为了存活下来的本能。虽然人长大了，但是这样的本能依然存在。

2. 常见的依恋需求与渴望：被爱和被需要

相信恋人在我们需要或痛苦时，会给予支持，得到：安全感、赞赏、接纳、认可、理解、保护、同理、安抚。如果依恋需要被满足，个体会感到平静和愉悦，如果受挫，会变得烦躁不安。

3. 依恋关系提供的安全感帮助我们向外探索世界

良好的依恋关系能让我们对新的事物抱有好奇心和开放的态度。让人更有能力站在一个超然的立场观察自己，反省自己的行为和心理状况。当依恋关系使人感到安全时，就能够向外开展，给别人支持，积极正向地解决冲突与困难。

✎ 心理自测

下面是《亲密关系经历量表》(Experiences in Close Relationships Inventory，ECR)，请回想你现在或曾经的恋爱关系中，与每个句子描述的情况有多大相似。以 1—7 计分，1 代表非常不同意，7 代表非常同意。

1. 我不喜欢让恋人知道自己内心深处的感觉。

2. 我担心会被抛弃。

3. 我觉得与恋人亲近是件惬意的事情。*

4. 我很担心我的恋爱关系。

5. 当恋人开始要跟我亲近时，我发现我自己在退缩。

6. 我担心恋人不会像我关心他／她那样地关心我。

7. 当恋人希望跟我非常亲近时，我会觉得不自在。

8. 我有些担心会失去恋人。

9. 我觉得对恋人开诚布公，不是一件很舒服的事情。

10. 我常常希望恋人对我的感情和我对恋人的感情一样强烈。

11. 我想与恋人亲近，但我又总是会退缩不前。

12. 我常常想要与恋人形影不离，但有时这样会把他 / 她吓跑。

13. 当恋人与我过于亲密时，我会感到紧张。

14. 我担心一个人独处。

15. 我愿意把我内心的想法和感受告诉恋人，我觉得这是一件自在的事情。*

16. 我想与恋人非常亲密的愿望，有时会把恋人吓跑。

17. 我试图避免与恋人变得太亲近。

18. 我需要我的恋人一再地保证是爱我的。

19. 我觉得我比较容易与恋人亲近。*

20. 有时我觉得自己在要求恋人把更多的感觉，以及对恋爱关系的投入程度表现出来。

21. 我发现让我依赖恋人是件困难的事情。

22. 我并不是经常担心被恋人抛弃。*

23. 我倾向于不跟恋人过分亲密。

24. 如果我无法得到恋人的注意和关心，会心烦意乱或者生气。

25. 我跟恋人什么事情都讲。*

26. 我发现恋人并不愿意像我想的那样跟我亲近。

27. 我常常与恋人讨论我遇到的问题以及我关心的事情。*

28. 如果我还没有恋人的话，我会感到有些焦虑和不安。

29. 我觉得依赖恋人是很自在的事情。*

30. 如果恋人不能像我希望的那样在我身边时，我会感到灰心丧气。

31. 我并不在意从恋人那里寻找安慰，听取劝告，得到帮助。*

32. 如果在我需要的时候，恋人却不在我身边，我会感到沮丧。

33. 在需要的时候，我向恋人寻求帮助是有用的。*

34. 当恋人不赞同我时，我觉得确实是我不好。

35. 我会在很多事情上向恋人求助，包括寻求安慰和得到承诺。*

36. 当恋人不花时间和我在一起时，我会感到怨恨。

计分方法：

请把得分填在以下表格，其中标注 * 的条目是反向记分题。

题目	1	3	5	7	9	11	13	15	17	19	21	23	25	27	29	31	33	35
得分																		
题目	2	4	6	8	10	12	14	16	18	20	22	24	26	28	30	32	34	
得分																		

奇数项均分代表"回避亲密"维度，分数越高（大于3.5）、越代表对亲近和依赖他人感到不舒服。当一个人在和恋人互动时，会担心对方不愿亲近自己；也因此，这个人也不愿意与对方太过亲近，甚至会刻意疏远对方、维持一定的距离。例如，"我担心彼此的关系太过紧密，这样我会很不安"或"当对方太亲近我时，我会试图躲开"。

偶数项均分代表"焦虑抛弃维度"，分数越高（大于3.5），越代表害怕被拒绝和抛弃。当一个人在和恋人互动时，常常会担心失去这段感情，而时常对于彼此的分离感到担忧与焦虑。这种分离可以是实际上的分离（如暂时无法碰面），也可以是想象中的分离（如对方在一段时间内都未读自己的讯息）。尤其当一个人处在压力之中时，更容易感受到此种焦虑感。如："我很害怕联络不上对方"、"我需要对方不断保证他 / 她是爱我的"、"我很难忍受彼此分离"。

二、依恋风格

心理学家金·巴塞洛缪（Kim Bartholomew）吸取了鲍比的婴儿依恋理论，把成人依恋风格根据焦虑抛弃、回避亲密这两个维度，分成四种不同类型。

第一种是安全型（Secure）：焦虑感和回避感都低。安全型是一种稳定和积极的情绪联系，以爱情关系中的关怀、亲密感、支持和理解为标志。这种风格的人认为自己是友好、善良和可爱的人，也认为别人普遍是友好、可靠和值得信赖的人。他们十分容易与其他人接近，总是放心地依赖他人和让别人依赖自己。一般来说，他们既不会过于担心被抛弃，也不怕别人在感情上与自己过于亲近。

第二种是痴迷型（Preoccupied）：焦虑感高、回避感低。痴迷型，对人际关系怀着混合的情感，这就使人处于爱、恨、怀疑、拿不起、放不下的冲突情感之中，导致一种不稳定和矛盾的心理状态。通常，痴迷型的人总觉得自己被误解和不受赏识，认为自己的恋人和朋友都不可靠，不愿意与自己建立持久的关系。因此，他们一方面希望能与自己的恋人极为亲近，另一方面又对恋人是否可靠和可信满腹猜疑。

第三种是疏离型（Dismissing-Avoidant，即"疏离回避型"），焦虑感低、回避感高。疏离型的人对个人的看法相对积极（自己是有价值的），但认为他人会拒绝自己，和他人发生亲密关系得不偿失、以避免与他人发生联系来作为保护自己不受伤害的手段。他们拒绝和他人相互依赖，因为他们相信自己能自力更生，也不在乎他人是否喜欢自己。

第四种是恐惧型（Fearful-Avoidant，即"恐惧回避型"），焦虑感和回避感都高。恐惧回避型的人对自己和他人的态度都是消极的，这种类型的成人可能出于害怕被拒绝而极力避免和他人发生亲密关系。虽然他们希望有人喜欢自己，但更担心自己因此离不开别人，而一旦建立了亲密关系，又往往会过度担心恋人会离开自己，提心吊胆。既渴望爱，又害怕爱。

恐惧型和疏离型都属于回避型，是回避型的两种表现形式。安全型依恋的人在亲密关系中非常安心，虽然也会有焦虑和抛弃，但不担心别人会苛刻地对待自己，因而能积极快乐地寻求亲密、相互依赖的人际关系。

低回避

安全型	痴迷型
• 坦诚、容易信任他人	• 情感需求较高
• 容易建立长久而亲密的关系	• 面对分离焦虑不安
• 愿意与他人分享感受	• 经常确认恋人对自己的爱
• 善于寻求身边的支持	• 依赖他人和关系
• 具有反思能力	• 自尊感较低
• 能够感受和处理问题	• 能够感受情绪但难以应对
疏离型	恐惧型
• 情感疏离	• 渴望与人建立关系，但难以信任 / 依靠别人
• 保持一定距离更舒适	• 害怕建立关系后受到伤害
• 更愿意自我独立	• 与他人关系太近不舒服
• 在亲密关系中投入较少	• 应对关系时感到矛盾
• 注重解决问题而不注重感受情绪	• 忽略感受，回避问题

低焦虑（左侧） 高焦虑（右侧）

高回避

图 5-3　四种依恋风格及其恋爱中的表现

资料来源：Fosha，2007。

相较安全型，其他三种类型的人充满焦虑和不安，在亲密关系中如坐针毡。痴迷型的人渴望亲密接触但害怕被拒绝。疏离型的人并不担心被拒绝，却不喜欢亲密接触。恐惧型的人则两者兼而有之，在亲密关系中坐立不安又担心亲密关系不能长久。

每个人都可能有不同程度的焦虑感和回避感，每个人依恋风格的程度和表现都各不相同。这四种依恋类型并不是一个绝对、统一的分类，只代表一种倾向和风格。

三、内部运作模式

安全感和信任感非常相关，所以安全和不安全依恋者对恋人行为的解读也是很不同的。

下面列举当恋人忘记约定时，不同依恋风格者的反应。

安全型的回应：你忘了我们的约定，这让我觉得很生气，对这个约定无法达成我也觉得有些失落，但你忘记了我们的约定，是有一定的原因吧，你愿意说一说吗？

痴迷型的回应：你每次都忘记说过的事情，你都不在乎这段关系，你根本不爱我。

恐惧型的回应：我不想说这件事情了，反正事情都过了，没关系。

疏离型的回应：（自己可能会先忘记约定）。

不同依恋风格对恋人的信任和理解不同。依恋模式的反应在面对威胁和分离时会非常典型，当人受到威胁时（也就是感到脆弱的时刻），例如遭遇伤害、面对日常生活中的压力、生病等情况下，就会产生强烈的依恋需要和情绪反应，比如面对分离，机场告别，有人哭个不停，有人沉默无语，有人表现出搂搂抱抱的亲昵举动，这些都是依恋风格的行为反应。这种差异可以用"内部运作模式"来解释，早期亲子关系的经验形成了人的"内部运作模式"，这种模式是人的一种对他人的预期，决定了人的处世方式。内部工作模式会在以后的其他关系，特别是成年以后的亲密关系和婚恋关系中起作用。

内部运作模型会影响我们对自我和他人的价值判断。**安全关系**是一个"安全基地"，让恋人更有自信与安全感去因应外界的挑战，恋人感到更安全自在地向外探索。**不安全的关系**容易让彼此相处时变成战场，建立僵化的相处模式，如追逃、筑墙冷战等。表 5-3 清晰地呈现不同依恋风格的内部运作模式：

表 5-3　依附风格和内部运作模式

依恋风格	看自己	看别人	人际的目的 / 策略
安全型	正面	正面	适当的自我表露 寻求支持
痴迷型	负面	正面	寻求赞同 想操控他人 满脑子想建立关系

（续表）

依恋风格	看自己	看别人	人际的目的 / 策略
恐惧型	负面	负面	主动避开亲密接触 害怕亲密关系 害怕被拒绝
疏离型	正面	负面	轻视亲密关系的价值 疏远，保持独立

可见，依恋类型一旦形成，内部运作模式就决定了人们与他人交往时显示出的独特个体特征。

所以亲密关系中，某些依恋类型的匹配可能比其他的匹配要好得多，更让人满足和稳定。假若痴迷型的人爱上疏离型的人，就产生了依恋类型的不匹配。痴迷型的人会因为对方的感情疏远而气馁，而疏离型的人则会因对方的依赖和干预而烦恼，可能因对方过于靠近而觉得不舒服，想要回避。接着痴迷型的一方可能由于不满足而做出过激行为，希望以此来吸引对方的注意力。疏离型觉得这正好印证了自己原有观点——靠得太近会出问题，同时痴迷型也会因得不到关注而觉得这正好印证了自己原有疑虑——对方可能不够爱我。双方都不如与安全型的人相处轻松。

四、发展安全型依恋

安全的成人依恋关系主要表现在以下三个方面：

1. 有亲密接触的意愿，在长时间分离时会体验到焦虑；

2. 在压力和感受到威胁时，会向依恋对象寻求支持；

3. 从依恋对象处获得安全感和自信心，帮助自己建立起对外界事物更为开放的信任感。

安全型依恋是最健康的依恋风格，在恋爱中，想要改变对方是非常困难的，但可以有意识地培育安全型的依恋风格，依恋风格大多是从婴儿时期形成的，那一个人一生的依恋风格是稳定不变的吗？并不是。安全型依恋可以通过有效的心理治疗，以及一份新的安全的依恋关系经验来培养。

如何发展安全型依恋？主要有以下几个方法：

1. 相信自己是值得被爱、被尊重、被珍惜，理解你自己的羞耻感，提升自尊——即让自己相信，自己是值得被爱、被尊重、被珍惜的；

2. 学着接纳和表达自己的需要；

3. 学着关注对方的感受和需要；

4. 勇于尝试新的表达方式，直接、坦诚地沟通；

5. 不过于挑剔自己与别人不足；

6. 当冲突发生时，不压抑和否认情绪，而是学着去面对和应对，学会从"我们"出发去看问题，而不是"我"；

7. 痴迷型的人不过快投入一段感情。

从依恋风格来看，痴迷型的人需要学会对自己更负责任，学着收敛自己的控制欲，给彼此空间；如果你是疏离型则需要学会信赖他人；如果这就能够带来更健康、更独立的关系，而不是一方过于依赖，或者看似独立的虚假的自给自足感。

恋人如果是痴迷型、恐惧型或疏离型，但当两人一直坚持以上三点，与对方保持安全型的依恋关系时，对方的依恋类型也会慢慢受到影响，最后逐渐往安全型依恋的方向发展。

同样，如果我们能够将运用同样的方式来对待自己的需要，对自己的需要敏感，并稳定地给予恰当的满足，也可以让我们的依恋类型发展为安全型依恋。

学以致用

你的依恋风格是什么？恋人的风格类型是什么？通过本节学习，你愿意从哪些方面培育安全型依恋经验？

第三节 发展爱：成熟的爱

> 爱是一种能力，也是一种艺术。只有掌握了爱的
> 艺术，具备了爱的能力，才会面对和处理爱情。
>
> ——埃里希·弗洛姆

发展成熟的爱，需要发展爱的能力，常见的能力包括七种，表达爱、接受爱、解决冲突、拒绝爱、鉴别爱、结束爱和保持长久的能力，与大学生恋爱最相关的是其中三种能力：表达爱、解决冲突和结束爱。

一、表达爱：爱的五种语言

美国婚姻辅导专家加里·查普曼（Gary Chapman）认为，"每一个人都有一个情绪的爱箱，只有当这个爱箱填满了的时候，人际关系才能发展。然而，不同人的爱箱需要用不同的语言来填满"。查普曼发现人们基本上有五种爱的语言：

1. 肯定的言辞：表达对恋人的欣赏和鼓励。

2. 精心的时刻：高质量的陪伴时刻。有一些特殊的日子，比如恋爱纪念日，彼此的生日，或者是第一次相遇的时间，第一次互诉衷肠的时间，这些时间都是精心的时刻。如果能让他或者她铭记这样精心的时刻，你们的爱就会加温，就会越来越甜蜜。

3. 爱的礼物：礼物能传递出别人对你的爱，礼物还是爱的视觉象征，它能在视觉上提醒彼此，你们之间是相爱的。

4. 服务的行动：就是为恋人做点事情。要注意的是，你做的事，一定是恋人想要你做的事，这样才能让对方感受到你的爱。

5. 身体的接触：身体接触是表达爱的有力工具，这不只是性爱，比如拉手、亲吻、拥抱，哪怕是简单的触碰。

为何将爱的不同表达方式比喻为语言呢？举一个例子，如果你认为需要送礼物才是对你表达爱，才是在乎你，但是对方从来不送你礼物，他只是不断地帮你打饭，提醒你穿衣早睡多喝水，那他到底爱你吗？这

里会发现你的爱的语言是：接受礼物，而他的爱的语言是服务的行动。你们的爱的语言不同，就会出现他的爱无法被你理解，你也不明白，为什么他就不能按照你喜欢的方式来表达对你的爱，你可能没有明确表达过，但你认为这是常识。也可能明明你都说过很多遍了，他就是不做，因为他觉得没必要，而且也不会影响你们的感情。

就像一个英国人和一个法国人交流，他们的语言无法沟通，虽然通过肢体动作和表情能够看出一些对方想要表达的，但是你无法确定他到底想表达的是什么，海外游子常常在忽然听到乡音的时候非常激动，感觉亲切，就是这样的，这是他熟悉的、怀念的。即便一个外国人用蹩脚的中文来向你表达，你也仍然会非常感激对方的良苦用心。

爱的五种语言，如果各自对爱的语言期待不同，就相当于你们母语不同，或擅长语言不同，比如女方期待的是肯定的言辞，而男生最不擅长的是夸赞别人，那怎么办呢？恋爱双方需要沟通彼此的爱的语言，读懂彼此的爱的语言，这样既能有效表达爱意，也能感受被爱，同时也要感激对方爱的表达，也可以做一些新的表达爱意的行为尝试。

学以致用

学习对方的爱的语言，用对方爱的语言来表达，对方才能接收到。我们也需要和对方沟通你们各自爱的语言是什么，并表达出来具体的需求。请和 TA 一起讨论：期待对方如何表达爱。

表 5-4　你和恋人对"爱语"的期待

	你的期待	恋人的期待
肯定的言辞		
精心的时刻		
爱的礼物		
服务的行动		
身体的接触		

二、培养解决冲突的能力 ·········

爱情里一定会有冲突，接纳冲突是正常的，尤其第一次谈恋爱的，以为冲突是对方不爱我，或者走不下去。冲突是一个机遇，可以借此更深理解对方，形成一个更深联结、走得更近的机会，这也是发展成熟的爱的必经考验。

1. 爱情三角和依恋的关系

爱情三角理论和依恋理论，激情可以视为爱情出现的开端，承诺代表着爱情可以持续下去的根本要素，没有承诺意味着爱情没有继续发展的可能。亲密在每个阶段爱情体验的过程中组合不同，表现形式也不同，这都和个人依恋风格密切相关。

2. 依恋风格与冲突

在大学生恋爱过程中，常见冲突包括：（1）生活方式，比如：饮食习惯、课余安排等；（2）沟通方式，情感回应、问题解决等；（3）价值观，比如金钱、家庭、性的态度等。至于造成大学生恋爱冲突的常见原因包括两类：现实因素或心理因素。心理因素包括爱情态度、依恋风格和性观念等。

⊘ 启发与思考

在亲密关系里，什么时候让你最容易感觉脆弱无助？

与恋人冲突时，你会有什么行为和情绪反应？对方有什么反应……

你的反应对关系有什么影响？

冲突的深层原因：依恋需要（被爱、被尊重和安全感）受挫，依恋恐惧被激活。当个体感觉对方不在乎、不被爱或不被需要，内心的不安、害怕和恐惧就会涌现，不论什么依恋风格，这点都是一致的，但表现出来的反应有差异。

冲突的不同反应：

（1）痴迷型：表现为容易嫉妒和吃醋，黏人。急着解决问题，很多指责和攻击，是追赶者。

（2）回避型（恐惧回避和疏离回避）：通过封闭自己的情绪和感受进行调节，降低对对方的希望，虽然他们表面呈现的是冷静或不在乎，但是内在可能是生气、受伤等，是逃离者。

（3）安全型：将焦点放在当下的冲突事件，并用建设性的方式回应。愿意主动寻求帮助，可以向他人袒露负向情绪，使用良好的情绪调节策略，表里如一。

回避型依恋者对信息的开放度低，容易将对方视为敌意的，进而采取逃避的策略控制关系。回避型依恋者在遇到冲突时可能会专注某种任务，避免和恋人接触，减少关系冲突和不被恋人接受的可能，对恋人感到失望，甚至觉得自己是不值得被爱的。回避型个体的沟通模式很容易让人以为是不在意或满不在乎。

3. 魔鬼式对话

美国伴侣咨询专家休·约翰逊（Sue Johnson）博士关注伴侣的互动模式、表达的情绪背后蕴含的需求，她把导致矛盾产生、感情恶化的互动模式称为"魔鬼式对话"，常见有三种模式。

第一种"揪出坏蛋"（Find the Bad Buy）：又叫"热吵"：相互指责的无解模式，双方聚焦于"肇事者"和"受害者"的角色争辩，都想把问题的责任推到对方身上，对于"事实的对错"的关注大大盖过对彼此需求的关注。

第二种"抗议之舞"（Protest Polka）：其中一方变得挑剔刻薄、具有攻击性，另一方则防卫性强、态度疏远，彼此陷入"沟通—回避"（又叫"追逃"）的沟通模式。前者是在对两个人情感的疏远提出抗议，后者则是在抗议对方的方式，双方都想化解彼此对情感的不满；遗憾的是，这种相互抗议的互动模式很难让两个人接收到对方的信号，最后只会导致彼此都无法得到满足，关系也会越来越紧张。

第三种"冻结与遁逃"(Freeze and Flee)：双方因为感到绝望而开始放弃，并将自己的情绪与需求深藏。两人都认定自身的缺点就是问题所在，因此本能的反应便是沉默和躲避，到了这个阶段，两个人表面上看似风平浪静，但实际上彼此都对感情彻底失望，爱情就好像被冰冻起来一样。

关系中的追逐者会主动靠近对方，不断向对方寻求爱的证明，以抚慰内在忐忑不安的心。为了获得对方的爱，他们在前期会大量投入。付出的目的是索要回报，当追逐者求而不得时，焦虑便会转化成愤怒，开始对逃离者发起攻击。而逃离者为了避免被其所伤，不会表达自己的真实感受去硬碰硬，采取的措施是回避。回避的后果就是刺激追逐者更加不安，追得更紧，然后逃离者便逃得更远。双方就在这个恶性循环中渐行渐远。总而言之，这三种"魔鬼式对话"模式会让双方陷入消极的互动模式，真实地伤害两个人的感情。

📝 **学以致用**

请选择一个爱情题材的电影，选取恋人吵架的片段，分析是属于哪一种"魔鬼式对话"？并猜测恋人双方的内在需要。

4. 如何处理恋爱中的冲突

冲突的解药是：有效的情感回应。恋人之间的关系通常是敏感又莫测的，争吵也戏剧化的迅速、混乱与激烈。但如果恋人对于我们是一个安全的存在，关系是温暖、持久和有回应的，我们就会感到非常安全和有联结，争吵只是小插曲、晴天里吹过的一丝风。但如果我们对彼此的情感没有把握，就会引发一连串缺乏安全感的恶性循环。这时我们的情感依恋会拉响警报，三个指标帮助我们能识别警报拉响的时刻。

（1）当我们突然感觉自己很脆弱、对周边事情没有把握时，比如：患重病、面临学业压力、遇到重大的变故；（2）当觉察到与恋人间的联结出现负面的变化时，比如：对方不再那么主动联系、表现疏远；

（3）当意识到彼此的关系存在威胁与危机时，比如：出现第三者，或面临分离。以上这些时刻，我们需要对方及时做出回应以让我们感到被爱和被在乎，这种回应对维系爱情关系具有关键性的作用。有效的情感回应具备三个元素。

A. 可亲近性（Accessibility）：我能找到你吗？在恋人的眼中，你是不是让对方敢亲近你。高可亲性会让人想要和你联结，想要靠近你，而且知道该怎么靠近你。

R. 回应性（Responsiveness）：你能不能在情感上真正理解恋人的状态，并给对方情感回应。高回应性可以让对方感觉到你在重视他。要注意，高回应性并不代表你要在行为上满足他，而是给出情绪上的回应。

E. 投入关注性（Engagement）：你会珍惜我并陪伴在我身边吗？我们通常称之为"心在对方身上"，给对方关注。

用一个简单的方法记住这三个要素，那就是这三个英文单词首字母的缩写——ARE，还有简短的问句："你在我身边吗？你会一直陪着我吗？我对你是重要的吗？"三个元素能帮助我们确认两人的心是在一起的，情感联结是牢固的，安全感和信任感再次得到巩固。辨别彼此魔鬼式对话背后真正的心声，和恋人去诉说自己内心真实的感受和需求，以及自己内心的困惑；当爱人需要安慰和陪伴时，及时给予回应，彼此终身都能获得安全的情感联结。

5. 冲突沟通的五部曲

情侣间出现冲突是自然的，冲突背后是未满足的依恋需要，比如："你会支持我吗？""你在乎我吗？""我需要你呼唤你的时候，你会来到我身边吗？"爱是世界上最高的生存机制，我们必须让感情重新联结，供我们需要以打动对方的方式来表达，让对方可以回应我们的需求。如果双方都能听到彼此对情感依恋的呼唤并给予温柔的回应，冲突就可以瞬间消退；如果你知道你所爱的人就在那里，并随时会回应你的呼唤，在你需要时来到你的身边，你就会对自我的价值和重要性更具信心。以下是恋爱中冲突沟通的"五部曲"：

第一，准备阶段。明确沟通的目的是让对方听到你说的话，避免在情绪最顶峰的时候表达，这个时候更多是单方面的宣泄和控诉，对方只会感到被指责和攻击，只会下意识地发起反击或落荒而逃。

第二，确认沟通时机。表达对关系的重视，先和对方确认一个合适的沟通时机。在沟通问题之前，向对方表明"我很在乎这段关系，接下来不是想要指责你或说你不好，也不是想结束这段关系"。目的是减少对方的应激反应，具体内容可以根据对方敏感的方面做适当调整。

第三，明确表达感受。句式为"我"感受到了什么，因为"我"经历了什么。提醒自己尽量只表达当次事件带来的感受，可以就类似情境的类似感受做适当延伸，但不要翻旧账，因为过多的表达可能让对方什么都记不住。

例如："我感到很失落，没有按约定时间见到你"；

"我感到有点焦虑，担心你在路上会不会出了什么事"；

"我感到很生气，因为我发的信息没有得到立刻回复"；

"我感到很困惑，猜想你对我们一起活动是否不感兴趣"。

第四，表达合理期待。你在心里要明确此次沟通的期待，不是要对方认错道歉，也不是要对方改变，只是希望对方能听到你的期待。如果对方有能力给出更多反馈，例如不仅听到了，而且听懂了，这意味着你的感受在关系里是被理解的，我相信这一定会给你带来非常亲密而感动的体验。

因为关系中的很多冲突是无法归因谁对谁错的，甚至很多冲突在现实层面是没有完美的和解方案的。但是如果我们的委屈、愤怒、无助等情绪可以被表达、被听到、被理解，我们依然会在不那么完美的关系中体验到美好的瞬间。

第五，邀请对方做出回应。最后，向对方表达"如果他在这件事或其他事上有一些感受想要说说，你愿意在他准备好的时候随时沟通"。向对方传递关系是平等的，你的感受很重要，对方感受也同样重要。

这始终是两个人的空间，而彼此的看见和理解会让两个人的空间越来越大。

通过对事实、感受、需要和解决方案的讨论，让对方更加了解彼此，既表达在乎重要，也让对方知道怎么满足自己，这个思路可以应用到大大小小的冲突场景中。可见，一个真正的好的亲密关系，是需要经过两个人之间有一些误解或冲突，经过修复以后，爱才慢慢变得成熟，两颗心慢慢走得更近。

⊘ 学以致用

结合所学，练习如何回应对方：

① 恋人忘记生日 / 恋爱纪念日

你会对他 / 她说：＿＿＿＿＿＿＿＿＿＿＿＿＿＿＿＿

② 恋人在聚会中只顾和其他朋友玩桌游和聊天

你会对他 / 她说：＿＿＿＿＿＿＿＿＿＿＿＿＿＿＿＿

③ 当你和恋人讨论周末怎么度过，对方经常说：都行，你喜欢就好。

你会对他 / 她说：＿＿＿＿＿＿＿＿＿＿＿＿＿＿＿＿

三、适应爱的结束

爱是流动的，爱情是两个人努力和选择的结果。恋爱双方在处理冲突过程中，还有一种解决方式是：分手，结束爱。无论是主动分手，还是被动分手，结束爱都不是一件容易的事，可能出现自责、内疚，或是久久不能释怀和放手。

如何适应爱情的结束呢？分手之前：心理准备，对关系进行一个评估，比如这段关系还值得坚持吗？问题到底出在了哪里？两人关系的评估包括：沟通方式、价值观、人生的方向、正面感受和负面感受的比例、关系的目标等。如果在一段关系中常常痛苦多于快乐，总是一方在付出在改变，或者不利于各自的学业发展，意味着结束这段关系可能是更明智的选择。分手过程：表现得友善、坦率且真诚；分手之后：建立合理清晰的边界，减少联系，不拖泥带水，或者藕断丝连。

1. 分手的不同反应

依恋风格影响着人们在关系中的种种表现，当然也包括在关系结束的时刻，人们会选择哪种方法来进行分手。

（1）痴迷型反应："失恋后会对过去感情念念不忘，会自责，可能需要很长时间才恢复。"在依恋风格中，"焦虑抛弃"程度较高的人，由于对失去恋人的爱感到非常焦虑，因此会尽可能地拖延提出分手。或者就算主动提出了名义上的分手，也很难真的切断和前任的关系。他们会提出希望能和对方继续做朋友，甚至保留复合的可能。

（2）回避型（恐惧回避和疏离回避）反应："我会尽快将其忘记并继续前行。""回避亲密"程度较高的人，会倾向于使用间接的方式分手，比如，他们可能会忽然疏远你、指望你提出分手，而在分手后也会立刻疏远。之所以会这样，是因为回避型依恋者希望逃避亲密感、回避深入的交流，而一旦讨论分手，就可能触及谈论自己深层次的感受和想法。

（3）安全型反应："我会悲伤一段时间，然后寻求一段新的感情。毕竟，我值得被爱。"安全型依恋者则更倾向于直接和恋人表达分手的意图。他们会更积极地看待亲密关系中的种种变化，包括分手。即使这段关系结束，他们依然有机会也有能力与他人进入下一段关系，所以分手并不是一件可怕的、需要回避的事。所以更倾向于直接表达分手的意图，更积极地看待亲密关系中的种种变化。

2. 结束亲密关系的个人心理任务

（1）哀伤关系的结束（允许伤心一段时间，接纳分离的难受和不舍）；

（2）找出并承认自己对关系走到尽头所负的责任（关系是双方的责任，而是自己和对方依恋需求无法满足、无法并肩作战的责任）；

（3）承认对方努力付出，表达感激和遗憾；

（4）整合此经验对自我的影响、从中学习，准备再出发。

分手虽有遗憾，并不是意味着失败，爱情包括两大任务：了解自己和发展爱的能力，一段感情经历如果让我们更看清自己的依恋风格和内在需要，发展出更好的爱人能力，相信下一段爱情会更加幸福。

Ⓞ 自助练习

　　1. 我是痴迷型，我的恋人是疏离/恐惧型，有什么办法可以让我们相处得好一些？

　　2. 结合提升爱的能力，我和恋人可以做哪些尝试？如果目前没有进入恋爱，我为建立一份爱情应该做哪些准备？

第四节　升华爱：健康的性

根据前面介绍的爱情三角理论，激情是爱情的三大元素之一，成熟的爱包括健康的性。

Ⓞ 启发与思考

- 你能大方自然地与异性相处吗？
- 你谈到或想到性有羞耻感和罪恶感吗？
- 你会情不自禁地经常看一些色情刊物、节目吗？
- 你认为性自慰是病态、下流、有损身体的吗？
- 你了解性传染疾病的知识吗？
- 你能按社会道德规范约束自己与性有关的言行举止吗？
- 你知道可以通过哪些渠道了解科学的性知识吗？
- 你能通过恰当的方式排解性欲望、性冲动吗？
- 你知道日常交往如何防范性骚扰吗？
- 网络时代如何提高性安全意识？

以上是检测性健康的问题。性健康是指与性有关的身体、情感、心理和社会健康状态；不仅仅是没有疾病、功能障碍或虚弱。性健康需要对性行为和性关系采取积极和尊重的态度，以及在没有胁迫、歧视和暴力的情况下获得愉快和安全的性经历的可能性。

一、性认同

1. 多元的性：性别姜饼人

性别可以是一个极其宽泛的概念，"性别姜饼人"可以看到性的四个维度。

生理性别：与生俱来的性别，在出生时便被医生判定，生理性别，指的是客观上可辨别的性器官、荷尔蒙和染色体。

性别表达："我看起来是什么"，指的是你如何通过自己的行为、装扮、举止和互动来展示自己的性别，基于传统性别角色的刻板印象。

性别认同："我是谁"指的是在性别上，你主观看待自己的方式，包括化学因素（荷尔蒙激素水平等）的构成以及你对自身的理解。它是自我概念里非常显著和重要的一个方面。

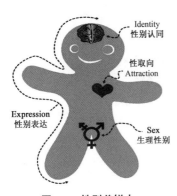

图 5-4 性别姜饼人

图片来源：https://www.itspronou-ncedmetrosexual.com/2015/03/the-genderbread-person-v3/。

性取向："我喜欢谁"指的是你在生理上、精神上和情感上被谁所吸引，希望与何种性别的人在精神上或者肉体上发生浪漫关系。

性是多维度、多元的，鼓励大学生从这四个维度理解自己和他人的性。其中与心理健康相关密切的是性别认同。性别同一性，即个体获得对自身性别的正确意识、体验和确认的过程，是性别认同的核心。很多儿童最初意识到生理意义的性别是在 18 个月左右的时候，在第 36 个月左右，大部分儿童获得对性别认同的稳定理解，喜欢与同性伙伴玩耍，遵从社会的性别角色要求，表现出行为上的性别差异。绝大多数人认同被社会指定的性别，但有少部分人并不认同，表现出与指定性别不一致的行为举止，称为跨性别。

2. 多元的性：性取向

性取向指的是一个人在爱情和性欲上对特定性别的偏好，包括：异性恋、同性恋、双性恋等。性取向是由遗传和个人，以及社会环境决定的，并非个人选择。

同性恋指只对其他同性表现出持续的性爱情感倾向，包括思想、情感和性行为。现代科学研究显示，同性恋不是一种精神疾病或心理障碍，只是一种不同于大多数人的性取向。

值得注意的是，同性依恋≠同性恋，同性依恋通常出现在 14—18 周岁的青少年群体，与同性恋不同，是一种青春期常见的心理过渡现象。同性依恋的个体只在孤寂时想要见到对方，没有性幻想，是感情上很聊得来的朋友，精神上的依托。

青少年的性取向容易受影视文化、同辈群体的影响。不宜过早、鲁莽地认定同性性取向。同性恋的焦虑不是来自性取向本身，而是来自对家人、朋友和同事是公开还是隐藏他们的同性恋身份的矛盾。

性是多元的，接纳和认同自身的性别，是性健康重要的心理基础。

二、性行为

1. 性行为的分类

性行为：在性欲的驱动下得到性快感、性满足的行为。按照性欲满足程度分为三类：①目的性性行为，这就是性交。性交是性行为的直接目的和最高体现。一般说来，人们在性交以后，就满足了性的要求。②过程性性行为，这是性交前的准备行为。如接吻、爱抚等动作，这些动作的目的，是为了激发性欲，实行性交。性交后还要通过这样一些动作，使性欲逐渐消退，作为尾声，这也属于过程性性行为。③边缘性性行为，这种性行为的范围就比较广泛了。它的目的是为了表示爱慕，或者仅仅是爱慕之心的自然流露。边缘性性行为有时很隐晦，例如表现为眉目传情，表现为一丝微笑，这眼神、这微笑有时只有两个人感觉到，其他人是无从得知的。

启发与思考

"接吻算不算性行为？"

如果是作为性交前的准备，那么是过程性性行为；如果只是爱情的自然流露，不以性交为目的，那么就是边缘性性行为。当然，像某些西方国家，把拥抱、亲吻作为一般见面的礼仪，那就同性行为完全无关。

2. 依恋风格与性行为

"焦虑抛弃"的人在情感上较贫乏，而"回避亲密"的人则会与人保持距离，这两种依恋维度都与性行为有密切联系。回避型的人不大坦率地与恋人讨论性方面的需要和愿望，对性生活会感到不太满意，与长期恋人发生性行为频率更低，可能与随意、短期的伙伴有更频繁的性行为。痴迷型依恋风格的人性行为则充满激情和热忱，源于渴望被伴侣接纳的欲望。安全型能享受到更高的性自信、最佳的性沟通和最满足的性生活。

3. 性别差异

19—22岁是男性性欲高峰，大学男生有着更频繁、更强烈的性欲望和性冲动。更经常自慰和性幻想，渴望性生活，在性上愿意花费更多的金钱。大学女生性欲方面发起缓慢，消失缓慢。更看重感情交流和精神满足。亲密行为中多满足于触觉的爱抚，充满爱意的亲吻和拥抱。不同依恋风格，不同性别的恋人在性行为的需要、表达和观念上都可能是有严重差异的。

4. 性沟通

良好的沟通有助于我们应对某些尴尬情形，比如不想发生性行为，或对性的期待或意图被误解。男性和女性有事对性情景的诠释存在明显的差别，这会引起误解或挫败。安东尼娅·阿贝伊（Antonia Abbey）经典研究证明了这一点，她邀请一些男士和女士，先让彼此认识，再一对一地闲谈，同时让另一对男士和女士观察他们的谈话。参与互动和旁观的男性都倾向于把女方的友善之举解读为表示性兴趣的信号，即便参与谈话的女性根本没有激起性欲望的意图，旁观的女性也没有觉察到这类行为。这类情形在现实生活中并不罕见，大多数男性至少有一次误解女性的性意图。毫无疑问，这些误解大多是无心之过，根源于非言语行为的误解。恋人间有效的性沟通是化解冲突、有效表达个人需求和性界限的关键。当你需要表达感受时，不要扭捏作态或者玩笑戏谑，清楚地表明你有没有兴趣，必要时还得重复表态。

三、性卫生

（一）请看以下调查数据

1. 避孕方法使用情况

当经历首次性行为时，有 15.61% 的大学生没有采取避孕方法，而在日常行为中也有 11.03% 的大学生不会每次都采取避孕方法。男用安全套始终是大学生采用最多的避孕方法。在首次、日常、最近一次性行为中，有 20%、40%、23% 左右的大学生选择体外射精和安全期避孕法。

2. 意外怀孕与人工流产

有过性行为的大学生中，有 5% 左右的大学生曾经历过意外怀孕，近一年发生的比率在 2% 左右。在经历过意外怀孕的大学生中，有 13.21% 的大学生在首次性行为后就遭遇了意外怀孕。在意外怀孕过大学生中，94% 的大学生选择了人工流产作为处理方式。

（二）健康性行为：预防性传播疾病

性欲的产生是青春期发育后的一种正常的心理和生理现象。大学生在异性相处中产生性欲望是正常的性心理现象，而非可耻的事情。如果把性冲动当作罪恶、肮脏的东西，通过自责、惩罚、心理暗示等方式压抑性冲动，会带来焦虑感，甚至心理问题。一种常见的恶性循环是竭力压抑性欲望一段时间，压抑不住后爆发性地自感，达到高潮后立刻陷入一种罪恶感，于是再次开始压抑。这样的心理状况，将会导致很多自述的所谓自慰不良影响，如疲惫、失眠等。

（三）缓解性焦虑

如果正常的性欲望长期得不到满足或缓解，会使机体处于紧张状态，同时使人烦躁不安，影响身体健康和正常的学习生活。对性欲应有正确的认识，既不能肆意放纵，也不必强行压抑。大学生应该在不伤害自身健康、不妨碍他人的基础上，在法律和社会规范允许的范围内，通过正当的、适合的手段使性欲得到释放。

学会与异性交往，是缓解性焦虑的有效方式。

（1）接纳性冲动，适应自身的性需要。

（2）避免过渡性刺激。

（3）转移注意力，从事愉悦的体育活动或学习。

（4）适度宣泄，可适当地、规律地自慰，缓解性欲望。

（四）性心理障碍

少数人满足性欲的行为方式或性质对象明显偏离正常，并以此类性偏离作为性兴奋、性满足的主要或唯一方式。这类性偏离通常是难以自控，且给自己或伴侣、他人带来痛苦，甚至引起社会忧虑。

性身份障碍：性别不一致（Gender Incongruence），旧称性别认同障碍（Gender Identity Disorder）或易性症（Transsexualism），是由于一个人性别认同与出生时指定性别不匹配而感到的痛苦。患有性别不安的人通常是跨性别。这类群体常受到过校园或者社会暴力，家庭支持弱，心理健康状况不乐观。治疗：心理治疗、激素治疗和手术治疗。心理治疗不改变个体的性别认同，而是协助个体去探索性别问题，减缓性别不安。

性偏好障碍：恋物癖、露阴癖、窥阴癖、恋童癖等。这类群体的性行为与社会普遍接受的观点不一致，可能对他人造成伤害，有明显的痛苦体验。治疗：正面教育、心理治疗、行为矫正和药物治疗。性心理障碍疾病在临床治疗方面比较困难，且难以彻底治愈。

性心理障碍，需由专业精神科医生结合病史、生活表现和临床症状等详细信息进行诊断评估，切勿对号入座，给自己造成无端的精神负担。

🖊 **启发与思考**

如果在校园里遇到性心理障碍的人，该怎么办？

四、性安全

约有 1/3 的大学生经历过不同形式的言语性骚扰。女生更容易因身体发育被同学嘲笑，超过 1/4 的女生有过这种经历，比率显著高于男生。在经历过性骚扰或性侵害的大学生中，性骚扰或性侵害行为的实施者主要是：同学/朋友、男/女朋友或配偶、网友、非网友的陌生人，其余比率均在 10% 以下。女生更容易遭受到来自陌生人的性骚扰或性侵害。

警惕"性胁迫"。如果恋人一方在违背另一方意志的情况下，故意哄骗、引诱、威胁，甚或强制对方与之发生性接触，则会损害恋人的性互动和恋人关系。逼迫他人发生性接触主要有以下施压方式：

（1）通过言语威逼利诱。包括虚假许诺、制造内疚感或者威胁要结束亲密关系；

（2）和人一起饮酒或者吸毒以削弱对方的反抗；

（3）暴力威胁或实际上使用暴力，强迫别人屈从。这样引起的有害性行为范围较广，包括一般的触碰和爱抚，以及严重性交。

下图为性侵犯的四大类型。结合两个不同的维度——施压方式和引起的有害行为——就可以描绘出四大类不正当的性行为。位于第 1 象限

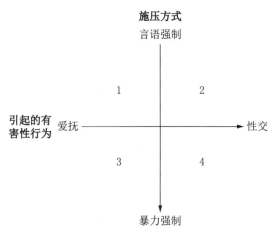

图 5-5　性侵的四大类型

图片来源：罗兰·米勒：《亲密关系》（第 6 版）。

的性侵犯指个体用语言哄骗他人屈服于她 / 他所不愿意的身体碰触，相对来说侵犯不是很严重，一般不认为是性胁迫，如果在大学生约会过程中出现此类行为，是对恋人的不尊重。在第 2 象限，性侵犯表现为通过花言巧语或者将人灌醉而实施性行为，如果女性不积极主动、毅然决然地抵制这种行为，人们被认为女性也要承担此行为的部分责任。第 3 和 4 象限包括各种形式的暴力或使用药物导致受害人不能反馈，这类暴力行为是不合法的。

性胁迫不但破坏两人关系，还对受害者身心造成一定伤害。如何远离"性胁迫"呢？下面是几点建议：

第一，当心以性行为来获取其他利益的恋爱对象（性行为只是一种手段，通常和爱情无关，不可能把你的利益放在重要位置）。

第二，请远离麻醉类物品。

第三，坚定地反抗任何性侵犯的苗头。

第四，在你开始亲密交往前，直接、坦率地和恋人说清楚性界限。

第五，尊重和体贴恋人，这种尊重和体贴是和性胁迫不相容的，如果你和爱人都这样想，才能体验到更满足的性生活。

五、网络时代的性安全

常见的性安全隐患包括四类：网络"性"信息，良莠难辨，导致伪科学性观念；网络性瘾症，脱离现实，身心健康受损；形形色色交友 App，诱导充值，滋生性侵；性诈骗：以性作为诈骗的诱饵，欺骗钱财。

网络时代性安全的建议：第一，从官方、科学的渠道获取性知识；第二，远离以盈利为目的的交友 App；第三，对网络陌生人的性话题保持警惕；第四，在现实生活中发展健康的恋爱关系。

⊘ 自助练习

1. 如果你有恋人，请和他 / 她讨论以下问题
① 目前亲密接触的规则＿＿＿＿＿＿＿＿＿＿＿＿＿＿＿＿＿＿
② 对对方有哪些疑惑＿＿＿＿＿＿＿＿＿＿＿＿＿＿＿＿＿＿＿
③ 双方对性都有哪些期待＿＿＿＿＿＿＿＿＿＿＿＿＿＿＿＿＿
④ 如遇到问题，将怎么处理＿＿＿＿＿＿＿＿＿＿＿＿＿＿＿＿
2. 结合本章内容，你对于培育健康的性有哪些启发？

本章小结

爱情观念与类型的契合或者互补在一定程度上是亲密关系建立的前提。爱情中双方的沟通和理解、相互的付出也是维系关系的重要基础。通过本章课程的学习，我们了解爱情三角理论，学会运用依恋理论分辨自身和他人依恋风格，懂得运用五种爱的语言表达爱，掌握在冲突中进行有效的情感回应，如何适应爱的结束重新出发，也理解多元的性，学会培育安全、健康、愉悦的性心理和性行为。

拓展阅读与推荐资源

罗兰·米勒：《亲密关系》(第 6 版)，王伟平译，人民邮电出版社 2022 年版。

该书从心理学角度出发探讨亲密关系的方方面面，包括：人际吸引、爱情、婚姻、承诺、友谊、激情、沟通、性爱、依恋、择偶、嫉妒、出轨、家暴等行为特点和规律，专业性和趣味性兼具。

苏·约翰逊：《依恋与亲密关系：伴侣沟通的七种 EFT 对话》，黄志坚、李茜译，人民邮电出版社 2018 年版。

该书介绍成人依恋理论以及情绪，聚焦治疗对亲密关系问题的看法，呈现伴侣互动中经常会出现的种种恶性循环，并给出如何走出这种不良互动泥淖的良方。

贺兰特·凯查杜里安：《性学观止》(插图第 6 版·全两册)，科学技术文献出版社 2019 年版。

这是一本性教育领域的经典入门书，观察视野开阔、阐述纵深，将性视为生物本能、生理驱动、精神心理、道德观念、法律习俗等元素多元辐射的焦点，并加以科学探索，倡导一种正视、理解、健康的性态度。

参考文献

[1] 罗伯特·斯滕伯格、凯琳·斯腾伯格：《爱情心理学》，李朝旭译，世界图书出版公司 2010 年版。

[2] 弗洛姆：《爱的艺术》，广西师范大学出版社 2002 年版。

[3] 苏·约翰逊：《依恋与亲密关系》，黄志坚、李茜译，人民邮电出版社 2018 年版。

[4] 珍妮特·海德、约翰·德拉马特：《人类的性存在》第 8 版，贺岭峰等译，上海社会科学院出版社 2005 年版。

〔5〕罗兰·米勒:《亲密关系》(第6版)，王伟平译，人民邮电出版社2022年版。

〔6〕加里·查普曼:《爱的五种语言》，中国轻工业出版社2006年版。

〔7〕《2020庆"性"有你｜2019—2020年全国大学生性与生殖健康调查报告》。

〔8〕《国际性教育技术指导纲要》。

〔9〕Sexual and Reproductive Health and Research (SRH): Sexual health and well-being.

〔10〕https://www.who.int/teams/sexual-and-reproductive-health-and-research-(srh)/areas-of-work/sexual-health.

〔11〕Bartholomew, KimHorowitz, Leonard, & M. (1991). Attachment styles among young adults: a test of a four-category model. Journal of Personality & Social Psychology.

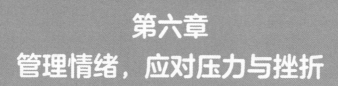

第六章
管理情绪，应对压力与挫折

君子祸至不惧，福至不喜。

——《孔子家语·始诛》

案 例

小意，女，大二学生，大一申请了5个社团，只有一个社团成功进入，她感到挫败，无价值感；看到其他同学每天很充实，又感觉迷茫和颓废，导致自己学业成绩渐差。大二在社团中她感觉社团的文化氛围与自己不符，感觉被孤立和排斥，对老师、同学不经意的评论等有很强的负性情绪体验。在生活中常常因为遇到自己很难解决的事情而觉得自己无用，流泪自责，入睡困难。最近辅导员了解到其学业成绩下降，找她谈话，也让小意倍感压力。

思考：

1. 小意遭遇了哪些压力和挫折事件？

2. 小意感受到了哪些情绪？对生活和学习带来了哪些影响？

3. 小意要如何改变目前的状态？

《黄帝内经》说："恐伤肾，悲伤肺，怒伤肝，忧伤脾。"情绪直接影响身心健康。大学生不可避免会遭遇学业、人际交往、就业甚至恋爱压力和挫折，从而产生抑郁和焦虑情绪，如果不能较好认识和管理好自身的情绪，有可能变成情绪的奴隶，影响身心健康，甚至发展成情绪障碍，严重影响大学生的各个方面。拿破仑说："能控制好自己情绪的人，比能拿下一座城池的将军更伟大。"因此，本章将带领读者认识情绪、理解情绪，认识压力和挫折，学习调节情绪，并培养正念，增强情绪察觉和调节能力，帮助读者保持心理健康。

希望通过本章学习，希望读者能够实现以下目标：

- 了解情绪的含义，理解情绪产生的心理和神经机制

- 正确地认识大学生的压力和挫折问题，并能够自我调适

- 理解情绪管理的目标以及调节策略，并找到适合自己的调节策略和方法

第一节 认识情绪

认识情绪是有效管理情绪的第一步。俗话说，"知己知彼，百战不殆"，认识情绪是有效管理情绪的前提和基础。

一、情绪的定义

心理学上情绪（Emotion）是指人们在心理活动中，对客观事物是否符合自身需要的态度体验。

情绪有三个必要的成分：

首先，情绪是一种内心感受。内心体验是情绪的第一个成分。如感受到愉悦、恐惧、生气、悲伤的内心体验。

其次，客观事件，即内心体验诱发的情境，是情绪的第二成分。情绪的产生不是无缘无故的，是有诱发情境的；可以说，客观事物是情绪的源泉。这个客观事件可以是外在的事物，如春天的美景；可以是人们说的话，如批评的言语；可以是他人的行为，如同学赞赏的眼神；也可以是自己的生理感觉，如心跳格外地快；都可能诱发情绪。

最后，情绪以需要是否满足为中介。也就是说，客观事物和我们的需要相关才能产生情绪。能满足人的需要的事物会引起正向的情绪，如愉悦、满意等，不能满足人的需要的事件会引起负向的情绪，如愤怒、沮丧等。美景满足了我们的审美需要，因而产生了愉悦的情绪；批评的言语，没有满足我们被认可的需要，因而产生了沮丧的情绪；赞赏的眼神满足了我们被欣赏的需要，因而产生成就感；而心跳格外地快没有满足我们希望安全的需要，从而产生焦虑的情绪。

心理体验、客观事件、需要是情绪的三个成分，情绪的这三种成分缺一不可。

◇ 启发与思考

你最近体验到的情绪是什么情绪？这种情绪的三个成分分别是什么？

二、情绪的意义

生活中常常看到，有些人把情绪视为麻烦，觉得有情绪就是"多愁善感""自怨自艾""矫情"，等等。如果表现出情绪，还被认为是幼稚、柔弱、不堪一击。

其实这是对情绪的误解。神经科学家研究了人脑的进化发展，研究发现，进化出感知情绪的能力，比进化出思考能力，早了几百万年之久。从进化角度来讲，情绪比思考更为重要。

首先，情绪是生存的必需品；情绪，尤其是负面情绪，通常具有很重要的生存意义。情绪告诉我们何时处于危险，何时该逃跑，何时该战斗。假如，我们体验不到恐惧，那么面对老虎时，我们不会逃跑；假如，我们体验不到生气，当我们遭遇不公平时，我们就不会战斗。没有这些负性情绪，我们无法正常生存下来。

其次，情绪是信号灯。情绪是人际交往和心理健康的信号灯。

情绪是人际交往的信号灯：情绪是一种社交线索，悲伤、忧虑等负性情绪，会引发他人的支持和帮助；情绪滋养了人与人之间的联系，使人们的生活更有价值。

情绪也是心理健康的信号灯：当情绪过于强烈，或者持续过长时，会对我们的心理健康产生不良影响；这些情绪提示我们可能需要进行调整和改变，以维护心理健康。

情绪还是发动机。许多情绪驱动着我们去行动。例如，爱会驱使关心配偶、孩子和他人；好奇促使去探索和学习；热忱促使去生产、创新、发明；同情促使去帮助别人。

情绪对我们是如此重要，需要我们好好认识情绪。

✎ 启发与思考

你对情绪有什么看法？学习这一节后，你对抑郁等负面情绪有哪些新的看法？

三、情绪的分类 ···

（一）基本情绪和复合情绪

一般认为，"基本情绪"是与生俱来的。

研究显示存在六种基本情绪：喜悦、愤怒、悲伤、恐惧、厌恶、惊奇。为什么叫基本情绪呢？因为人们发现，无论你属于哪个种族，哪个国家，哪种文化背景；无论你的性别和年龄，人们都有这六种基本情绪，可以识别这六种情绪。因此，多数心理学者认为，基本情绪和人类的生存息息相关，是通过人类漫长的进化史形成的，是人生下来就可能有的情绪。

"复合情绪"则是后天学习到的情绪。

复合情绪通常是经过人与人之间的交流学习到的，如焦虑、沮丧、爱、轻蔑、害羞、骄傲、嫉妒、羞耻等，通常认为，这些情绪是人们在后天成长环境是学习而来的，如人生下来，并不知道羞耻，通过父母教育，让孩子知道哪些行为可能不好，害怕遭受别人嗤笑，从而出现羞耻的情绪。因为这些情绪可能是由几个基本情绪复合而来，因此把它们叫做复合情绪。

（二）精力充沛／充沛、愉悦／不愉悦的情绪

为了更好地认识情绪，耶鲁大学心理学家马克·布雷克特（Marc Brackett）建议使用一种被称为"心情指数自测表"的技术。根据这种技术，把情绪分为四种。

这个技术中使用一个坐标图，分为横坐标和竖坐标两个维度，横坐标是心理愉悦度；竖坐标是身体能量感。

从本质上讲，这种技术就是问两个简单的问题：

（1）这种情绪有多愉悦？

喜悦、兴奋、乐观、平静、满足等情绪有多愉悦？悲伤、抑郁、不满、生气、愤怒、憎恨等情绪有多不愉悦？

由原点出发，原点表示中性情绪，向右表示更愉悦，向左表示更不

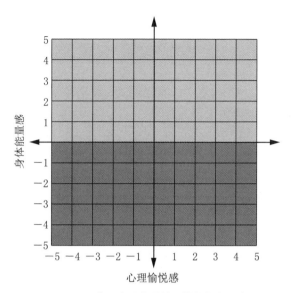

图 6-1　马克·布雷克特的心情指数自测表

图片来源：*Permission to Feel*。

愉悦。

（2）这种情绪的能量有多强？

也就是身体能量感。原点表示能量一般，由原点出发，向上表示能量充沛，向下表示能量缺乏。

根据这两个问题的答案，可以把情绪分为四类。

① 精力充沛、愉悦的情绪。例如：激动、喜悦、好奇、乐观等。

② 能量缺乏、愉悦的情绪。例如：冷静、安全、放松、满足。

③ 精力充沛、不愉悦的情绪。例如：焦虑、害怕、愤怒和纠结。

④ 能量缺乏、不愉悦的情绪。例如：失望、孤独、悲伤和抑郁。

学以致用

根据马克·布雷克特的《心情指数自测表》，我们可以通过四个步骤来认识情绪：

① 情绪的愉悦度如何。首先感受自己的内心体验，感受到这

种情绪是愉悦还是不愉悦的，程度如何？

② 情绪的能量水平如何。接着感受这种情绪使自己精力充沛还是能量低下？程度如何？

③ 在情绪测量表上标注出来。接着根据前两者将该情绪在情绪测量表上标注出来。

④ 找到一个合适的词语形容。最后找到一个合适的词语来形容此时的情绪。

四、情绪的命名

英文中有一句话："Name it, and tame it."意思是你能命名的，就是你能驯服的。如果你能命名情绪，那么你也能驯服情绪。

对情绪能够详细地描述和命名，就能有效减轻情绪强度。

神经科学的一项相关研究发现，相对仅仅观看情绪面孔，根据情绪面孔的情绪选出合适的词来标识情绪，可以减少受试者杏仁核的激活，从而降低情绪感受强度。

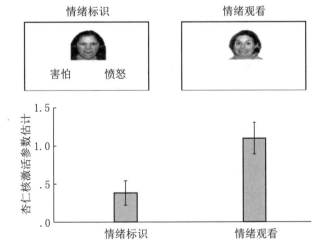

图 6-2 情绪标识和情绪观看时杏仁核激活程度

另一项研究比较了三组被试面对蜘蛛时，分别采用三种情绪调节方法的效果。

第一组以认知重评的方式进行调节，即以一种让人不会感到害怕的方式描述蜘蛛："我面前的这只蜘蛛很小，它是安全的。"

第二组采用转移注意力法，即不要想蜘蛛，想其他和蜘蛛无关的事情。

第三组则采用对感觉进行详细描述的方法，如："我面前的这只蜘蛛长得很丑，样子让人恶心，让人害怕，但也很有趣。"

结果发现，相比前两种流行的调节情绪的方法，直面描述情绪的方法更有效减少焦虑和害怕，而且在实验结束后，这种效果还能持续一个星期的时间。

由此可见，能够命名情绪并描述情绪，是情绪调节，降低情绪强度的一种有效方法。

准确描述情绪与情绪颗粒度有关。

情绪颗粒度是指辨别情绪的能力。比如面对新冠疫情，有人也许会说："我感到很糟糕，很伤心，我说不出来，但就是糟糕透了。"有人则会这样说："我首先感受到的是震惊和抗拒，紧接着是悲伤和痛苦，最后是无助感。"第二个人的情绪颗粒度就相对较高。情绪颗粒度较高的人能用合适的词语命名情绪。

✍ **自助练习**

书写情绪词练习：请在 5 分钟内写出 20 个情绪词，并思考：

1. 你写出了多少情绪词？

2. 情绪词愉悦和不愉悦比例如何，精力充沛和能量缺乏的比例如何？

注意：

1. 你写的情绪词有可能表示你最近一段时间的情绪状态。

2. 如果你写的情绪词少于 20 个，说明你的情绪颗粒度还需要进一步提升。

　　为了更好地认识和管理情绪，我们可以找到合适的词来描述和命名情绪。比如，说出"我感到难过""我很沮丧"或是"你那样做伤我的心了"就会让情绪有所减轻。

　　但是研究发现，我们很多人的情绪词汇是相对有限的。有些人常用表达情绪的词就只有两个，即坏的和好的；有些人会丰富一些，但他们也通常用到 10 多个词，如：快乐，悲伤，疯狂，害怕等。

　　我们可以通过学习掌握情绪词，来提高自己的情绪颗粒度，能更准确地命名情绪，以更好地管理情绪。

　　常用的情绪词有：

　　表达快乐：轻松、满足、得意、兴奋、如释重负。

　　表达愤怒：不满、生气、愤怒、憎恨、不平则鸣。

　　表达悲伤：沮丧、伤心、痛苦、绝望、顾影自怜。

　　表达恐惧：担心、紧张、焦虑、恐慌、束手无策。

　　表达爱意：友善、信赖、亲密、痴心、柔情万种。

　　表达惊讶：好奇、有趣、震惊、骇异、料想不到。

　　表达厌恶：不悦、排拒、轻蔑、弃绝、芒刺在背。

　　表达羞耻：懊恼、难堪、惭愧、羞愧、自惭形秽。

　　你也可以通过了解更多的情绪词（如 500 个情绪词）来帮助命名自己的情绪。

第二节　理解情绪

　　情绪是如何产生的，我们应该以怎样的态度面对情绪，才能更有效地管理情绪？这一节，你将从情绪的产生、情绪的表现、情绪的模型、情绪的接纳四个方面，来更好地理解情绪。

一、情绪的产生

1. 神经机制

从神经机制角度上来说，大脑中的杏仁核是情绪产生的中枢。

心理学研究发现，情绪产生有两条神经通路。

一条通路是快速通路，即情境感知——杏仁核通道，即，感知外部情境后，杏仁核迅速产生反应，如，看到老虎，杏仁核就马上激活，产生害怕的情绪，这种情绪也可反馈到前额叶，让我们能觉察到。多数与生存相关的情绪如恐惧、害怕等是这种快速通道产生的。

第二条通路是慢速通路，即情境感知——前额叶皮层——杏仁核；如，感知外部情境后，前额叶皮层作出选择、评估、调整等之后，杏仁核激活，产生情绪。

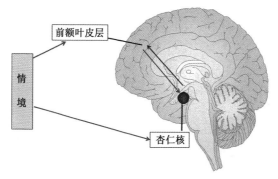

图 6-3 情绪产生的两条通道

2. 心理机制

从心理角度上来说，情绪产生的关键是认知评估。

通常人们认为，情绪的行为反应是直接由诱发性事件引起的，即情境引起了情绪反应。但是，情绪不是由情境直接产生的，而是客观事件是否满足自身需要的主观体验。是否满足自身需要，需要人们对其评估，这种认知评估的过程是情绪产生的关键。

例如，针对同一个情境（如考试 90 分），不同的想法和认知产生不同的情绪。

认知 A：我应该打 96 分 A+ 的。随之产生失落的情绪。

认知 B：我原以为我只能考 80 分。随之产生开心的情绪。

心理学家阿尔伯特·艾利斯（Albert Ellis，1913—2007）提出 ABC

理论。ABC 理论指出，诱发性事件 A（activating event）只是引起情绪及行为反应（consequence）的间接原因，而人们对诱发性事件所持的看法、解释和评价 B（belief）才是引起人的情绪及行为结果反应的更直接的原因。人们的情绪反应与人们对情境的想法、看法有关。合理的认知评估会引起人们对事物适当的、适度的情绪反应；而不合理的认知评估则相反，会导致不适当的情绪和行为反应。当人们坚持某些不合理的认知，长期处于不良的情绪状态之中时，最终将会导致情绪障碍的产生。

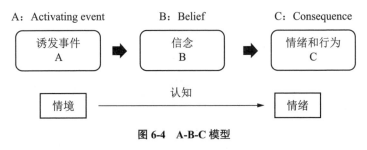

图 6-4　A-B-C 模型

你最近体验到的情绪是如何产生的？

哪些情绪是快速通道产生的？哪些情绪是慢速通道产生的？

了解情绪的产生的心理和神经机制对你有什么启发？

二、情绪的表现

产生情绪后会有什么表现？具体来说，产生情绪后可能有生理表现、认知表现和行为表现。

在生理表现方面，科学家已经发现，外界刺激致使人们情绪发生变化时，身体总能做出反应。2014 年心理学者努门马（Nummenmaa）等用一种独特的地形学自我报告方法揭示了与不同情绪相关的身体感觉的地图，在五个实验中，参与者被要求观看表达情绪的文字、故事、电影或面部表情，并根据观看每个刺激时感到活动增加或减少的身体区域进行着色。根据人们在经历某些情绪时的反应，努门马等人绘制了人体的"情绪地图"，而且该地图不受文化和地区的影响，在地图中，你可以看到，每一种情绪对应的身体激活或抑制是不同的。

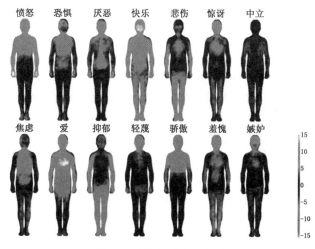

图6-5　人体的"情绪地图"

　　根据绘制的情绪地图，我们可以看到，在经历愤怒时腰部以上的身体均得到激活；经历焦虑时，胃、胸部大量激活，大脑轻度激活，而下肢被抑制；经历抑郁时，全身都得到抑制，尤其是四肢。而人们经历爱时，几乎全身的所有区域都能得到激活。

　　在认知表现方面，抑郁情绪影响认知，表现为注意和记忆力下降，决策困难等；焦虑情绪影响认知，表现为适量焦虑提高注意和记忆力，过度焦虑降低注意和记忆力；愤怒情绪则可能导致思维狭隘，俗话说，怒火冲昏了头脑。

　　在行为表现方面，抑郁情绪影响行为，表现为行为退缩和回避；焦虑情绪可根据强度，中等强度或以下可能导致注意和记忆力提高，从而出现趋近行为；但中等强度或以上有可能导致注意和记忆力下降，从而出现回避行为；愤怒情绪则可能导致攻击行为。

表 6-1　情绪的认知和行为表现

情绪	认知表现	行为表现
抑郁	注意和记忆力下降，决策困难	行为退缩和回避
焦虑	注意和记忆力提高或下降	行为趋近或回避
愤怒	可能思维狭隘	易产生攻击行为

启发与思考

　　根据情绪的表现，请思考：

　　哪些情绪可以帮助你提高注意力，产生高效行动？

三、情绪的模型

　　综合情绪的产生和表现，我们提出了情绪的综合模型，以便能更好地理解情绪。

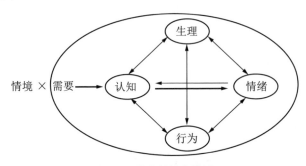

图 6-6　情绪的综合模型

　　首先，情境与需要产生交互作用，然后，我们对此进行认知评估，从而产生情绪，同时，情绪会影响之后的生理、认知和行为。

　　例如，晚上 12 点，两同学在宿舍打游戏，而你今天很累了，很想早点休息，你需要安静的环境中休息。你觉得同学不体谅你，从而产生生气的情绪，生气的情绪又影响自己的身体表现，身体更加焦虑不安，睡不着觉，你开始觉得同学就是在有意针对你，你可能对同学吼叫：你们还让不让人睡觉了！

从情绪的综合模型中，我们可以看到，情绪的产生一定与我们的某个或某些需要相联系。理解情绪，首先要探索我们的真实需要。

当情绪产生后，我们可以探索自己的真实需求是什么。

我们可以问自己三个问题来探索自己的真实需求。

我的感受是什么？

我为什么有这样的感受？

我究竟想要的是什么？或者到底什么需要没有得到满足，才导致这样的情绪？

✍ **案例分析**

晚上 12 点，两同学在宿舍打游戏，而你今天很累了，很想早点休息，你需要安静的环境进行休息。

① 我的感受是什么？我可能感受到沮丧和生气。

② 我为什么有这样的感受？为什么有沮丧的感受，是因为同学打游戏似乎停不下来，影响了我的休息，我想休息的需要受阻；为什么有生气的感受，我觉得同学应该体谅你，而我觉得同学没有体谅我。

③ 我究竟想要的是什么？或者到底什么需要没有得到满足，才导致这样的情绪？我想要休息得更好，想要同学体谅我。休息是一种生理需要，而同学体谅是一种爱与归属的需要。

探索到自己真实的需要后，你就可以想到问题解决的办法。

例如，你可以这样表达：你感受到什么，可能是因为什么，并提出明确请求。如："我有些沮丧，因为，我今天很累，明天又有重要的事，我想要好好地休息，但游戏的声音太大，我会受影响。可否请你们帮一个忙，半小时内结束游戏，明天我忙完面试请你们吃夜宵。"

冯梦龙在《东周列国志》中写道："怒中之言，必有泄露。"人在发怒的时候可能会急不择言，而导致泄露机密。这说明，我们要学会调控情绪，要学会愤怒管理。

彼得·沙巴德（Peter Shabad）教授认为，能用语言合理表达愤怒，是成年人心理健康的标志之一。

当你愤怒的时候，你可以尝试以下步骤：

① 请觉察你的愤怒，主观感受是什么，身体感受是什么；

② 允许和接纳自己的愤怒，探索真实需要；

③ 尝试自我关怀：尝试冷静下来，想办法自我满足合理需要。

✐ 自助练习

生气到抓狂怎么办？和你分享：数到 6 的呼吸方法：

深呼吸，从 1 数到 4，感受着空气进入体内，屏住呼吸 2 秒，然后开始缓慢地呼气，同时在脑海中继续数到 6。缓慢地、深深地吸气、呼气，然后你会发现，自己的心跳逐渐变慢，这是身体传递出的信号：你正在放松和冷静下来。

之后你就可以重新思考解决问题的办法了。

你可以想办法自我满足合理需要，也可以通过明确的请求请别人帮助满足你的合理需要。

④ 敢于在关系中以合理的方式表达愤怒；把攻击式的命令改为明确的请求，如"别烦我！"改为："你介意让我一个人待一会儿吗？"

正因为情绪与我们的需要相关，通过情绪，我们可以探索自己真正的需要，从而探索满足自己需要的解决办法。因此，对待情绪的态度，应该是接纳，不是忽视，不是压抑。

虽然过度和持续的消极情绪会影响人的身体健康，但情绪的忽视和压抑会导致更严重的生理和健康后果。马克·布雷克特在小时候遭遇邻居的欺负，同学的霸凌，他恐惧，焦虑和愤怒，当时他应对的方法是不去管，是忽视，结果他因恐惧、焦虑和愤怒而封闭自己，情绪问题也越来越严重。

直到有一天，一个叔叔问了一个改变他一生的问题。这个问题以前没有人认真问过他。他问："马克，你感觉怎么样？"这让他感觉到原来情绪是被问及的，可以被接纳。而不是人们常常教导的"大男孩不哭"，"不应那么情绪化"。马克·布雷克特说，这段对话改变了他的一生，从此他开始了康复之路。

四、情绪的接纳

接纳情绪可以帮助我们更好地管理情绪，有助于我们的身心健康。那么，如何接纳情绪？

第一，情绪没有好坏之分。只有坏的行为，没有坏的情绪。情绪不同于行为，它不分好或坏、正确或错误、道德或不道德。每个人都会感到愤怒、嫉妒、厌恨等情绪。

第二，情绪存在总有其原因。通过理解情绪，我们可以探索自己真正的需要，探索满足自己需要的现实解决办法。长期忽视和压抑情绪反而雪上加霜，既无法探索自己的真正需要和解决办法，又影响身心健康。

第三，情绪虽然很强大，依然可以被掌控。有时候，情绪是隐藏的，这种隐藏的情绪对我们有很强的控制力。但当我们能意识到一种情绪，理解这种情绪以及情绪的来源，我们就能掌控它。一旦你认识到这种情绪的根源，不再因为有这种情绪而批判自己，你就完全意识到并接纳这种感觉。接纳使情绪不再与你对抗，将帮助你更好地满足你的需要。

📝 **自助练习**

"写出我心"

用纸和笔将自己痛苦的感受、想法等写下来。

允许自己有任何情绪。

允许自己写出世界上最烂的文字。

允许自己胡乱书写，哪怕是只言片语。

第三节 管理焦虑和压力

一、认识焦虑与压力

卢伯克（John Lubbock）说，"我们常常听人说，人们因工作过度而垮下来，但实际上十有八九是因为饱受担忧或焦虑的折磨"。《生命时报》发布过一项研究数据：70% 的人会以躯体健康受损的方式来消化不良情绪，比如神经衰弱、失眠、皮肤血液供应不足。可见焦虑会对人们工作及身心健康产生重要影响。

首先，什么是焦虑与压力？焦虑是一种情绪，包含担心、紧张和不安。

焦虑情绪一般有以下三大类表现：第一类是担忧、紧张不安的心理体验，脑子里有很多思绪或乱七八糟的想法，担心发生难以应对的坏结果，容易感到烦躁不安，甚至发脾气。

第二类是交感神经兴奋性增强的身体不适感，如胸闷、心跳快、口干、出汗、尿频、腹泻、食欲下降、消化不良、头晕、脑子不清醒等。

第三类是肌肉紧张性的现象，比如，觉得肌肉紧张、肌肉跳动、头痛、背痛等肌肉疼痛，身体发抖，疲乏感，坐立不安等。

从认知角度上来说，焦虑与预期目标和感知自身能力有关，它与预期目标成正比，用一个公式来表达，焦虑 = 预期目标 / 感知自身能力。

例如，你对考试的预期目标越高，你考前可能越焦虑。焦虑与感知的自身能力成反比。如，你感受到目前你的能力水平越低，你考前可能感受越焦虑。

我们知道，每种情绪都存在刺激源，情绪综合模型中提到的环境显示，焦虑的刺激源可能是外在的，也可能是内在的。

引起焦虑的刺激可能是外在的，比如，后天就要考试了，你还没有

准备好，只复习了一半。由此引发考
前焦虑。刺激源也可能是内在的，如
考试的时候你的手心出汗，手脚发抖。
这种身体反应，会让你觉得自己太紧
张可能导致不能发挥正常水平，从而
引发更多的焦虑。又比如，你发现凌
晨两点，你的室友比你晚睡，但都睡
着了，你却没有睡着，你担心自己会

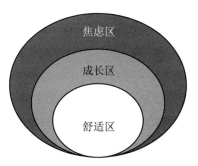

图 6-7　成长区域

这样到天亮，从而影响明天的正常学习，于是你更焦虑，更睡不着了。

　　压力是什么呢？压力是个体面对自己可能力所不及的压力源时，原
有平衡状态被打破所表现出的身心紧张状态，也称压力反应。

　　压力可能会诱发焦虑、抑郁等情绪，但常常首先诱发焦虑情绪。因
此，我们可以将焦虑和压力管理放在一起学习。

　　压力与我们的成长常常紧密相关，我们用一个成长区域图来表示，
当我们的能力足以完全应对现在的环境需求时，表示我们处在一个舒适
区。如果我们长期停留在一个舒适区，那么我们就无法继续成长。某些
区域我们稍努力就能够得着，就是我们的成长区，但我们努力也较难够
得着的区域就会让我们产生焦虑。

学以致用

　　你最近有焦虑体验吗？最近遭受的压力是什么？

　　根据成长区域图，尝试标识你的焦虑和压力状态所在的区域。

二、焦虑与压力管理目标

　　情绪管理（Emotion Management）是对个体或群体的情绪进行感
知、控制和调节的过程，是对情绪内在过程和外部行为所采取的监
控、调节，以适应外界情境和人际关系需要的动力过程。这个名词最

先是由因《情绪智商》一书而成名的心理学家丹尼尔·戈尔曼（Daniel Goleman）提出的。

情绪管理不是情绪的压抑，而是一种适当的内外状态平衡的展现与调适。

按照传统中庸文化，控制"喜怒哀乐"而达"中和"，是指将喜、怒、哀、乐等各种情绪能表达得恰到好处。因此，焦虑与压力管理的目标不是调节成无压力或零焦虑，而是在允许焦虑存在的情况下，从容应对。

研究表明，压力或焦虑水平与业绩表现之间呈一个倒U形的关系。当压力很小或零焦虑时，表现出动力不足，学习和工作成绩表现不佳；随着压力或焦虑上升，表现为正常压力或焦虑时，学习和工作效率上升；压力或焦虑上升到一定程度，学习和工作效率上升至最佳状态；此后随着压力或焦虑继续增长，学习和工作效率开始下降，但还属于可逆状态，个体可自助进行情绪调节，帮助恢复至正常焦虑水平；随着压力或焦虑增长至某个临界点，个体已经无法自助，需要进行专业的心理援助才能恢复；如果此时还没有进行专业援助，继续恶化，个体将面临崩溃。

因此，管理焦虑和压力的目标是将焦虑进行感知、控制和调节至合理的范围，也就是图上所示两条虚线之间，或者在正常焦虑范围内。

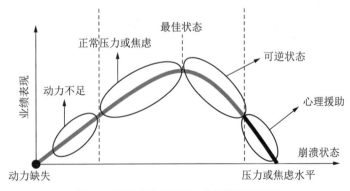

图6-8 压力或焦虑水平与业绩表现关系图

学习焦虑与压力管理目标后，你对压力和焦虑有哪些新的看法或理解？

三、焦虑与压力管理策略

1. 焦虑管理策略

我们如何进行管理焦虑和压力呢，总的来说，管理策略可以用八个字来形容："允许接纳，为所当为"。

允许接纳，就是我们之前学习过的认识和理解情绪，允许焦虑情绪的存在，接纳情绪发生在我们身上，我们将焦虑和压力视为朋友。

为所当为是指做一些有效行为。如：身体安抚，改变认知，有效行动。

首先，我们来看看关于身体安抚。个体的情绪包含着"感受""认知"和"躯体"三方面。如果能改变"躯体"的反应，"情绪"也会随着发生变化。

（1）身体安抚

焦虑状态时，腹部以上身体部位是唤醒度增强，因此，可以采取深呼吸练习。

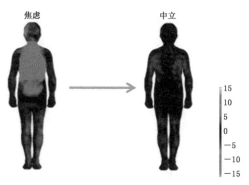

图 6-9　焦虑身体地图转向中立身体地图

自助练习

深呼吸练习是一种有意识的、深慢而有节律的腹部呼吸模式。深而慢的呼吸可以帮助人体放松，提高自主神经系统的调节功能。

训练方法：

① 选择一个放松体位，通常半卧位最佳，其次为坐位或站位。

② 一只手放在腹部（剑突下），另一手放在上胸部。

③ 鼻子缓慢吸气时腹部隆起，吸气时肩膀和上腹部要放松。

④ 气体缓慢呼出时，上腹部下沉，并用手稍加压用力，进一步迫使横膈上抬。

⑤ 放松。

⑥ 重复上述呼吸过程。

注意事项：

① 放松肩带肌、颈肌和胸背部肌肉群，呼吸时尽量避免上胸部活动。

② 训练时背部不可弯曲或过伸。

③ 避免用力呼气和呼气过长，以免发生喘息、憋气、支气管痉挛。

④ 呼吸应深长缓慢，每分钟7—8次。

⑤ 开始练习横膈呼吸时，一次不可练习过多，以后可逐渐增加次数。

⑥ 早晚要坚持练习，有大雾时不宜过多的呼吸练习。

我们还可以采取蝴蝶拍练习。

自助练习

蝴蝶拍是"慢慢地、温柔地、轻轻地、交替拍"。"蝴蝶拍"是一种寻求和促进心理稳定化的方法，可以帮助我们增加安全感和积极感受的方法。

双臂在胸前交叉，右手在左侧、左手在右侧，轻抱自己对侧的肩膀。双手轮流轻拍自己的臂膀，左一下、右一下为一轮。速度要慢，轻拍4至6轮为一组。

图 6-10　蝴蝶拍示意图

训练步骤：

① 寻找资源。

积极体验的记忆：愉快的体验、自信心、能力、成就等；

社会支持：照料者、亲友、老师、同伴、宠物等；

精神世界：图书、故事、电影电视中的人物、动物、形象等；

其他：日常生活中的一些积极的经历。

② 想着积极的画面，进行蝴蝶拍。

慢慢地、温柔地、轻轻地、交替拍，左一下、右一下为一轮。速度要慢，轻拍4—6轮为一组。停下来，深吸一口气，感觉如何？如果好的感受不断增加，可以继续下一组蝴蝶拍。

另外，肌肉紧张时可以采用肌肉放松法。你如果有兴趣可以找相关资料在咨询师的指导下进行练习。

（2）改变认知，调整心态

对于过度焦虑情绪，我们还可以通过改变认知来改变情绪感受。

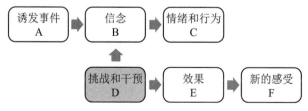

图 6-11　合理情绪疗法步骤示意

阿尔伯特·艾利斯20世纪50年代创立合理情绪疗法（Rational-emotive therapy，RET），RET 的理论认为，人们的情绪是由人的思维、人的信念所引起的，而不合理的信念往往使人们陷入情绪障碍。不合理信念的几个特征是：绝对化的要求、过分概括化。

在焦虑情绪中常见有两种不合理想法：一种是绝对化要求，它的特点是：内在语言中包含"必须""应该"等词；例如，关于考试的想法："我必须拿 A，否则没脸给爸妈交待。"又如："我不应该焦虑，这会让我发挥失常。"这些必须和应该或不应该让焦虑情绪强度增强，从而影响考试。你可以尝试放弃完美主义，试着把这些内在语言改变成"我希望拿 A，我尽我自己的努力学习，没拿到 A 也不丢脸"，"感到焦虑和紧张都是正常的，我需要多加练习，让自己尽量不受情绪干扰"，这样焦虑就会减轻。

总之，就是降低自己的目标预期，不要设置应该或一定，而是希望或尽力。

另一种不合理想法是"灾难化"，它的特点是：万一，怎么办。"要是万一不能实现我的目标，那些我喜欢的人会彻底拒绝我，那怎么办，真是糟糕透顶。"可以尝试换为："我很可能实现这个目标，我会尽我所能去做好，但如果结果不完美，我也会享受这个过程。"因为结果除了个人能力和努力等因素外，还有一些外在因素，这些外在因素，人在一定范围内是无法改变的。用一句话来概括，就是"做自己能做的，接纳自己不能改变的"。我们的内在语言发生这种改变，焦虑就会下降。

（3）直面问题，有效行动

对于过度焦虑情绪，可以通过直面问题、有效行动来改变情绪感受。

直面问题，如针对考试，想成绩好一些，就去好好复习。如针对社交焦虑，你想与人能自如交谈，就去多与人交谈。不要回避焦虑的情境，而是直接面对它。一时的回避虽然会暂时缓解一定的焦虑情绪，但长期来说会加重焦虑情绪，从而影响身心健康。

有效行动，包括提高问题解决的能力和增加愉悦情绪的能力。如考试焦虑就去学习如何改变学习策略，提高学习效率和学习效果，社交焦虑就去学习人际交往的理论、态度和技巧。

提高增加愉悦情绪的能力：运动、冥想、走近大自然、人际支持等是焦虑的缓冲剂。

⊘ 启发与思考

你应对焦虑常见有哪些方法和策略？哪些方法是有效的？哪些方法从长远角度来说是无效的？为什么无效？

2. 压力管理策略

压力管理的第一步要识别压力源，就是找到压力的来源。你要做的是，找出自己在工作、学习、生活中最常见的压力源。首先请你想一想，谁总让你倍感压力？很多人有让自己倍感压力的人，让你感到压力的可能是你的父母、导师、老师、宿舍同学、辅导员等。其次，再来分析事件，是什么事情或话题让你倍感压力？有没有哪一类工作，哪一门课程总让你害怕？有没有哪些话题让你避之不及？你还可以想想，在什么地方你会感到压力，如导师办公室。最后再想想什么时候你的压力特别大。是英语的"presentation"吗？还是课题组会上的报告？还是期末考试？

你越清楚自己的压力源，就越能预测什么时候会出现压力，面临什么人、什么事、什么地点、什么时间，你会感受到压力。

我们如何看待压力？对待压力的态度可能影响压力的后果。

有一个研究非常有趣，对待压力的态度不同，压力导致的结果也不同。与将压力视为有害的人相比，没有将压力视为有害的人，压力对其身心健康以及死亡的风险并没有升高，他们的死亡的风险反而会降低。也就是说，我们不把压力认为是有害的，压力就似乎真的对我们无害。

在压力管理的时候应该怎么做呢？当你面临一个对手的时候，你会如何打败他？大部分人会说，我会努力让自己变得强大，最终战胜他。这个做法一点都没错，但是假设你还没有你想象中的那么强大呢？你会怎么办？所以另外一小部分人说，我没法一瞬间变强大，但是我会想办法让对手变弱，然后击败他。

如果说压力是这个对手，我们压力的情绪管理就是让对手变弱，我们提高问题解决能力的就是让自己变强。那情绪管理就是让对手变弱。同时使用这两种方法才最有效。

一是指使你感受到的压力变弱。可以从放松身体，调整认知，改变行为等方面处理情绪。放松身体，如肌肉放松，深呼吸等；调整认知，即降低期待，接纳不可改变的现实。另外，在行为方面，要直面压力，可以运动，可以宣泄，宣泄的途径一定要简单易得，不用大费周折。如果你的宣泄途径是旅游，那么这个途径并不好，因为可得性太差了。你不可能因为学习、工作压力大就马上去旅游几天。你的宣泄途径可以去健身房，也可以是洗澡半小时，也可以是散步半小时。有些人是整理书架，等等。你能发现，每个人的宣泄途径都不一样。但是你应该至少有一个宣泄的途径，能让你快速减少压力。简单易得，是最好的宣泄途径。你还可以回忆你的成就事件，想想你曾经成功面临压力，战胜压力的经历。你可以像放映电影一样在头脑中放映这种成就事件。除此之外，还可以争取人际支持，向理解你、支持你的人倾诉。通过这些你可以看到，对手似乎并没有你想象中那么强大。

二是提高问题解决能力。在生理方面，可以学习冥想、瑜伽，提高你大脑的灵活性。在认知方面，可以对压力事件进行积极赋义，比如说我们觉得不能够面对的人，都是来帮助我学习的；我们无法相处的人、我们可能够不着的目标，都是给我带来一定人生意义的。如你面临对你有压力的舍友，你改变认知："他是你生命中的贵人，他给你提供你与他这种难以相处的人练习交往的机会。"在行为方面，可以提前做准备。这是一个非常好的习惯。有的人觉得裸面裸考很酷，当成一种炫耀的资本。其实这是一种最傻的行为，自己降低了自己的成功率。还可以做好时间管理，重要紧急的事情马上做，不重要但紧急的事情选择做，重要但不紧急的事情计划好时间做，不重要不紧急的事情减少做，甚至可以不做。在人际方面，可以选择向该领域的专家学习，提高问题解决能力。

> 🖉 启发与思考
>
> 　　你应对压力常见有哪些方法和策略？哪些方法是有效的？哪些方法从长远来看是无效的？为什么无效？

第四节 应对抑郁与挫折

一、认识抑郁

　　莎士比亚说过："隐藏在内心的抑郁像蓓蕾中的蛀虫一样。"抑郁就像蛀虫一样腐蚀着我们的心灵。抑郁情绪管理不善，会给我们的身心健康造成不良的影响，长期而无法缓解的抑郁情绪可能导致抑郁障碍。

　　抑郁情绪是指事出有因的情绪低落，通常持续时间较短，对事情的兴趣降低，但是没有轻生和厌世的想法。

　　抑郁情绪表现在三个方面：

　　（1）在主观感受上，表现为低落，可能会感觉到悲伤、挫败、不安、易怒；

　　（2）在认知方面，注意力下降，想法比较悲观，减少对未来的希望；

　　（3）在行为方面，对事情兴趣减少，活动减少。

　　抑郁情绪与抑郁症不同，一般来讲，抑郁情绪事出有因，也就是说抑郁情绪是由一定的事件诱发的，产生的强度相对较低，持续时间较短。每个人都会有抑郁情绪。

　　例如有同学毕业论文有一个盲审意见是"建议需要重大修改，推迟答辩"。他开始情绪低落，后悔自己在送审之前没有好好检查，感觉自己无能，感觉注意力下降。他还认为，另外的两个盲审意见也好不到哪里去。这就是典型的抑郁情绪。等另外两个盲审意见出来，发现评价不错，他的抑郁情绪马上就消失了。

当抑郁情绪来临时，我们该如何面对？其实抑郁情绪和其他的情绪一样，是有特定的功能的。

首先，抑郁可能告诉你事情没有按照你期望的方向发展，比如说，告诉你毕业论文没有按照你的预期方向发展，你以为盲审意见至少是"稍微修改同意答辩"的意见，结果没想到意见是，"需要重大修改，推迟答辩"。

其次，抑郁情绪还会通过一种自动的方式迅速反应，帮助你生存下来。例如，抑郁情绪会让你慢下来，或停下来，重新聚集资源，事件才能恰当地继续有进展。

最后，抑郁情绪还可以帮助你与其他人联系起来。抑郁会发挥社交线索的作用，可能引发他人对你的支持和帮助。抑郁还可能会帮助你反思，调整你的目标以及行动策略。

因此，海明威说，这世界会打击每一个人，当经历后，许多人会在受伤的地方变得更强大。

当抑郁情绪过强或持续时间过长时，可能影响到我们的身体健康，因此需要进行调适。

🔲 **启发与思考**

　　抑郁情绪和抑郁症有何区别？

　　抑郁情绪有哪些功能？

二、调适抑郁

那么如何调适抑郁情绪？从情绪综合模型中，我们可以看到，情绪的三成分中每个成分的改变都会影响情绪发生改变。所以，可以通过改变身体反应、调整认知和改变行为三个方面来调适抑郁情绪。

1. 身体激活

我们从身体的情绪地图中了解到，抑郁状态的人身体唤醒会受到抑

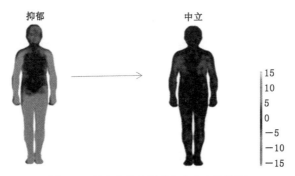

图 6-12　抑郁身体地图转向中立身体地图

制，因此首先要做的是身体的激活。

运动就是一种最好的身体的激活。有人说，运动是最好的抗抑郁药物，这句话一点都不为过。运动不光对身体健康有益，运动还能有效地减轻抑郁情绪。《柳叶刀》的一项研究分析八大运动对精神健康和生理健康的影响程度，结果发现，团队运动、挥拍类的球类运动对于减轻抑郁最有效。从时间长度来说，每次锻炼的最佳时长应该在 45—60 分钟之间。

2. 调整认知

调适抑郁情绪的第二条路径是调整认知。爱德华说，"大多数的忧郁、沮丧都是由错误的思想方法造成的"。ABC 理论也认为，抑郁源于人们对事物或者情境的解释。通常，抑郁情绪有两种常见的不合理的想法或者认知。用合理想法替代不合理想法，就可以调适抑郁情绪。

第一类想法，是过分概括化，它的特点是以偏概全。比如说，一个论文盲审意见不好，你就认为其他的意见都不会好；

一次考试失败，就认为自己是一个没用的人；

一次感情失恋，就觉得再也找不到像她那样的女朋友了；

一次感情失恋，觉得自己的人生失去了意义；

一次演讲中，就有些同学露出嘲讽的眼神，就认为别人都在看我的笑话。

根据这种过度概括化的不合理的想法，我们可以有针对性的学习，以各种视角来看待问题，以合理的想法替代或纠正不合理的想法。

第一，可以尝试从远处眺望自己。你就会看到：一次考试并不说明什么，从长远来说，并没有多大影响。只能说明我已经经历了这件事情。下一次可能有其他的一些机会，我会做得更好。

第二，还可以想象自己成为我们所崇拜、所尊敬的人。比如说你尊敬的人或你的榜样，他会如何看待失恋呢？他也可能告诉你："感情不是人生的唯一，一段感情可能给我留下了很多的回忆，但也带给我成长。"

第三，还可以从时间的长轴来看，比如说十年之后你再来看这件事情，你会觉得，还会有这样的想法吗？也许你会觉得，经历失恋这种经历，会让人思考和成长，明天可能会更好。

第四，还要学会区分事实和解读。比如，当你在演讲时，别人都在看你的笑话。你要区分一下是事实还是你对这件事情的解读。事实是，有可能确实有两个人露出嘲讽的表情，但其他人并没有，另外，还有些人是非常关心你的。"别人都在看你的笑话"是你的过度解读。

抑郁情绪中另一类常见的不合理想法是灾难化，其特点是夸大后果，糟糕至极。认为会出现最坏的结果，如果真的发生了，将无法应对。

比如说，成绩不好，这辈子就完了。

如果考不上研究生，我的人生就完了。

在演讲台上演讲，成了众人的笑柄，我太惨了，以后的路怎么走？

我们可以通过评估想法的逻辑性、真实性进行认知重构。可以问自己几个问题：

（1）这个想法合逻辑吗，是否有所夸大，是否忽视了某些方面？

例如，"如果考不上研究生，我的人生就完了。"是不合逻辑的，夸大的。我们可以改变内在的语言，用合理的想法替代："尽人事，听天命，至少我尽力了。"

"成绩不好，这辈子就完了。"是不合逻辑的，夸大的。我们可以用合理的想法替代："成绩固然重要，但并不是生命的全部。做人、做事、做学问，每个人合适的道路都不一样。"

（2）针对灾难化的想法，我们还可以问：

最坏的情况下会发生什么？有多坏？如果最坏的情况发生了，你会怎么处理？真的有那么可怕吗？

例如，针对"在演讲台上演讲，成了众人的笑柄，我太惨了，以后的路怎么走"的想法，最坏的也不过被大家娱乐，成为别人一时的谈资。

最坏的情况发生了，你会怎么处理？娱乐和被娱乐本来就是生活中的一部分。

真的有那么可怕？没那么可怕，他人的嘲笑并不能主宰你自己的人生道路。

如果你这么想："娱乐和被娱乐本来就是生活中的一部分。他人的嘲笑并不能主宰你自己的人生道路。"你就会坦然接受，不会那么抑郁。

3. 有效行动

调适抑郁情绪的第三条路径就是直接采取有效行动。

查尔斯·史温道尔说，人生的10%是发生在我身上的是90%取决于我怎么面对他。

想走出抑郁，开启有意义的生活，你需要从现在所在的地方开始，而不能悔恨过去或从想要到达的未来开始。所以你需要着眼于现在。

哪些你是可以改变的？选择你所处的环境，调整你的目标还是调整达成目标的策略？也就是说，需要专注于自己能做的事。

选择环境，远离让自己特别抑郁的人，舍弃让自己特别抑郁的工作，离开让自己特别抑郁的环境；但这种策略不能经常用，因为环境不是我们经常能选择的。

调整目标，例如，面对考试失败，我可以选择调整我某些考试目标是 A 而不是 A+，某科科目的目标是 B+。

调整策略，如，面临考试失败，我能做的是可以更加努力，可以改变学习策略，可以花更多的时间学习。面对演讲被嘲笑，你能做的事，是集中精力将自己要表达的内容表达清楚，表达明白，你能做的是下次演讲之前多练习、多准备。

着眼于眼下能做的事，就可以帮助你减轻抑郁情绪。

总之，调适抑郁情绪可以分为三个步骤：第一，首先要做身体的激活；第二，调整认知，挑战不合理的想法，用合理想法替代和纠正不合理的想法；第三，专注能做的事情，采取行动改变自己可以改变的东西。

⊘ 启发与思考

你常见的调节抑郁情绪有哪些方法？

哪些方法是有效的？哪些方法是无效的？

接下来你会尝试哪些新的调节方法？

三、认识挫折

图 6-13　习得性无助实验

抑郁的一个重要来源是挫折累积引发的习得性无助感。心理学家曾做过这样一个实验，把一只小狗关进笼子里，它非常想从这个笼子里逃跑，就到处乱窜，他在无意中碰到某个按钮就会被电击，后来小狗就抑郁了，不动了。后来实验者改变了这个按钮的功能，变成一碰到这个按钮笼子就会打开。但小狗也不愿意再去碰这个按钮了。所以正确地面对挫折对于预防抑郁非常重要。

什么是挫折？挫折是个体在物质或者精神方面的愿望因为某种原因受到阻碍，使个体的愿望和目标不能实现时的情绪状态。

比如说，有同学想期末考试拿到 A+，结果拿到了 B+。那么，这就是一种挫折。

挫折包括三个成分。

第一个成分是挫折情境。挫折需要有一定的情境。根据挫折的情境，可以把大学生常见的挫折分为恋爱挫折、学业挫折、人际交往挫折、就业挫折，等等。

第二个成分是挫折反应。挫折可能引发失落、沮丧、悲观、生气、抑郁等情绪。

第三个成分是挫折的认知。也就是说对于这个挫折的认识是什么？认为这个挫折的原因是什么？一般来讲，挫折的原因可以分为外部因素和内部因素。外部因素有运气、难度、外部情境；内部因素有个人能力、努力程度、身心状况等。

当受到学业挫折时，如果把原因归于运气太差，难度太难，老师看错了，这就是外部归因。如果把原因归于自己能力很差，努力不够，精力不济，心有余而力不足等，这就是内部归因。如果你把失恋归因于运气等外在因素，比如说觉得运气不好碰到一个渣男；也可以归于自己没有魅力，在恋爱的过程中没有维持努力，没有照顾好对方等内部因素。

如果把挫折过多归因于个人能力、身心状况等内在而稳定的因素，很容易导致抑郁、沮丧等情绪。如把考试失败总是归因于自己能力差，自己底子不好，自己太笨，把失恋归因于自己没有魅力，自己家境差，自己相貌不好看等，就特别容易抑郁。

实际上，挫折的原因是多方面的，外在和内在因素都可能存在，需要客观地归因。

四、应对挫折

第一，明确挫折源也就是挫折情境是什么？是学业、恋爱，还是就业方面。具体发生什么事让你感到挫折？

第二，需要处理挫折引发的情绪，很可能是抑郁情绪，如果过度或者持续时间过长，需要调适抑郁情绪。

第三，需要对挫折进行正确的归因，挫折的结果一定有很多方面的原因。

美国心理学家伯纳德·韦纳（Bernard Weiner）认为，行为成败可归纳为六个原因：

① 能力，评估自己对该项工作是否胜任；

② 努力，反省检讨在工作过程中曾否尽力而为；

③ 任务难度，凭个人经验判定该项任务的困难程度；

④ 运气，自认为此次各种成败是否与运气有关；

⑤ 身心状态，工作过程中个人当时身体及心情状况是否影响工作成效；

⑥ 其他因素，个人自觉此次成败因素中，除上述因素外，尚有何其他事关人与事的影响因素（如别人帮助或评分不公等）。

韦纳按各因素的性质，分别纳入以下三个向度：

（1）控制点（因素源），指当事人自认影响其成败因素的来源，是以个人条件（内控），抑或来自外在环境（外控）。在此一向度上，能力、努力及身心状况三项属于内控，其他各项则属于外控。

（2）稳定性，指当事人自认影响其成败的因素，在性质上是否稳定，是否在类似情境下具有一致性。在此一向度上，六因素中能力与工作难度两项是不随情境改变的，是比较稳定的，其他各项则均为不稳定者。

（3）可控性，指当事人自认影响其成败的因素，在性质上能否由个人意愿所决定。在此一向度，六因素中只有努力一项是可以凭个人意愿控制的，其他各项均非个人力所能为。

我们对挫折的解释会影响我们的情绪以及随后的行为反应。如果总是把考试失败归因为缺乏能力这种内部、稳定性、不可控性因素，这样很容易形成习得性无助，陷入抑郁中。如果总是把考试失败归因为考试太难、评分不公这种外部因素，这样很容易颓废，不愿意发生改变。我们可以根据挫折的原因改变行为策略，如原来的复习时间不够，我们可以增加复习时间，原来的学习方法不适合，我们就改变学习方法和策略。

如果把考试失败归因为运气不佳，以后的考试就不大可能期望失败。这两种不同的归因会对生活产生重大的影响。

第四，在应对挫折时，我们还要尝试多聆听他人走出逆境的体验和方法，多向他人学习，拓展自己的视野，学习更多达成目标的策略。

学习把挫折变成财富，可以问自己以下几个问题：

这次经历对你来说？你觉得可以打多少分？

假设你回答是 20 分。那么，这 20 分的内容是什么？你是怎么达到这 20 分的？

还有什么方法可以填补另外的 80 分的空白？还有什么方法策略可以填补 80 分的空白？

如果同样的事情再做一遍，你的目标是多少分？

Ⓘ 自助练习

　　挫折处方练习。

　　凡事有三种以上的解决办法。

　　想一想，自己应对挫折的方法有哪些？哪些有效？

　　请教身边三名亲人、朋友或老师，应对挫折有哪些好方法。

　　这些方法哪些可能适合自己？

第五节　培养正念

正念是情绪管理的元技能。在综合情绪模型中，正念是情绪管理的第三只眼，关注和觉察情绪的所有成分。情绪管理技能的发挥，离不开正念这第三只眼的应用。

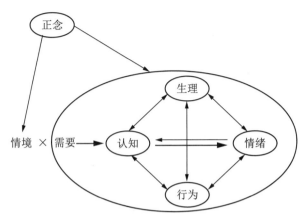

图 6-14　情绪综合模型中的正念

一、正念的定义

正念（mindfulness）最初的目的是消除苦难，培养同情心，实现一种幸福与平和的境界。1979 年乔恩·卡巴金（Jon Kabat-Zinn）提出了正念减压疗法（Mindfulness Based Stress Reduction，MBSR），从此，正念活跃于世界各地的医疗中心，而后被推广到各类临床环境中用于解决抑郁、焦虑与强迫等心理问题。

卡巴金对正念进行定义："正念是对当下有目的地、不加评判地有意识关注。"

我们来做一个聆听声音的正念练习，体会正念的特征。

请你以一种舒服而有庄严的姿势坐下来，眼睛要么微微地睁开，要么轻轻地闭上。

请你慢慢地把注意力扩展到周围的声音，温柔地聆听周围的声音，不用分辨悦耳或不悦耳，喜欢或不喜欢，好听或不好听。也不用去给声音一个名称，一个命名。不用关心这种声音是怎么来的。就是单纯的聆听。如果你是在一个空间内的话，可以听听空间里的声音，也可以听听空间外的声音。

观察在聆听声音的过程中，是否会走神，是否会闪现一些念头？如果有，深深地吸口气，温柔地把注意力带回来。仔细聆听周围的声音，在聆听的过程中，让声音就是声音，不需要给声音任何的解释、分析或者诠释，就是单纯的聆听。

想象你的身体是一个大耳朵，或者如果你喜欢，想象你的身体是一个圆盘，卫星电视天线，接收360度的声音——上、下、前、后——所有围绕你的声音，用全身心去听，注意每个声音的开始、停留和消失。

如果你的内心游离，没有关系，把它重新带回当下，继续聆听这一刻的声音。在这练习的过程中，我们让声音就只是声音。温柔地聆听这一刻的声音。我们可能会发现，每一瞬间的声音都不一样，没有任何一个是一模一样的。

深呼吸，扭动你的手指和脚趾，然后伸展你的身体，如果你的眼睛是闭上的，请睁开。尽力扩展集中的注意，进入接下来的活动。

从这个练习中，正念至少包含三个成分。

第一个成分是集中注意，也就是专注。需要专注当下发生的事情。例如，这个练习就是专注聆听当下的声音。

第二个成分是开放监控，也称为内观，指在练习中觉察当下的走神、念头，只是去觉察。

第三个成分是慈悲接纳。对内在和外在的一切事物都采取慈悲接纳的态度。在这个练习，我们对所有的声音采取一种接纳的态度。不加以命名和解释，不加以评判，不管是不是悦耳。

二、正念的功效

为什么要培养正念？正念有哪些功效？

首先，从神经科学这个角度上来讲，正念可以增强大脑功能。神经科学有一个核心的概念叫神经可塑性。也就是说大脑经过动态的调整，不断地适应环境的挑战和需求，强化现有的神经通路，甚至能够创造新的神经通路。你可以通过正念加强或者重塑大脑的神经通路。

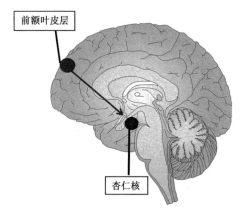

图 6-15 正念增强前额叶的激活

如果你经常练习正念，可以改变你的大脑，增强前额叶的激活，可以增强注意力、记忆力和控制能力；正念训练可以增强前额叶与杏仁核之间的神经通路的连接，增强情绪调节能力。

其次，从心理学证据上来讲，正念可以提高心理健康水平。正念有很多积极作用，比如说能够缓解压力，减少抑郁和焦虑情绪。基于正念减压的治疗，可以有效地改善正常人群的过重压力，以及焦虑抑郁情绪。

正念还可以提高认知觉察，减少抑郁复发。就是正念能够帮助脱离自身情绪与心理过程，像旁观者，像第三只眼一样来观察消极情绪和思维，形成一个认知的解离。抑郁症治疗后的 18 个月跟踪随访研究发现，认知行为治疗加正念训练能够有效减少抑郁症的复发。

另外，训练还有助于改善睡眠质量。基于针对睡眠障碍的干预研究发现，正念在治疗后，能够显著提升睡眠的质量。在后期跟踪随访研究中，依然显示持续的治疗效果。

正念还能够帮助管理躯体的疼痛，提高生活质量。研究发现，相对于传统的治疗方式，正念可以有效地改善患者的慢性疼痛和抑郁症状，提高生活质量。

正念还可以帮助体验当下丰富的生活，让你能够感受到当下情绪的平和和稳定。

三、正念的特征

随着现代生活节奏的加快，焦虑和抑郁也跟随而来。焦虑和抑郁有一个共同的特征，就是不指向当下，不指向现在。焦虑一般指向将来。比如说，焦虑会担忧未来发生不好的事情。而抑郁，通常指向过去，如后悔过去曾经发生过的事情。焦虑和抑郁都忽略了当下。

⊘ 小故事

一个小和尚请教禅师，如何才能解脱苦恼。禅师说："吃饭的时候就吃饭，做功课的时候就做功课，睡觉的时候就睡觉。"小和尚问："就这么简单？"禅师说："就这么简单。有些人吃饭的时候想着功课，做功课的时候想着睡觉，睡觉的时候想着吃饭。"

从这个故事中，我们可以看到正念最重要的特征是指向当下。体验当下生活，感受每天闻到的芬芳，品尝食物的美味，欣赏日落的美丽，感受到关系的亲密。我们投入当下的每一个时刻，感受平静和平和。弘一法师写道："过去事已过去了，未来不必预思量。"昨天已经过去，未来还未发生，只有今天才是最真实的人生体验。

正念的第二个重要特征是不评价。只是觉察当下，不加以评价。例如，当你感受到焦虑情绪时，只是静静地感受。焦虑情绪来临带来的是身体的感受。觉察头脑当中的各种念头，只是去觉察和感受，不做任何的评价。你会发现，焦虑的情绪。他有一个慢慢上身，到达一个顶点，然后慢慢下降的过程。

正念的第三个特征是不强求，不控制。在做任何正念练习时。让其自然而然地发生。比如，在做呼吸正念练习时，不要控制呼吸，不强求呼吸的深浅、呼吸的频次。只是让呼吸自然而然地发生，只是去觉察一呼一吸时的细微感受。不强求，并不是说实现目标和制订计划是没有用的。审视过去，预见未来，设定目标朝目标努力，这些能力是不可少的。正念并不是与之对立的。相反，正念使我们能够更有意义地使用这些能力，并将它视为其中的一部分，而不是我们的全部。我们有时能够成功实现目标，有时会失败。通过正念，我们可能学会不那么依赖成功，也不那么厌恶失败。

四、正念的培养

如何来培养正念？正念练习，根据练习的场景以及是否需要指导，可以分为非正式练习、正式练习和闭关练习。

就像健身一样，你可以通过日常的散步、走楼梯来健身。正念也可以在吃、睡、行、工作、学习中练习。我们称之为非正式练习。正式练习是指使用专门的小段时间，在老师的指导下进行练习。还有一种练习叫闭关的进修练习，指在老师的指导下整天或者是整周时间专门用来练习。

下面介绍几个比较基础的正式练习，可以跟随指导老师进行。

首先我们进行的是接触点练习。

正式的正念练习跟体育锻炼不一样，需要尽量保持静止的状态。

● 请你以一种比较舒服的姿势坐在凳子上，想象有一根绳子，固定在你的头顶。它轻轻地朝着屋顶，或者上空的方向，拉动着你的身体，并拉长拉直你的脊椎。接下来你可以前后左右，找到一个自然舒适的平衡点。在练习之前，请做三到四次深呼吸，慢慢地吸气，慢慢地呼气，让身心安定下来。

● 觉察你的身体正在"接触"的地方——眼睛的接触、嘴唇的接触、双手的接触、臀部的接触、膝盖后面与椅子的接触以及双脚与地面的接触。如果突然产生某种想要挠一下痒或者调整一下姿势的冲动，你要尝试让自己去观察这种感受，而不是马上有所行动。这里并不是让你去培养一种于以苦为乐的精神，而是因为练习某种应对冲动的意志能力，有助于强化你的专注力。

● 找到一个舒服的节奏，重复这个顺序——注意眼睛的接触、嘴唇的接触、双手的接触、臀部的接触、膝盖的接触以及双脚的接触。静静地觉察这些接触点，带给你细微的感觉。如果有助于你集中注意，静静地觉察这些接触点。除非你生来对此就有某种特殊的天分，否则你会发现，你的注意力马上开始偏移，或者会偏移到对其他身体部位的念头。你可能发现你的心已经完全离开，对呼吸的专注，或者去想一些与呼吸完全不相同的事情。这其实是完全正常的。在你发现这样的情况出现时，你只需要很自然地，将自己的注意力重新引向呼吸，甚至可以为能够又一次觉察当下而祝贺自己。这个过程，有时就像你训练自己的宠物狗一样，当小狗跑开时，你就让它回来，小狗仍然再次跑开，那么，你只要把它再次叫回来，我们不会因此对小狗感到烦躁不安。因为我们知道，小狗本来就是调皮的。如果你走神，没有关系，不要指责自己——只是再次开始就行。

● 你准备好了，深呼吸，伸展身体，扭动手指和脚趾，旋转你的手腕和脚踝，如果眼睛是闭上的，请睁开。尽力扩展注意进入你接下来的活动。

接触点练习通常用于一个活动的开始之前，帮助你的身心安定下来，回到当下的时刻。

还有一个基础训练是观呼吸练习。

观呼吸练习是正念练习最基础的练习，适合大多数人进行的入门练习。但对于有焦虑症、非常焦虑状态、心理创伤的人来说，可能有些困难，需要在正念老师的指导下进行。

针对不同情绪的正念练习会有所不同。例如，适合焦虑情绪时做的一些练习有：接触点、想法只是路过、慈悲心练习、山禅等。适合抑郁情绪时做的一些正念练习有：正念行走、观呼吸、给情绪贴标签、想法只是路过、慈悲心练习，等等。

课后你可以通过一些 App 或者公众号，找到正念训练的一些练习途径。

正念训练需要注意四个方面：

第一，正念训练的目标并不是"不走神"。有人误以为正念是训练专注力的，所以要专注，要控制不走神。其实是一种误解。正念训练的目标包括对当下的察觉、念头的察觉，也包括对走神的察觉。

第二，锻炼不是灵丹妙药。正念训练就像健身一样，需要有一定时间的坚持，才能够发挥作用。但是练习总比不练习好。

第三，正念训练一定要有度。像健身一样一定要量力而行。正念训练遵循倒 U 形原理，在一定条件下到达临界点，之后会产生负面影响。过度的训练反而会产生有害的作用。

第四，对于有重大身心困扰或者是有神经症、有重大心理创伤的人群。使用正念训练尤其需要谨慎，需要在医生和正念指导老师的指导下进行，否则可能适得其反。

⊘ **补充资料**

观呼吸的正念练习

观呼吸是正念练习中的一个基础练习。你可以阅读以下指导语进行练习。

以舒适的姿势坐下，背部挺直而不僵硬，姿势是庄严而舒适的。如果是在椅子上就座，请将双脚平放在地板上，双腿不要交叉，轻柔地闭上双眼。

用心去体会吸气时腹部轻微升起的感觉，以及呼气时腹壁的紧缩感。

在气体吸入和呼出身体的整个过程中，将意识集中于下腹部。你也可以将注意集中在吸入和呼出间那个短暂的停顿，或者是上次呼出与下次吸入间的停顿上。无需有意地控制自己的呼吸——只是简单地让它吸进、呼出。试着用同样放松的态度去对待其他体验。你不需要去纠正什么，也不需要达到某个特定的状态。只是去体验，除此之外不需要做什么。

发现自己的注意力不再聚焦于呼吸，可以温和地恭喜自己——你又一次觉察到了自己的经验，留意到是什么让你分心了（"哈，思维在这里"），然后再温和地将觉察带回来，继续聚焦于下腹部的身体感觉变化，恢复对吸气、呼气保持觉察的意向。

当你坐在这里一呼一吸时，去培育一种一刻接一刻的觉察，请记得呼吸是你在生活中随时都可以获取的，它能帮助你安定下来，感到平衡，在每一刻都全然地接纳自己。

本章小结

- 认识情绪

情绪是对客观事物是否符合自身需要的主观体验。情绪帮助我们生存，促使我们发展。情绪适度有益，过量有害。识别情绪，是管理情绪的第一步。学习命名情绪，提高情绪颗粒度。

- 理解情绪

杏仁核是情绪产生的生理基础，认知是情绪产生的关键成分。情绪具有生理、认知和行为表现，它们相互影响。情绪模型有助于我们理解情绪的产生及其影响因素。接纳情绪是管理情绪的第二步。

- 管理焦虑和压力

焦虑（压力）＝预期目标/感知自身能力，压力一般有明确压力源。焦虑（或压力）管理目标是将其调整至合适的水平，有利于身心健康和工作业绩。焦虑管理八字方针："允许接纳，为所当为。"焦虑情绪调节三步骤：放松身体，调整认知，有效行动。压力调节三步骤：明确压力源、情绪处理、问题处理。

- 应对抑郁与挫折

抑郁情绪是一种复杂的情绪，通常有明确的或者不明确的诱因源。挫折引发的习得性的无助感是抑郁的重要来源。挫折是个体有目的的行为受到阻碍而产生的必然的情绪反应。它包括挫折情境、挫折认知和挫折反应三种成分。抑郁情绪的调适有三个途径：一是运动激活身体；二是改变自己不合理的想法，调整认知；三是专注自己可以做的，可以改变的，进行有效的行动。挫折应对有四个步骤：明确你的挫折源；对相应情绪进行调节；对挫折进行正确的归因；调整目标，改变策略方法。

- 培养正念

正念是对当下有目的的不加评判的、有意识的关注。正念有助于激活前额叶，提高情绪调节能力，减少抑郁焦虑。正念有三大特征：投入当下、不评判、不强求。不同情绪时的正念训练有所不同。正念要有度，有身心困扰的人群需要在指导下进行。

拓展阅读

1. 丹尼尔·戈尔曼：《情商》，中信出版社 2018 年版。

"情商之父"丹尼尔·戈尔曼的成名之作，是丹尼尔·戈尔曼积淀数十年的最新研究成果，是《情商：为什么情商比智商更重要》一书的升华与延伸。书中提出情商模型：情商包括自我意识（情绪的自我感知），自我管理（情绪的自我控制、适应性、成就、积极的人生观），社会意识（同理心、组织意识），人际关系管理（激励领导力、影响力、冲突管理、团队精神和合作）四个维度，情商决定了我们学习自我管理等基础要素的潜能，而情绪竞争力反映的是把情商转化为职业能力的潜能。

该书不仅从大脑神经的角度如情绪的传导路径来解释情绪如何形成，以及如何影响的行为方式，还专门有一章阐述如何提高情商，如何进行情商训练？如何调整到最佳的学习状态？如何建立良好的社交关系？如何有效地理解他人？如何训练并提高你的情商？情商不仅被认为是卓越领导力的基础要素，而且还是美满人生的催化剂。还可以帮助你提高对情商培养的意识，给你提供最基本的情商指导。

2. 马克·布雷克特：《情绪解锁》，天下杂志出版社 2020 年版。

每个人都能感觉到情绪。情绪影响人的生活的方方面面，如记忆力、专注力、学习、创造力、判断、决策、健康与人际关系等。

不管你是谁，情绪都会对你的理性思考过程产生正面或负面的影响。是什么触发了情绪，我们该如何面对与调节？我们虽然无法控制自己感受到哪种情绪，却不能不了解这些情绪为何产生以及如何应对，否则情绪就会控制我们的生活。调节情绪的能力，如何表达和调节情绪或感觉，不是与生俱来的，而是一门科学，必须通过系统地刻意学习。

作者马克·布雷克特（Marc Brackett），是耶鲁大学情绪智力中心的创始主任。他曾被霸凌、性侵、暴食厌食、成绩下降，深受情绪问题所害。他发展出了一套情绪与社交学习系统——RULER，在美国与全球有超过 2000 个学校在使用。

这本书是关于情绪的集学术与应用于一体的最新的权威书籍。阅读此书可以学会分辨、表达与驾驭我们的情绪，能利用这些情绪来帮助我们打开被忽略的最大潜能，创造自己想要的生活。

3. ［澳］马修·约翰斯通、安斯利·约翰斯：《我有一只叫抑郁症的黑狗》，广西科学技术出版社 2017 年版。

抑郁症患者及其陪伴者的独白，旨在为大众提供帮助和指导，让更多人了解抑郁症，帮助抑郁症患者的康复。该书动画版为世界卫生组织官方视频。

马修·约翰斯通是插画家，也是设计师，曾数次获得行业大奖，但自二十多岁起，便身患抑郁症。面对被抑郁症黑狗时来时往的生活，"他曾奋起反抗又无力地躺倒在地，努力自救却还是被黑狗制服而无法动弹。黑狗一度令他彻底屈服，几乎失去生存下去的勇气和决心"。后来，他决定寻求专业的帮助和指导，正视抑郁症，学习与家人、朋友、专业一起面对，并逐渐治愈。

在多年对抗抑郁症的过程中，马修学会了许多驯服抑郁症黑狗的方法。由此出发，他和太太安斯利共同写作了本书，启发和帮助了无数抑郁症患者及其家庭。

4. ［英］约翰·蒂斯代尔等：《八周正念之旅——摆脱抑郁与

情绪压力》，中国轻工业出版社 2017 年版。

　　关于正念认知疗法（MBCT）的经典著作，由正念认知疗法的三位创始人共同撰写，"正念减压疗法"创始人乔恩·卡巴金（Jon Kabat-Zinn）作序推荐。该书用全新的方式，讲述正念认知疗法的体验和培养正念引入人们的日常生活。任何想要培养正念的人都可以阅读，还附配套正念练习指导语音频，可以跟随正念指导语音频进行练习。

参考文献

　　［1］［英］约翰·蒂斯代尔等：《八周正念之旅——摆脱抑郁与情绪压力》，中国轻工业出版社 2017 年版。

　　［2］Marc Brackett, Permission to Feel, Celadonpress, 2019(09).

　　［3］Lieberman MD, Eisenberger NI, Crockett MJ, Tom SM, Pfeifer JH, Way BM. Putting feelings into words: affect labeling disrupts amygdala activity in response to affective stimuli. Psychol Sci 2007; 18(5):421–8. https://doi.org/10.1111/j.1467-9280.2007.01916.x.

　　［4］Nummenmaa L, Glerean E, Hari R, Hietanen JK. Bodily maps of emotions. Proc Natl Acad Sci U S a 2014; 111(2): 646–51. https://doi.org/10.1073/pnas.1321664111.

　　［5］Lee IM, Shiroma EJ, Lobelo F, Puska P, Blair SN, Katzmarzyk PT. Effect of physical inactivity on major non-communicable diseases worldwide: an analysis of burden of disease and life expectancy. Lancet 2012; 380(9838): 219–29. https://doi.org/10.1016/S0140-6736(12)61031-9.

　　［6］Chekroud SR, Gueorguieva R, Zheutlin AB, Paulus M, Krumholz HM, Krystal JH, et al. Association between physical exercise and mental health in 1.2 million individuals in the usa between 2011 and 2015: a cross-sectional study. Lancet Psychiatry 2018; 5(9): 739–46. https://doi.org/10.1016/S2215-0366(18)30227-X.

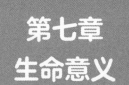

第七章
生命意义

使得我们的生活有意义的，是我们所给予生活的，而不是我们从它那里所索取的。

——维克多·弗兰克尔（Viktor E. Frankl）

案 例

　　小方，某校大一学生，高中时各方面都很优秀，大一时，她参加了各类竞选，结果都失败了，一向好胜的她陷入了泥潭，觉得自己一无所成，未来没有希望，生活似乎也没有意义了。她第一次住校，因为很多小事与室友起了争执，长此以往，寝室的同学都不敢"惹"她了。每次看到别人高兴地在一起玩或学习时，内心充满了孤独感，觉得自己没有成就才得不到身边人的喜爱，自己也想改变，却提不起劲，觉得一点小事的改变是没有效果的。

　　思考：

- 在小方的大学生活中，她最看重的价值是什么？
- 小方存在哪些不合理的想法，她的生命意义可以体现在哪些方面？
- 小方可以做些什么来缓解自己的状态，重新行动？

　　在大学这一全新的学习实践平台上，在"大学生"这一全新的学习角色中，当我们充分使用这来之不易的自由时间与空间时，可能遇到各种各样的烦恼，此时你是否认真思考过"我为什么来上大学"、"在生活中，我最看重的是什么"、"当我遇到困难时，我愿意向谁求助"……这些问题看似寻常，却蕴含了非常重要的心理潜能，只要你愿意开始探索，这将打开你对心理困境的理解，为自己找到心安之处。

　　在大学生活中，出现心理困扰是成长的必经之路，恰恰提示着我们在探索生命。当我们更自觉、更主动地发挥自己的优势和能力，感知生命的存在、价值和意义，即使是危机也会化为转机，更会成为我们成长的宝贵土壤。

　　通过本章学习，希望读者能够实现以下目标：

- 了解生命意义的内涵，学习探索生命意义的路径和方法
- 探索价值的澄清过程，学习树立与价值一致的目标和行动

- 了解心理危机的分类，学习识别、应对和调适心理危机
- 理解心理韧性的内涵和价值，学习提升和发展心理韧性

第一节 探寻生命意义

大学生的日记

我真正缺少的东西就是要在我内心里弄清楚：我到底要做什么事情？问题在于，要找到一个对我来说确实的真理，找到一个我能够为此而生、为此而死的信念。

——［丹麦］克尔凯郭尔

我总觉得每天都在重复做一些事情，不知道是为了什么，也不知道有什么意义，常常有一种空虚感。我很想要那种全力以赴，道路清晰的生活。

——某大学生日记

生命意义是一个很大的话题，每个人都有自己的思考。当你阅读上面这个大学生的日记时，有何感想？你是否曾经也像他们一样，对生活存在一种虚无感和无价值感，另一方面在心灵深处也追求着一种存在感和意义感，这是许多人共同的困惑。追求存在的价值和生命的意义，是人类亘古不变的主题。

一、生命意义的内涵

1. 生命是一个多维度系统

在语言体系中，我们常常以为生命就是生物学意义上的、简单的肉身生命，这其实是一种简化。生命具有有限性、多层性、创造性和完整性的特点。英国存在主义心理学家埃米·德意珍（Emmy van Deurzen）认为生命是个四维度结构。通过生命四维度结构，可以全面了解发生在

真实世界的全部状况，也能理解那些烦恼和痛苦是呈现在哪个维度上，并不是我的全部生命出现了"问题"，这也意味着即使我在某个维度上经历着痛苦并不代表生命的全部。

第一个维度：自然维度，包括生存的底线，身体、行动等；在这个空间，我们通过肉体和感官与其他物质相互作用，了解环境，感受世界，通过感知拓展生命的长度。

第二个维度：社会维度，包括建立关系、寻求归属感、与人沟通等；人是生活在社会关系中的，关系的融洽程度影响着我们在生活中的收获，我们通过建立关系拓展生命的深度。

第三个维度：个人维度，身体和社会的相互作用会形成我们对自身的写照，也是获得自我意识的过程，我们通过不断的体验而成长，扩展生命的宽度。

第四个维度：精神维度，包括对人生的看法、对痛苦的理解、对目标的认识等，我们通过对世界观的探索，拓展生命的高度。

图 7-1　摘自《存在主义世界的幸福——写给心理治疗师的哲学书》

✏️ 启发与思考

- 你对生命的理解是怎样的？

- 当一个人在医学意义上被确认为死亡后，我们如何理解生命的延续？他的生命意义还可以怎样呈现？

2. 生命意义是一个探索过程

生命意义就是个体对自己存在目的和价值的感知，是人们对自己生命中的目的、目标的认识和追求。狄尔泰认为，体验是生命的基础，每个人的生命历程都应植根于生命体验，才会对生命产生深刻的理解，确保人的完整性得以实现。存在、价值、目的、目标，是生命意义得以体现的重要内涵；而感知、认知、追求，是探索生命意义的重要路径。

理解生命是一个多维度的系统，有助于我们多角度思考自己所处的困境和资源。理解生命意义是一个与自我经验相关的动态发展的过程，有助于我们创造生活，负责任地生活。

二、探寻生命意义的重要性

探寻生命意义不仅是一个哲学问题，更是一个现实问题。在大学阶段提出探索生命意义，具有珍贵价值。

1. 探寻生命意义有助于适应时代变化

我们身处一个变化动荡的时代，多元文化的冲击、虚拟技术的发展，带来信息的混杂、价值的冲突、碎片的生活。本能和习俗没有告诉我们应该做什么，我们如何能稳定地、安定地自处变成了一个现实问题。探索生命意义将为适应变化的时代提供一个可靠的锚定点，让我们可以持续地、坚定地走下去。

2. 探寻生命意义有助于促进心理问题的理解

近年来，抑郁症、焦虑症等心理问题更集中地进入了公众的视野，青少年心理问题的突出显示也让大家越来越认识到主动关注心理健康的重要性。中国科学院心理研究所 2021 年 3 月发布的《中国国民心理健康发展报告（2019—2020）》显示，儿童青少年的抑郁检出率为 24.6%，心理问题逐渐年轻化，它不再是成年人的专属。探寻生命意义与个体价值和自尊感、人际情感联结、创造性等议题有关，这些是提高心理健康水平的积极因素，也是理解心理问题和应对心理困境的有效路径。

3. 探寻生命意义有助于发挥自我认识的潜能

在不同的心理学流派中，关于心理问题产生的原因有多种解释和立场。精神分析学派认为，心理问题的产生是由于性挫折或自卑感所引起。存在主义心理学派中，维克多·弗兰克尔（Viktor E. Frankl）提出，现代社会的心理疾病主要是由生存空虚和生存挫折所导致的，生存挫折常常表现为一种生活空虚，缺乏生活目的和意义，感到厌烦和无聊，这就是生存空虚，即日常所说的空虚感、无聊感、无意义感。生存空虚是生存挫折的外部表现。大学生作为成年的独立个体，当我们更有意识地主动探寻生命意义时，将大大降低空虚感和无聊感；通过拥有明确的追求、清晰的目标奠定良好的心理基础，保持稳定的心理状态，从而发挥自我潜能。

拓展阅读

心理学家

奥地利著名精神病学家，早年追随弗洛伊德和阿德勒，从 1926 年开始创立意义治疗学，被称为维也纳第三心理治疗学派。二战期间，因犹太人身份在奥斯维辛等 4 个集中营被关押。战争结束后，以巨大的热情恢复工作和生活，写就

维克多·弗兰克尔（1905—1997）

多部著作。在意义治疗学中，提出了三个重要概念（2015）：1. 意志自由：意志自由是人类的特征，人具有无论面对怎样的条件都能坚持态度的自由，能使自己独立于最恶劣的条件；2. 意义意志：人总是着手进行对意义的寻求，是人发现并实现意义和目的的基本努力；3. 生命意义：生命对每个个体都有意义，发现生命的真正意义应当到现实世界而不是让你的内心世界中寻找。

资料来源：维克多·弗兰克尔：《追求意义的意志》。

三、探寻生命意义的路径 ⋯⋯⋯⋯⋯⋯⋯⋯⋯

我们清晰地感觉到科技的发展让我们更长寿健康，生活更便捷独立，同时发展太快，让我们更焦虑疏远，我们得以安定自处和与人链接的时间减少了。在这个时代，在青年期，生命意义的探索更急切地需要存在确认和价值引领。

1. 存在确认

确认自己是值得活在这个世界的，找到存在感。

案例1：某同学，感觉自己在家里不被欢迎，不被关注，没有感受到关爱，从小听到很多伤害的语言，这让他感觉自己不值得活着，没有人关注他，觉得自己好像是包袱。

案例2：某同学，自己和其他人都不亲近，因为自己总是很懂事，常常是别人希望他怎么做，他就怎么做。一旦呈现真实的自己、脆弱的自己，就不被理解，特别矛盾，不知道哪个才是自己该有的。

阅读案例，在生活中，你是否也曾经听过或者经历过这样的体验。案例1是由于创伤性事件导致的意义缺失，案例2是同一性混乱导致的意义缺失。当我们遇到这样的困境时，当下的感受确实是痛苦的，我们的大脑确实容易产生"自己的存在是无意义的"这种想法，看起来似乎对存在确认是致命打击。但我们可以尝试了解，存在感到底是什么，它是通过他人来评价我们，按他人的期待做事，还是通过自己来定义。

（1）存在感是不断创造、发展和丰富的经验

存在主义心理学家罗洛·梅（Rollo May）提出，存在感是指人对自身存在的经验。我们出生、成长，无论过往经历了什么，只要现在活在世界之中，这就是存在。同时，存在感是一种经验，经验是不断创造、发展和丰富的；它并不是简单地被某一时刻某一时间直接定义，也不是社会要求和标准，这就为我们摆脱他人评价的桎梏找到了一个理由。因此，对照案例1，即使我可能在家庭互动中有一种不被关爱和支持的"感觉"和"想法"，但我依然存在。

（2）存在感是一种多维的整合能力

人与动物的不同之处在于人拥有意识，可以意识到自身的存在，能了解过去，也能看到未来，这是一种整合的能力。当我们感知到存在时，越能拥有更多维的角度看到自己的生活状态。整合目前的困境、拥有的能力和关系时，我们就越能应对困难、理解周遭的人事物。例如，我知道我现在的学习任务且行动起来，看到校园里的景色，感受到多样的情绪，记得我过去经历过某些事情，忧虑未来我能做些什么等。这就是存在。因此，面前阅读着教材的你，无论过去或现在经历着怎样的困境，首先，你是真真实实值得存在的！同时，你也是拥有资源的，只是也许我们还未察觉。

拓展阅读

单腿站立的人

在积极心理治疗中，曾有这样一个故事：一个长时间单腿站立的人面临的困境。有一个长时间单腿站立的人，经过一段时间后，他的肌肉就会紧张痉挛，负担过重的那条腿就开始疼痛；他几乎不能保持身体平衡，就连全身的肌肉都开始紧张痉挛。这个人叫喊着向他人求助。如果是你，你会怎么回应他的求助？

第一个帮助者开始为他痉挛的腿进行按摩；

第二个帮助者则选择了他痉挛的颈部小心翼翼地揉搓；

第三个帮助者伸出自己的胳膊去支撑患者失衡的身体；

一个聪明的老者建议他这样想：比起那些没有腿的人自己现在的状况其实是很好的；

第五个帮助者说：你应该聚精会神地设想自己是一根羽毛，这样你的痛苦就会减少很多；

第六个帮助者说：别急，时候到了，办法就自然来了；

最后有个旁观者对他说：你为什么只用单腿站立呢？伸直另一条腿站立，你本来还有另一条腿的。

2. 价值引领

确认自己拥有过上那种重要、想过的生活的能力和行动，找到自己珍视的事情，找到价值感。

在大学生活中，我们会面临许多任务，例如一个演讲、一个比赛、一个小测验，当我们没有获得自己或社会期待的结果时，我们感到压力、失败或挫折，常常会给自己贴上"没有能力"的标签。这非常常见，我们拥有很多适应生活的工具，也曾经在学习、生活和工作中拥有成功的经验，但我们容易在挫折中忽视这些经验，从而简单地推理自己无能为力、生活无价值等，这是一种认识误区。

（1）任何时候的生活都是有价值的

弗兰克尔认为，人都有探索自己生命意义的需要和驱力，每个人的生命都有意义，任何时候的生活都是有价值的。无论我们经历着什么，我们都有选择生活态度的自由，我们可以一蹶不振，我们也可以寻找办法，可以通过探索建构出自己独特的人生意义。在大学生活中，有的同学注重人际支持，会投入更多的时间维系关系；有的同学重视冒险，会更愿意做有挑战的事情，无论是哪种体验，都是值得的。

（2）每个人都是独特的

弗兰克尔还提到，每个人都有自己的基本特性，不可替代，因此我们可以在澄清自己价值观的前提下，做自己认为重要的事，书写自己的人生故事。即使我们现在面临困扰，它不只是一个"问题"，它可能是一个"成就"的故事、"助人"的故事、"互相支持"的故事，或者"公正"的故事。

四、探寻生命意义的方法

探寻生命意义是永恒的话题，也是一个过程，它没有一个限定的标准答案。弗兰克尔提出了三个探寻生命意义的方法（2010），可以在现实世界直接尝试，也是需要我们通过日常小事"做出来"。

1. 追求创造的价值

追求创造的价值产生于在世界上创造事物，例如工作或养育。而使日常生活变成有意义的行为，就必须指向这一具体活动并超越自己。我们在每个具体的行动中展示自己的独特性。当我们在意识到自己所做之事的不可替代性和独特性时，就能更好地认识生命。

2. 追求体验的价值

追求体验的价值产生于享受活着参与价值时，例如美妙的音乐、挚爱等。弗兰克尔尤其提到，爱是具有最高价值的人类体验：爱极大地提高了价值完满的感受性。爱是进入人格核心的一种方法。体验爱可以实现人的潜能，使我们理解到自己能够成为什么，应该成为什么，从而使潜能发挥出来，同时让人体会到强烈的责任感，能够激发人的创造性。

3. 追求态度的价值

追求态度的价值产生于我们对无法改变的命运和困境所采取的自由立场，包括面对痛苦、罪疚和死亡。日常中，我们最容易感受到的就是面对痛苦。弗兰克尔认为，人是唯一能够了解痛苦意义的存在。人对命运的选择完全取决于自己的精神态度。人可以发挥自由意志进行创造并体验生活。人无法改变客观存在的东西，但能改变主观世界。当人们面对苦难时，重要的是人们对于苦难采取什么样的态度，用怎样的态度来承担苦难。再看看罗洛·梅，他曾经经受肺结核的折磨，在疗养院住了两年；在那个年代，这是很难治疗的疾病，也是在疗养院的经历，让他注意到病友们对待自己疾病的态度会影响疾病和痛苦的进展，后来他决定为自己的康复负起更多的责任，最后 85 岁才去世。

✐ 自助练习

OPA

OPA 是由维克多·弗兰克尔的学生佩塔克斯提出的探索意义的三原则

O：others 与他人建立有意义的联系

P：purpose 对从事的事情要有崇高的目标

A：attitude 用积极的态度拥抱生活

请在日常小事上（包括学习、工作、生活等方面）进行对照，自己是否拥有机会在这三原则的方向上努力，以此来提高对生活的感知力和参与感，从而提升意义感。这些思路可以帮助我们继续探索生命，重新看待自己拥有的一切，重新解读自己经历的一切，赋予意义，获得力量。

第二节　明确价值行动

> 价值是"内在指南针"，给予我们引导，帮助我们找到方向，帮助我们保持正轨，当我们脱轨时帮助我们找回原路。
>
> ——路思·哈里斯（Ruth Harris）

忙人的自白

因为我们不知道，究竟什么对我们最重要，所以每件事好像都很重要。

因为每件事好像都很重要，所以我们不得不每件事都做。

有些人看到我们每件事都做，所以，他们期望我们什么都做。

每件事都做让我们非常忙碌，所以我们没有时间去考虑，究竟什么对我们最重要。

上大学前，你是否也有各种期待；开学伊始可能充满了好奇和**忙碌**，但也可能存在迷茫，因为我们暂时还不确定自己的学习和成长方向；这时也许我们开始**盲目**地做事、学习，也越来越"卷"；到了三四年级，常常觉得**茫然**，不知道要做什么，随着本科、研究生毕业季的来临，越来越焦虑。你是否也有同样的感受或见过其他人有这样的状态，这很常见，它涉及我们的价值观、目标和行动。想要打破这种状态，关键的第一步是明确自己的价值观。

一、价值观的内涵

1. 价值观是期望持续的行动所表现的整体特质

价值观是人认定事物的一种思维或价值取向，是期望持续的行动所表现的整体特质。例如，一个大学生在日常生活中，在团体里，会尽力展现自己，专注地支持团队成员，无论他是否在现场都能做。这体现的是他坚守（支持）的价值观。

（1）它是持续的行动，是你想要持续去做的事情。

（2）它是关于持续行动的整体特质，任何时候都可以做的特质；它既是副词也是动词。

（3）它是关于期望的特质：你希望如何表现，什么对你是重要的东西，而不是你应该做或者必须做的事情。

📝 拓展阅读

生命各维度的价值观

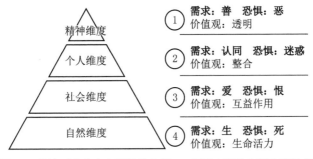

图7-2 源自《存在主义世界的幸福——写给心理治疗师的哲学书》

1. 自然维度，希望健康和存在，害怕生病和痛苦，在这个过程中认为活出生命活力是非常重要的；

2. 社会维度，渴望交往，获得支持，害怕冲突，会认为与人深入链接是非常重要的；

3. 个人维度，渴望被认可和尊重，害怕迷茫和沮丧，会认为个人的成长和灵活应对是最重要的；

4. 精神维度，渴望明确善意，害怕绝望和恶意，会认为超越自我是最重要的。

2. 价值观不是目标、希望和需要

我们可能期望从别人那里获得"爱、尊重"等，这些不是价值观，因为这不是我们想要持续去做的。价值观可以持续去做，但它一般不会"被完成"。例如，如果爱是需要，那么可能我们会有一个思维"我想被人爱"；如果爱是价值观，而不是目标。那么我就不会爱一个人几个月之后就完成了爱的价值观，而是我们通过很多方式不断实践爱。因此，价值观是此时此刻的，目标是指向将来的。

3. 价值观影响我们的感受，但不是感受本身

价值观会影响我们对事件的感受、想法和回应方式，但它不是感受。当我们正在做与自己珍视的价值一致的事情时，会感受到生命的活力和意义，即使面对困境，也拥有更多的能力和视角去看待和应对。

4. 价值观不是道德和伦理，超越对错和好坏，无需评价

价值观通常需要确定优先顺序，是可以被自由选择的。而评价是我们为了某个理由而在可供选择的事物中做出选择的，价值观的选择可能有多种，但不是我们为了某一个理由而这么做。大家可以阅读以下材料，了解自己在各个生活领域常见的价值，并确认价值排序。

自助练习

价值清单

在接纳承诺疗法中，澄清价值是提高心理灵活性的重要方面。请你通读以下价值清单，如果你感觉某项价值对你很重要，可以

在旁边标注 V；如果有些重要，可以标注 S；如果不重要，可以标注 N。

接纳：保持开放，接纳自己、他人和生活。

真诚：真实、坦率、实在——对自己真诚。

幽默：发现和欣赏生活中幽默的一面。

谦虚：保持谦逊和虚心，用成绩说话。

勤勉：保持勤奋，努力工作，专心致志。

独立：自力更生，选择自己做事的方式。

自我觉知：觉察自己的想法、情绪和行为。

自我爱护：关心自己的健康幸福，满足自己的需求。

自我提升：在知识、技能、性格和阅历等方面保持进步、成长。

善良：对自己和他人保持善良、慈悲、体贴、滋养和关心。

爱：在行动时对自己和他人都满怀爱意和感情。

支持性：支持、帮助、鼓励和随时守候自己和他人。

关心：真正关心自己、他人和环境。

诚实：诚实、真诚和诚挚地待人待己。

慈悲：行动时带着仁慈的态度，仁慈地对待受苦的人。

联结：全然投入任何正在做的事情，与人相处时全然安处当下。

亲密：敞开心扉，呈现并分享自己，在亲近的人际关系里进行更多情感和身体层面的联结。

友好：温和、友善地待人，招人喜欢。

坚定：温和有礼地捍卫自己的权利，提出自己的要求。

贡献：对自己做出贡献，自我帮助，对自己和他人产生积极影响。

鼓励：认为自己或他人的行为很有价值时，进行鼓励和奖励。

宽容：愿意原谅自己和他人。

慷慨：保持慷慨大方，乐于分享和给予自己或他人。

美好：欣赏、创造、滋养和培育自己、他人及环境的美好。

尊重：尊重自己和他人，表现得有礼貌、很体贴和积极关注。

浪漫：追求浪漫色彩，善于表现和表达强烈的爱和喜欢。

体验：创造、探索和享受那些能够刺激五种感官的体验。

冒险：勇于冒险，积极寻求、创造和探索新鲜事物或有趣体验。

勇气：勇敢，在恐惧、威胁和困难面前坚持不懈。

创造：富有创造力和创新性。

好奇：保持开放、好奇的心态，满怀兴趣地探索和发现。

兴奋：寻找、创造和投入令人兴奋、刺激和紧张惊险的活动。

灵活：根据情况变化做出适应和调整。

自由：自由选择生活方式和行为方式，或是帮助他人这么做。

有趣：善于发现乐趣，寻找、创造和投入那些充满乐趣的活动。

挑战：持续挑战自我，从而能够学习、成长和进步。

健康：维护和改善自己的健康状况，照顾自己的身体健康和心理健康，保持良好的状态。

感恩：感恩自己、他人和生活的积极方面。

开放的心态：从他人视角思考和看待事情，相对公正地权衡种种现象。

耐心：平静地等待自己想要的结果。

坚持：无论遇到什么问题和困难，都坚持不懈地努力。

愉快：善于创造和给予自己和他人快乐。

责任：为自己的行为负责，敢于承担责任。

信任：成为值得信任的人，保持忠诚、忠实、真诚和守信。

擅长：持续练习和提升技能，使用技能时让自己全然投入。

秩序：做事遵守秩序、富有条理。

权利：对别人产生强有力的影响，或是具有权威性（例如，掌控、领导和组织他人）。

正义：维护公平、正义。

守纪：尊重、服从规则并承担责任。

合作：善于合作、协作。

公平：对自己和他人保持公正。

平等：待人如待己，反之亦然。

互惠：建立付出与回报相平衡的互利关系。

安全：捍卫、保护和确保自己和他人的安全。

二、价值观的功能

1. 价值观反映认知和需求状况

价值，指我们内心的深层渴望：想要成为什么样的人，持有什么立场，以及如何与周围世界发生联系。（路斯·哈里斯，2017）有的同学坚守"爱"的价值观，"爱"包括关心、关爱、亲密等。那么他在生活中，可能通过主动建立和拓展人际关系，经营亲密关系不断体验爱。我们通过对自我价值的澄清，能更好地了解我的行为目标和内心需要，也更能理解我常常陷入困境的原因。

2. 价值观对动机有导向的作用

求学阶段，知道自己是为了什么来上大学；知道在面临人生选择时，对我来说什么是重要的；这有助于我们厘清生活的目标和意义，审慎选择生活方向。能够和自己重视的价值相联结，会让人有一种"值得感"，即使再辛苦再困难也有前进的动力和理由。例如，你重视和大自然的联结，就会愿意组织露营或郊外活动，即使这样劳心劳力；你希望成为有爱的伴侣，就会愿意花时间陪伴伴侣倾听对方的烦恼，感知对方的情绪，即使这很难坚持。

三、价值观的澄清 ·····································

当我们讨论价值时，并没有对错好坏之分。我们的生活包括家庭关系、友谊、亲密关系、职业、个人发展、休闲、身体健康、精神生活、社区环境等。在不同领域，你可以试着根据以下问题来思考："我内心深处的渴望是什么？""在与家人相处时，我想要展现出怎样的特质？""在亲密关系中，我想成为一个怎样的伴侣？""我希望成为一个怎样的学生？""我会如何去照顾自己的身体健康"。你也可以通过以下自助练习，尝试了解自己在不同生活领域看重的价值。

🖊 自助练习

人生罗盘

以下每个方框代表一种生活领域。

① 请简短写下在该领域对你有意义或重要的事情：你想成为什么样的人？你想做什么？你想发展哪些优点或特质？你想过什么样的生活？（若你认为某个方框并不重要，可以留白）

② 请依据这些价值观在你生活中重要的程度，在每个方框右上角的小方格填入 0—10 分（0 分完全不重要，10 分极为重要）。

③ 请依据你目前的生活与这些价值观的一致性来评分，在每个方框右下角的小方格填入 0—10 分（0 分完全不一致，10 分全一致）。

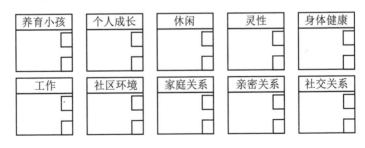

完成后请反思：

1. 在以上这些价值中，哪些对我来说最重要？

2. 哪些是我现在正积极遵从的？

3. 哪些是我最忽视的？

4. 哪些是现在可以采取行动进行改善的？

四、设定目标

当我清晰自己在不同生活领域的价值观，就对展示自我有更明确的方向和目标。价值观是期望持续的行动所表现的整体特质，而目标是我们在行动的过程中获得的结果，是我们践行自我价值观的中介。我们如何根据自己的价值，设定目标呢？

1. 目标的含义

目标，在近代词典中指的是射击、攻击或寻求的对象，也指想要达到的境地或标准。在《说文解字》中，"标"造字的本义是在树梢系扎飘带，作为易于远眺识别的定位记号。可见，价值是让人渴望且始终向前的方向，而目标是这个方向上的结果。例如，成为一个充满爱心的人，是价值，可以在人生中持续坚持去做，当你开始变得冷漠时，你只是偏离了价值；你渴望拿到奖学金，这是一个目标，无论你拿几等奖，这个目标已经完成。

2. 目标的特点

（1）**目标是具体的、可达成的事件、情境或物体**。例如，我特别想要帮助他人，我可能会去获得学位，让自己获得助人的资质，所以获得学位是目标，助人是我的价值观。

（2）**目标是可以完成、持有或终结的**。例如，我在获得学位后，目标就完成了。但我还有很多其他有趣的事情可以持续去做，这与学位的目标无关，与助人的价值观有关。

3. 设定目标的 SMART 模型

当我们设定目标时，可以遵循 SMART 模型，这个模型在第三章的学习内容中也能找到，但在这一章，当我们加入价值时，这一模型也能发挥有效作用。在设定目标时，我们首先不要设定"死人的目标"，如"我不再感到焦虑"，关于停止做某事的目标是非常困难的，我们可以首先尝试转换，如果我不再感到焦虑，我会做些什么？把能做的行动设为自己的目标。

（1）具体的（Specific）

目标是对要采取行动的具体化，在制定目标时要尽可能详细，具体到何时何地进行，有谁参与。明确具体的目标具有可操作性，可以帮助我们快速启动，提高效率。如：周六傍晚我要和朋友去学校操场跑步。

（2）由价值驱动的（Motivated by values）

确认这个目标是由我的价值观引导的，而不是遵循僵化的社会规则或其他人的"建议和要求"。如果你不确定自己想要什么，可以思考：如果我可以获得任何我想要的价值，那我会选择哪些？如：我很喜欢有挑战性的活动，所以学校有各种比赛就想积极参与。

（3）合适的（Adaptive）

确认这个目标是如自己的预期，帮助自己朝某个方向迈进，或丰富生活品质。在目标的实现过程中，与自己的预期、现实环境、情绪状态、身体感知整合起来，常常提醒自己这是否朝向我的预期和价值。如：我希望能支持身边人，因此我每周去做志愿者。

（4）现实的（Realistic）

就自己的资源来说，考虑健康、时间、经济、技巧、知识等因素，确认目标在实际上可以达成，避免设定情绪性的目标；如资源不足，可以去寻找相应的资源。

（5）有时间框架的（Time-framed）

为了增加目标的特定性，要设定哪一天哪一时刻，尽可能具体描述你想做的事。如果不行，也尽可能设定相对精确的时间框架。如即刻目标："我今天可以为这个价值去做的最小最容易的事情是什么？"

- 当感觉目标的达成长路漫漫时，我会以怎样的态度来回应理想与现实差距带来的痛苦的情绪？
- 在实践目标的过程中，我能找出隐藏在目标之下的价值观吗？

五、实践价值行动的 DARE 模型

在澄清价值观和设定目标之后，我们会发现生活也并不总是没有烦恼的，我们常常容易在实践价值观，走向目标的行动中遇到阻碍，这又该如何处理呢？

1. 认知解离（Defusion）

我们在设定了想要的目标后，常常会有一些负向想法，如我很忙，我做不到，我会失败的，我们纠结在这些想法中，它就会阻碍我们的行动。我们可以搜集信息确认，这些负向想法有多大程度是事实，澄清理想与现实差距带来的痛苦，我真的做不到吗，我是否曾经做到过类似的事情。

2. 接受不舒服（Acceptance of discomfort）

改变和行动通常会带来不舒服的感受，尤其是焦虑、不安的情绪，如果我们不愿意接受这种不舒服，我们会更倾向于选择停留在自己的舒适圈里。此时，尝试去感受这些不舒服，以接受的态度来回应痛苦的情绪，我们才会知道真正的目的。

3. 务实的目标（Realistic goals）

当我们的行动受到阻碍时，可以看看，是不是目标设定过高，超过我们的时间、健康、技巧、金钱等资源？如果是，可以建立一个中间目标来获取资源，或调整设定一个新目标。

4. 拥抱价值观（Embracing values）

我们觉得自己已经尽力了，仍然觉得事情没有进展，这可能是我们

的行动和价值观脱节了，是不是我不再觉得做的事情是重要的或有意义的呢？如果是，这时就很容易失去动机。因此，我们可以再次确认，尝试找出隐藏在目标之下的价值观，这真的是从我出发，自己想做的吗？这个行动的意义是什么？它真的很重要吗？还是我对现在社会的规则和标准感到困惑，以至于我无法确认价值观了？

每个人对世界、社会和个人都有自己的理解和价值取向，允许它存在。纠结很常见，并不可怕，我们可能需要花一段时间去确认自己的价值观，但只要行动起来，就是意义。

🖉 自助练习

联结价值——十年之后的回顾

想象你活在距今十年后的未来，你正在回顾今天的生活。完成这三个句子：

我花了太多事件去担心……

我花在这些事情上的事件远远不够，如……

如果我能及时回到过去，我不会再这样做的……

第三节　预防心理危机

很多时候，我们的生活之所以陷于困顿，是因为我们没有好好经营生活，因为我们不愿承担该担负的责任，因为我们不愿解决自己的困难。我们不明白，其实我们完全可以在此时此处拥有澄明心境、深刻体悟、实现彻底转变，无论事情多么复杂棘手。

——［美］乔恩·卡巴金

一、心理危机的内涵

危机，《辞海》中释义："危机是一种紧急状态。"《韦伯词典》中的释义："决定性或至关紧要的时间、阶段或事件。"在词源学中，危机是crisis，从希腊文krinein衍生而来，意思是"分离"，分离意味着需要设定边界。社会建构论将危机定义为一种边界体验，人的效能降到仅仅能勉强接受的边缘。

《心理学大辞典》"心理危机"的定义是人因遭受某些强烈刺激的作用而处于身体或心理高度紧张的状态。具体地说，心理危机是当个体或群体面对重大事情的变化感到难以解决，运用习惯的应对策略无法应对时的一种心理失衡、失序或失控状态，是个体内部一种心理稳定的破坏，也是一种应激反应。它一般具有两个特点：一是有诱发性事件或行为的异常变化；二是个体用平时的应对方法无效，因而产生无助、无力和绝望感等。

二、心理危机的分类

1. 境遇性心理危机

指在生活中出现的由于个人对其无法预测和控制的罕见或超常的事件而产生的危机；具有随机性、突然性、强烈性、意外性、震撼性和灾难性等特点。例如意外交通事故、突发重大疾病、亲人或同学好友的死亡、父母离异、重大自然灾害等。

2. 冲突性心理危机

也叫存在性心理危机，是一种伴随着重要人生问题而出现的内部冲突和焦虑，也是一种基于现实性冲突的危机；具有不易觉察、持续时间长、内心痛苦大的特点。例如理想与现实的冲突、多重驱避冲突、双避冲突等。这种危机往往与重大的人生问题和选择相关联，如我该如何选择等。

3. 成长性心理危机

也称为发展性心理危机，这是一种伴随每个人一生中不同阶段都会出现的危机；具有表现不剧烈，进程缓慢，持续时间长，一旦成功化解，将有助于大学生朝着更加成熟的方向发展的特点。例如环境适应、人际矛盾、恋爱困扰、婚姻困境、家庭冲突、学业压力、考试焦虑、就业困难等。

4. 病理性心理危机

指由某些严重心理障碍、神经症或精神病性问题引发的心理危机，比如抑郁症、焦虑症、强迫症、恐惧症、精神分裂症等。也有的是由失范行为或犯罪行为引发的危机，比如品行障碍、违纪违法等。病理性心理危机需要进行专业的干预才能解决，精神病性的问题必须接受精神科医生的诊疗。

启发与思考

1. 当你遇到心理困扰时，更倾向向人求助还是自我帮助？

2. 对你和身边的人来说，你们常用的自我帮助方法有哪些？这些方法都有怎样的功能？

三、心理危机的应对

作为大学生，我们常见的是境遇性、存在性和发展性的心理危机，有的大学生靠自我调节能顺利过渡和解决，有的则承受着巨大的痛苦，影响身体、情绪、生活等，严重者可能会出现自伤、自杀、伤人的行为；当然，从另一个角度来看，危机也是一个机会，可以帮助我们探索自己，发挥潜能，同时也使我们学会寻求帮助。关于心理危机的应对，主要是两个角度，他助和自助。他助，也就是加强心理危机的识别能力，进行有效陪伴。自助，也就是加强自我关怀的能力，同时勇于求助。

1. 他助

每个人的生命都是独特的，每个人的存在也是有意义的，任何时候的生活都是有价值的。如果能识别出心理危机的征兆，及时进行心理陪伴和帮助，将能有效守护生命。

（1）理解心理危机

关于心理困扰、心理问题、心理危机，我们要了解，更要理解。

- 理解自杀意念产生的自然性：绝大部分人在一生中产生过类似"不如死了算了"的念头，但危机和死亡从来不是我们的目标，而是我们对生活充满期待后的失望，努力后的失败带来的无力感、无能感和无助感让我们痛苦，这时我们希望缓解痛苦，放弃痛苦，在思维上容易推理到使用放弃生命这一选项，但这是"不合理"的。

- 回归面对危机的合理路径：面对危机和痛苦出现的失衡和失控，一般是我们原有的习惯化的应对方式失效了，这也意味着我们要学习新的应对方式或寻找新的资源，而不是否定生命本身。

- 唤起面对生命的敬畏感：痛苦是生活的一部分，但不等于整个的生命，也不等于全部的能力；任何时候，面对真实环境，不被头脑中的声音带走，我们总是有选择的，通过寻找资源和帮助来帮助自己度过这一阶段。

- 危机也是转机：在许多心理困扰和心理危机下，任何人都会感到痛苦，但事实上，当危机和压力来临时，个体自身和外在的保护因素，包括过往的成功经验会自动做出反应，帮助我们度过。这其中会产生两种积极能力，一种是自我平衡能力，保证个体在压力和逆境面前保持舒适，继续拥有安宁舒适的生活；另一种是激活生命潜能，调整自我，应对压力，重建生命意义，获得积极成长。

自助练习

生命线

请在白纸上画一条水平的射线，将射线平均分成若干段，每一段代表 1—5 年（根据个人年龄情况而定）。请回顾你的成长历程，把对你有重大影响的生命事件按照时间顺序用圆点标记在图上。将对你有积极影响的事件的点标在射线的上面，有消极影响的事件的点标在射线的下面，影响越大的圆点距离横轴越远。最后把各个点按时间顺序连接起来即可。

思考：

（对于正向事件）你具备的什么能力让你取得了这样的成就？

（对于低谷事件）在这个艰难的时期，你是如何走过来的？这让你发展出了哪些新的能力？

你今天如何来看待这一事件对你的影响？

如果没有发生这一事件，你的未来会是怎样的？

你从这一事件中，学到的最宝贵的人生经验是什么？

这样的经历让你有何不同感受？

你的生命因此有何改变？

以上这些发现对你有什么意义？

（2）危机守护五原则

当危机发生时，我们如何识别与守护，台湾危机干预专家林昆辉（2015）总结了"危机守护五原则"：停、看、听、陪、治疗。

停：区分高危群体

指并非把身边所有人都当做有严重心理危机甚至是自杀危机的人，我们需要有意识的区分。这需要我们日常自觉且主动地关心自己和他人的情绪状态，自然有所觉察。

一般来说，就年龄层区分的高危险群：第一是老人，第二是农村妇女，第三是青年人。就性别区分的高危群：女性面临的危机大于男性。就健康指标区分的高危险群：残疾人、突然罹患恶性肿瘤的人、久病在床的人。就创伤事件区分的高危险群：近来遭逢重大变故，或遭遇重大创伤事件的人。就创伤心理区分的高危险群：近来一直处于重大创伤心理状态，动机乱想、情绪乱发的人。就偏差行为区分的高危险群：一个人突然出现非惯常性的偏差行为，或者还黑白不分的自以为是，或者与他人发生严重冲突者。

看：观察危机征兆

心理危机征兆常常明显体现在三托和六变。

① 三托指托人、托事、托物。托人，指突然向亲友嘱咐、要求或委托，加强对某人的照顾；托事指突然把自己的重大事件，要求或委托代为执行或完成；托物指突然打包身边重要文物、玩物或宠物，要求或委托代为照顾或保管。

② 六变指性情、行为、财务、语言、身体或环境发生巨大改变。

性情发生巨大的改变，指个体的个性、气质与情绪行为模式，突然发生巨大改变；如外向的人突然变成内向，内向的人突然变成外向；少语的人突然变得多语等。

行为发生巨大的改变，指个体突然不按规律习惯作息或出现持久的反常动作与行为；如：长时间逃课逃学，开始酗酒，一直打电话或一直不接电话，一直缠着人或突然消失无踪。

财务发生巨大的改变，指个体把存款全部提领或乱借钱，把钱胡乱花光或乱买东西送人等突然以各种极端方式花光所有财产的行为。

语言发生巨大的改变，指个体开始阔谈或书写生命意义、价值花费、自杀方式或活不下去等语言时，也是危机征兆。

身体发生巨大的改变，指突然遭逢变故，罹患重病或慢性疾病或精神疾病久治不愈，动机与情绪发生极端或异常的改变，陷入深度焦虑、忧郁失眠、恐惧恐慌、强迫或狂躁之中。

环境发生巨大的改变指天灾人祸、家毁人亡、重大关键事务严重挫败，如失恋、失婚、失学、失业、大考失败等。

📝 拓展阅读

非自杀性自伤

非自杀性自伤（Non-suicide self-injury，NSSI），指在没有自杀意图的情况下对身体组织的直接、重复、社会不可接受的伤害。

NSSI 行为包括切割、划伤或灼伤身体表面以及撞击身体，从而直接伤害皮肤或骨骼体表面以及撞击物体。个体采取非自杀性自伤行为，大部分源于自我负性强化（减少／分散对负性想法／感觉的注意力）、自我正性强化（在麻木／快感缺失时产生正性情绪）、人际负性强化（从不喜欢的社会环境中逃离）、人际正性强化（获得关注和得到他人支持／帮助）。NSSI 是个体未来自杀意图、自杀行为以及长期心理障碍等问题的重要风险因素。

若你觉察到身边人采取这类行为，请给予关怀、协助他们理解心理痛苦，同时寻求专业机构的帮助。

听：倾听语言改变

个体突然开始阔谈或书写生命的意义、价值花费、自杀方式，以及一些不在他现在生活范畴的事，或者"生存信念崩溃""活不下去""死了算了""我想自杀"等言语，都是值得立即关注的信号。

陪：遵循三规六禁原则

停、看、听这些征兆都需要我们及时发现和关注，给与陪伴和帮助。发现身边人处于危机时进行有效陪伴和转介，其中陪伴要遵循三规六禁原则。

三规指的是陪、听、说。**陪**，指当严重的心理危机发生时，要如影随形的陪同，不让当事人离开自己的视线。必须让当事人明白确认——身边是有人的。**听**，指在陪伴时，同理倾听，对方一有说话的征兆，陪同者在第一时间转头看对方并做倾听状。通常当事人是很难主动说话，如果对方开口说话，陪同者可以"边听边点头"示意："我听到了！我知道了！"千万不要边听边回嘴，尤其是追问原因。**说**，指的是一般地如果当事人长时间（整天）不说话，陪同者才可以对他说话。但不是提问，而是告知身边每个人的事，重建当事人和家庭或实体生活现象的"连接"。

六禁指的是如果我们有较长时间陪同或照顾当事人，跟当事人互动和对话时，务必严守以下六项禁忌，否则会更加容易伤害当事人。包括**不要劝善**：诉说人生有多美好；**不要规过**：要求别再做错事；**不要哀求**：责怪你让（害）我伤心哭泣、生病；**不要责骂**：生气辱骂责备当事人；**不要抱怨**：责怪你引起大家生活的不便与困扰；**不要质问**：追问事件发生的原因。

我们坚信生命高于一切，每一个生命都值得我们谨慎、尊重地对待。

治疗：及时科学就医

关于心理危机我们要了解，更要理解。当我们出现严重心理危机，伴有强烈自杀自伤意念时，最科学的应对方式是寻求精神专科的专业帮助，此时，积极就医是改善问题的最佳途径。

拓展阅读

病耻感

社会学家欧文·戈夫曼（Erving Goffman）在研究病耻感时指出，病耻感是一种会让人自感耻辱的特殊态度，使得人在自己心中由一个"完整、正常的人"变为"被打了折扣、有污点的、缺乏价值的人"。实际上，精神类疾病诱因极多，病因尚不明确。它不同于生理疾病，反映的是一个人当前的心理功能失调状态，是方便精神科医师诊治的分类标签，并非一个人的全部。积极就医本就是勇敢面对自我困境的一种行为，若你或身边人需要寻求心理专业帮助或确诊精神类疾病，请给予自己（他人）理解与宽容。

2. 自助

自助，也就是自我帮助，自我帮助的方法有很多，阅读书籍、运动、正念等，但距离我们最近的、最具有操作性的方式是学会自我关怀。自我关怀，指一个人在应对逆境的时候能够友善地对待自己，觉察自己的感受和想法，并认为自己不是一个人在承受苦难。

（1）自我关怀的基础

人的情绪可以分为威胁系统、奖赏系统和安抚系统。威胁系统是通过负向情绪让我们远离危险，奖赏系统是通过那些好的感受让我们获得生存所需的资源。安抚系统是通过产生安全和满足的感觉，帮助我们恢复、感到被接纳，带来积极感受。而自我关怀就是激活安抚系统、降低威胁系统和奖赏系统的激活，帮助我们展现出温暖满足的感觉。

（2）自我关怀的内涵

① 自我友善，停止对自己的批判和不接纳，试着唤起心中曾经被关怀的体验。很多人会有因为失败或挫折贬低自己的经验，但你一定成功做过一些事情，或者被关怀过。

② 普遍人性，理解苦难是生活的必经之路，无力感与失望感人人都会有。一定也有人曾经在你难过、失落、不知所措时看到你、理解你、支持你，想想他们都是谁。

③ 专注当下，如实地看待事物，不去泛化危险和后果，保持清醒，看看自己身上拥有的资源是什么。可以尝试放松技巧、正念练习等稳定身心的有效技术。

（3）自我关怀技巧

STOP 技巧

① 停止动作（Stop）：当你有做出伤害自己或他人的冲动时，停止动作，不要动。

② 退后一步（Take a step back）：当你面对困境时，称呼自己的名字，对自己说："×××，先停一下。"给自己一点时间，冷静下来思考。从正在发生的事情跳脱出来，做深呼吸，重新获得掌控感。

③ 客观观察（Observe）：客观观察，收集相关信息，了解在你的周围和内心发生了什么，其他人正在做什么或说什么，通过了解实际发生的事情，有助于我们作出有效的选择。

④ 带着觉察行事（Proceed mindfully）：思考，我想从这个情况中得到什么？我的目标是什么？做怎样的选择会让情况变得更好或者更糟糕？

除此之外，当我们面对痛苦时，头脑可能会忍不住抱怨"生活是一场灾难"。其实，苦难常常源于痛苦以及我们不接受痛苦，而"微笑和愿意的手"练习是身体接纳现实的一种方式。你可以在每天这些时刻进行练习：当你早晨醒来的时候、当你有空时、当你觉得烦躁时甚至当你想到一个令人讨厌的人时等。

⊘ 自助练习

微笑和愿意的手

① 微笑时，放松脸部、颈部和肩膀肌肉，然后浅浅一笑，试着露出平静的表情。此时，重要的不是别人看见，而是通过微笑，我们与自己的大脑沟通。

② 双手放开，手掌向上，手指放松。

着陆技术

① 注意你自己当下的感受和想法。使自己慢下来并与自己的身体连接。减慢呼吸频率，彻底呼出肺部的空气，然后再尽可能慢地吸入，慢慢将脚踩向地板，慢慢地伸展手臂，或者慢慢地将双手合在一起，把注意力都放在呼吸上。

② 重新关注你周围的世界。注意你在哪里？能看到的 5 样东西是什么？能听到的 3—4 种声音是什么？呼吸空气，你能闻到什么味道？你正在做什么？触摸你的膝盖或你可以触及的任何物体，并注意你手指的感觉。

（4）部分心理求助资源

心理危机是一种失衡失序的状态，面对它意味着学习新的应对方式或资源。除了通过自我关怀来调适之外，非常重要的是勇于求助。求助，是一种能力，是一种勇气，也是一种智慧。当你感觉自助无效时，可以联系校内辅导员、心理中心，或拨打全国 24 小时心理危机干预热线 400-161-9995 获得支持和帮助。

在人生每一天的体验中，如果我们有意识，也许会发现不断的"打怪"，不断地"升级"，也会不断地累积"法宝"。真实地试着去相信，每个人的生命都是独特的，每个人的存在也是有意义的；因此，每个人都能成为心理健康的关注者，每个人也应当成为生命的"守门人"。希望我们能激发生命能量，走向更多的可能。

自助练习

生命树

澳大利亚叙事疗法专家戴维·登伯勒（David Denborough）在运用叙事疗法治疗创伤时提到一个练习，人的生命成长和自然树木生长类似，也会遭遇风雨和压力，以此他创造了探索生命和治疗创伤的方法。请你寻找一个安静的场地，让自己安定下来，一起完成以下练习。

首先，在一张 A4 白纸上画出一棵树，它有树根、树干、树枝、树叶、果实。（画工好坏不重要，按你所想的画就行了）

① 在树根的位置写上：我们从哪里来，我们家庭的历史，谁教会他们的知识最多，大家最喜欢的地方是哪里，是什么让他们保持稳定（人、食物、音乐等），当大家需要力量时，会去找谁。

② 在大地的地方写上：我们现在生活的地方和日常生活中我们参加的活动。

③ 在树干的地方写上：在日常生活中明显的技能或其他方面的技能，我是如何拥有的，拥有多长时间了，我从哪些特别的人身上学到的。

④ 在树枝的地方写上：我们的希望、梦想、未来生活的愿望，这些和谁有关，出现多久了，我是如何设法守住或维持梦想和希望的。

⑤ 在叶子的地方写上：那些对我们很重要的人（包括身边的或去世的人），他们哪些地方让你觉得特别，你和他们在一起度过怎样的时光，这些人喜欢你记住他们的方式吗？

⑥ 在果实的地方写上：我们收到过的礼物，可以是物质的，也可能是关心，爱护等。他们是基于什么给了我们这些礼物，他们欣赏你什么地方，你在他们的生命中起了怎样的作用？

完成后，花点时间看看你的生命树，写下你的感受和想法。

资料来源：戴维·登伯勒：《集体叙事实践：以叙事的方式回应创伤》。

第四节 发展心理韧性

> 漫长的一生中，有多少小小的子弹和霰弹落到了我的身上，在那些曾经受伤的地方，就生长出思想来。
> ——［俄］米·普里什文

每个人在面对逆境时都有不同的应对方式，有的同学能适应良好，有的同学出现长期的情绪波动或睡眠困扰，这就提示我们需要关注自己的心理状态。当我们在应对逆境时，想法和行动是相对灵活有弹性的，会更有益于应对压力和危机。

一、心理韧性的内涵

心理韧性（Resilience）的研究开始于 20 世纪 70 年代，常被翻译为"心理弹性""复原力"，强调个体的复原能力；康纳（Connor）等认为，心理韧性指个体应对压力事件包括逆境、创伤等，仍能保持适应性行为；也是指面对压力事件的个体原有身心平衡状态被打破后逐步恢复至相对平衡的心理动态发展过程，它是一个适应系统或发展框架。学术界对其概念有三种取向：

（一）特质取向

将心理韧性视为个体的能力品质，是个体能有效应对压力、挫折、创伤等消极生活事件的一种能力或特质。

（二）结果取向

将心理韧性视为个体发展的结果，个体遭受压力或者挫折时，倾向于向积极方向发展的结果。

（三）过程取向

将心理韧性视为一个动态的过程，是个体面对不利情景时，调动自身各种内在能力不断发生动态交互作用，促使个体迅速复原并达到积极适应的动态过程。

二、心理韧性的价值

（一）心理韧性的影响因素

心理韧性的发展是一个复杂过程，影响因素众多，一般包括内部因素和外部因素。

1. 内部因素

（1）个人能力：包括体质、智力、社交能力、沟通能力、问题解决策略等；

（2）人格特质：包括积极情绪性、情绪调节、情绪控制、积极认知、多维度的自我概念，具有承诺、控制、挑战的人格特质等。

2. 外部因素

（1）家庭资源：包括婚姻美满、父母民主的教养方式、良好的亲子关系、物质支持等；

（2）社会支持系统：包括支持性的同辈群体、成功的学校经验、良好的师生关系等。

启发与思考

1. 你觉得自己的心理韧性水平怎么样？

2. 根据上述课程内容，你觉得自己可以通过哪些方式提升心理韧性？

....

（二）心理韧性与压力的关系

心理韧性是适应特定压力生活环境的动态过程，强调个体主动、动态适应，不仅取决于个体特质、基因型或大脑结构，还取决于压力源的性质和其他复杂因素（陈双艺，2021）。研究（A. Chmitorz，2018）显示，心理韧性可以概念化为与压力源暴露相关的心理健康指标，可缓冲因压力源暴露后的个体的不良心理健康状态。有研究发现高心理韧性的儿童对于逆境有更为敏捷的觉察（席居哲，2006）。高心理韧性的个体更倾向于认为逆境和压力是可改变和可控的。

在人生旅途中，可能会面临各种心理痛苦。有的人可能出现担忧、自责，害怕接下来发生的事情。有的人从苦难中展现出勇气、关怀和爱，带着苦难前行；即使人生有限，依然关心未来，带着期待，活在当下。遇到烦恼、遭遇痛苦并不可怕，重要的是如何理解和应对。而发展心理韧性，能帮助我们更合理和智慧地应对痛苦。

（三）心理韧性与精神障碍症状的关系

横断面研究（A. Šmitas et al.，2016）发现，心理韧性与个体的抑郁焦虑程度、创伤后症状水平均呈显著负相关；同时，其可在创伤和个体心理健康状况之间发挥中介作用。心理韧性还会削弱焦虑症状与赌博成瘾之间的联系，成瘾类精神障碍的心理治疗可针对性地改善个体的心理韧性。

总的来说，较高心理韧性水平的个体一般拥有更高水平的自尊、对现实与未来有乐观的认知方式、倾向于灵活地综合运用问题解决和情绪调节的应对策略，更容易主动获得社会支持，从而能够有效克服困难，减少心理困扰，更好地适应环境的要求，保持动态平衡。就像一个弹簧，弹性越大，可以接触的范围也越大，边界也就越灵活。

三、心理韧性的评估

（一）心理韧性量表

量表评估是心理韧性最为常用的评估方法，研究者多侧重于心理韧性的保护性因素或内在结构编制心理韧性量表，具有良好的信效度（王平，2017）。临床上广泛使用的评估量表是康纳和戴维森（Connor 和 Davidson）在 2003 年编制的心理韧性量表（Connor-Davidson Resilience Scale，CD-RISC），主要考察个体成功应对压力的能力，我国学者于肖楠、张建新修订得到了该量表的中文版本，应用广泛。量表共 25 个条目，采用 0—4 五级评分，0 分表示从来不，1 分表示很少，2 分表示有时这样，3 分表示经常这样，4 分表示一直如此。请你阅读以下量表题目，根据过去一个月的情况，对下面的表述做出你的评分。

心理自测

心理测量只是我们在特定时间下特定状态的反应，具有局限性，其结果仅是一种参考。你的答案没有对错之分，请根据实际情况填写。

1. 我能适应变化。
2. 我有亲密、安全的关系。
3. 有时，命运或上帝能帮忙。
4. 无论发生什么我都能应付。
5. 过去的成功让我有信心面对挑战。
6. 我能看到事情幽默的一面。
7. 应对压力使我感到有力量。
8. 经历艰难或疾病后，我往往会很快恢复。
9. 事情发生总是有原因的。
10. 无论结果怎样，我都会尽自己最大努力。
11. 我能实现自己的目标。
12. 当事情看起来没什么希望时，我不会轻易放弃。
13. 我知道去哪里寻求帮助。
14. 在压力下，我能集中注意力并清晰思考。
15. 我喜欢在解决问题时起带头作用。
16. 我不会因为失败而气馁。
17. 我认为自己是个强有力的人。
18. 我能做出不寻常的或艰难的决定。

19. 我能处理不快乐的情绪。

20. 我不得不按照预感行事。

21. 我有强烈的目的感。

22. 我感觉能掌控自己的生活。

23. 我喜欢挑战。

24. 我努力工作以达到目标。

25. 我对自己的成绩感到骄傲。

（二）心理韧性量表解读

修订后的量表中文版内部一致性系数为 0.91，有良好的效标效度（于肖楠、张建新，2017）。量表中主要呈现了三个维度，分别是坚韧性（11、12、13、14、15、16、17、19、19、20、21、22、23），力量性（1、5、7、8、9、10、24、25），乐观性（2、3、4、6）。

一般来说，量表评分分数越高，表示弹性越高。若你的量表结果均分在 2 分以下，说明心理韧性某个维度有待"提升"，在 3 分以上则说明有较强的心理韧性。量表的作用仅是参考，是了解自己，提升自己的路径。看看自己是需要提高自我效能感、个人能力，还是加强情绪管理，形成积极的解释风格，改善应对痛苦的能力。

因此，心理韧性作为个体积极调用保护性资源应对不利情境、追求自我实现的一种心理潜能，是可以通过培养积极的韧性特质、提升个人能力、建立良好的家庭及外部环境支持来发展的。

四、心理韧性的理论模型

（一）过程模型

理查森（Richardson）提出心理韧性的过程模型，认为挫折过后个体所能达到的状态是增强心理韧性的保护性因素与加剧个体脆弱性的危险性因素之间进行力量较量的结果（Richardson，2022）。该模型强调个体的生理、心理和精神三个层面在压力情境中的动态平衡，个体在重新获得平衡的过程中获得心理韧性发展。

（二）接纳与承诺治疗理论

另一个聚焦于心理韧性的循证心理学理论是接纳承诺疗法（ACT）；ACT 作为第三代认知行为治疗的分支，是由美国心理学家斯蒂文·海斯（Steven Hayes）教授及其同事于 20 世纪 90 年代基于行为疗法创立的，其理论更关注人和想法、情绪的关系，注重接纳痛苦的想法和情绪，主张投入价值引领的生活。ACT 是一种基于过程的心理干预方法，以现代行为和进化科学为基础，帮助个体有效应对痛苦的想法和感受，提高心理灵活性，即提高心理改变的能力，同时创造有价值、意义的生活，它包含以下六个方面。

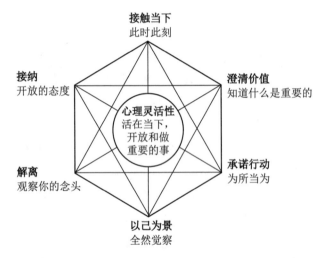

1. 认知解离。觉察头脑里的想法，与想法拉开距离，区分描述与评价，聚焦证据，减少过度推理。

2. 接纳。允许痛苦的感受、欲望和情绪的存在，不要抵抗和逃离，减少挣扎，而是给它们一些空间。

3. 接触当下。觉察此时此地的经验，与身体、周遭世界做现实联结，可通过呼吸放松、正念练习来加强觉察。

4. 以己为景（观察性自我）。减少使用概念化的自我，注意那些自动出现的想法、念头、评价、计划，可以选择不让其影响行为；练习通过观察者的角色在任何时刻都觉察自己正在思考感受或做某些事。

5. 澄清价值。思考，内心里你期望自己能过怎样的生活？你想为什么而奋斗？你希望展现自己怎样的特质？你真正重视的愿景是什么？

6. 承诺行动。只有迈出步伐朝着所选择的方向前进，才真的开始了旅程，即使带来痛苦，我们也依然带着价值观去做有意义的事。

📝 学以致用

厘清困惑

某高校大一学生小明，在大学适应中渴望交友，但由于过往在人际冲突中总是处理不好，害怕朋友不喜欢自己。室友约他出去玩，他表现得犹豫不决，既想出去玩，又怕与室友相处不愉快。

请思考，根据 ACT 六大原则，如何帮助小明厘清人际困惑。

触发事件	认知解离	接纳	接触当下	以己为景	价值观	承诺行动
我想交朋友，但是害怕展示自己，同学约我出去我不敢答应	实际上，同学并没有表示讨厌我，不然他不会约我出去活动；我跟其他人还没有见面，他们也并没有觉得我不够好	我能感觉到我的状态，我现在的情绪很焦虑，又怕错过和他们认识的机会，但又总在担心	在这过程中，我意识到我脑海里充满着对自己的负向评价和标签，包括我不够好；我这么内向，他们不会喜欢我。但我现在还在宿舍，同学在询问我的意见，我很安全	我观察到，我有一个"我不够好"的想法，所以我总在担忧。但我依然可以带着这个想法，走出宿舍，跟同学一起出去	我认识到重要的生活不是一直都具有正向的感受，焦虑也是正常的。朋友对我来说很重要	为实践价值观，我愿意冒社交风险。虽然在外面玩可能都在焦虑，不过能交朋友，跟他们在一起玩很高兴，是我想做的事情

五、提高心理韧性的核心 ·····················

大二学生小李，考了好几次四级都没通过，陷入一种"自己再也考不过"的想法，并且迁移到其他学习内容上，终日痛苦，面对期末考试异常焦虑，注意力无法集中，觉得复习了也考不好，自己不适合学习，这样下去毕不了业了。

当我们面对困境和压力时，常常会出现小李这样的情况——"认知融合"，基本意思是我们的认知在以一种自我挫败的或有问题的方式支配我们外显的和内隐的行为（拉斯·哈里斯，2022）；即从一个事件陷入了对自己负向的评价中，用这个评价来看待自己和世界，让想法支配了行为，将想法视为真实，甚至将自己等同于痛苦。日常中，对自我的概括性评价和自我概念的标签化，是"认知纠结"的主要表现，例如我就是一个内向的人，我就是不能坚持，等等。事实上，我们遇到挫折和失败，出现负向情绪和想法是正常的，但想法不会控制我们的行动；更重要的是去了解我们的真实想法，而不是文本的表层语义。

（一）认知解离

认知融合，一般源于经验中应对方式所形成的风格和习惯，它是可以重新塑造的，我们称为"认知解离"，也就是灵活地回应你的认知，尝试把自己的想法和关联的事物分开，觉察这些想法，而不是陷入其中；看着这些想法，而不是让想法掌控行动；让想法来来去去，而不是紧抓住它们。具体而言，可以通过以下路径来实践认知解离。

1. 区分描述和评价

在生物界，人类可以"关联性"思考，非人类则不行。因此在日常生活事件中或冲突中，我们在语言表达上常常混淆描述和评价。描述是一种想法，跟事实有关，是你能看到听到闻到的；评价就像说这件事情的重要程度、优点或缺点。多描述，少评价可以让我们更聚焦于事件本身。如"我觉得焦虑，我的心跳得很快""我的朋友对我大吼"这是描述；"这焦虑感让人无法忍受""朋友对我大吼，这是不公平的"，这是评价。

2. 只是觉察

当我们开始批判自己的时候，作为观察者去觉察这个想法，可以尝试为想法命名，停止相信它并且做出指责自己的行动。

3. 替个人经验贴标签

当我们被负向情绪困扰时，尝试改写这个经验故事，例如，我现在很失落，改为我有一种失落的感觉。这能有效的将自我与问题分开，获得选择的空间。

4. 具体化

当我们困扰于某个想法或感受，尝试具体化，如果感受是一个物体，它是什么样的，如果它有味道，是怎么样的？

经过练习，这些技巧能有效帮助我们从语言的隐喻和思维的陷阱中走出来，不被想法所控制。

✐ 拓展阅读

内在声音的天然保护功能

人类祖先曾经面临的各种威胁和危险情景，如恶劣的天气、难以生存的地域、野生动物或是来自群体内外的敌人。为了生存，他们必须找到有可能出错的环节，并修复已经出错的环节。因此，在生存压力的推动下，祖先需要不断依靠内在声音告诉自己："小心，那可能很危险；小心，这看起来和你之前经历的危险很相似。"尽管我们不再生活在史前环境，但这些声音仍然在发挥作用。

从我们出生的那一刻起，这个内在声音就一直在不断学习，并在我们生活体验的基础上不断强大；而且因为语言的出现，它开始根据我们在生活中的无数体验，不断创建形形色色的符号关系。不管我们的年纪如何，这个内在声音始终在创造新的关联。如果密切关注内在声音，我们会发现，它始终在头脑中谈论形形色色、各种各样的事情。内在声音永远不会休假。如今，我们的内在声音依旧在做同样的事情：保护我们免受伤害。

当我们面对头脑中的内在声音时，可以尝试把它当做背景音，任它来来去去，我可以选择不相信，不被控制，而是专注当下、我的身体、我的真实世界。

资料来源：帕特丽夏·E.苏里塔·奥纳：《边缘型人格障碍——针对情绪失调的接纳承诺疗法》。

....

（二）接纳

当我们面对困境和痛苦时，我们常常希望它快点消失，甚至在痛苦的经历中认为是自己的错误，背负过往的包袱在生活，这在很大程度上弱化了我们的灵活性，接纳痛苦、内疚甚至羞耻的感受是重要的，允许自己拥有痛苦的个人经验也是重要的，学习用一种温和的、仁慈的态度对待我们的选择，对待自己、自己的过去和未来。具体而言，可以通过以下路径来体验接纳。

1. 扩大观察

注意你的感受，你的呼吸，你的身体，也把注意力放在四周，注意到很多事物正在运行中。

2. 呼吸

将注意力放在你的感受上面，慢慢地吸气、吐气，让你的呼吸流进感受中。

3. 扩展心灵空间

注意你的感受，看看你是不是可以更开放自己，给自己一些空间。

4. 允许

你不需要喜欢这个感受，只要允许它留在那里，感受本身并不会伤害你。

5. 自我慈悲

把一只手放在你身体最紧绷的位置，观察是否能开放自己，拥抱这种紧绷的感觉。

6. 正常化

你感受到的是人类正常的情绪，并不是你有什么不对劲。

（三）观察性自我

观察性自我，也称为"以己为景、纯粹的觉察"；指的是我们可以从想法和感受观察到的"观点"，这些想法和感受的"空间"是可以移动的。我们经由注意到自己正在注意什么，而进入这个"心理空间"；也就是觉察我们的觉察。通俗地说，就是从旁观者的角度观察自己，这样能够不容易或不完全被自己的一些感受、想法和冲动所控制，从而存有一定的心理空间来接纳，联结价值，提升总体的心理韧性。

在体验观察性自我时，它的另一面是"概念化自我"，我们在生活中常常收集到关于"我是谁"的描述，一般由信念、想法、事实、评价、记忆等交织而成，它的特点是，我就是我的想法！例如我很内向胆小，上台发言是不可能的。这一自我观点也是一种认知融合。而观察性自我是从我所在的空间、想法等觉察到任何时刻实际发生的事情，与当下灵活地接触，体验一种安全和稳定的视角。例如我觉察到，我因为害怕发言被嘲笑，我的内在产生了焦虑恐慌的情绪，但实际上我仍坐在教室里，安全的听课。体验观察性自我，可以通过以下方式练习。

自助练习

舞台剧隐喻

想象我们的生活是一场盛大的舞台表演，每天在舞台上上演着形形色色的剧目，每一个剧目都包含了你遭遇的事情，试着看看此刻舞台上的剧目，你的想法和感受是什么，你看到、听到、摸到、闻到的东西，以及所有你可以用身体去做的行为是什么。如果为这个剧目命名，它会是什么，是令人鼓舞的英雄剧目，还是失败的剧目。

此刻，你可以往后退一步，观看舞台上的表演，你可以试着把镜头拉近看看舞台和演出的细节；也可以把镜头拉远看看整个舞台，包括舞台的背景，随意的切换；你可以把舞台上其中一处的事物放在镁光灯下，或者照亮整个舞台，试着感受，舞台永远都在，而你在观察着，此刻的感觉有怎样的变化。无论舞台上发生什么，无论剧目是好是坏，永远在观察，看看自己是否能看到更多的内容。

本章小结

大学是生涯发展的重要阶段，这一阶段我们会在生活中感知到一些新的变化：由"被动"变得"主动"，由"依赖"变得"独立"，由"随性"变得"负责"……这些变化不是自然生成的，而是需要我们真实地参与大学生活，用心地体验人际关系，接纳地看待困难与压力。遇到不如意甚至困境非常正常，生活本身不是"问题"，重要的是理解生活的不确定，学习应对变化。在任何情况下，当我们坚信自我存在的价值，尝试与生活创造新的链接，依照价值观指引进行承诺行动，就能对自己想要的生活方式负责。

书籍推荐

1. 维克多·弗兰克尔《活出生命的意义》

该书被翻译为 24 种语言，作者以其纳粹时期在集中营的经历，向世人展现了他在生命历程中经历的痛苦，以及超越痛苦，将自己的经验与学术结合，开创意义治疗法的过程，替人们找到绝处再生的意义，也留下了人性史上极富光彩的见证。

2. 欧文·亚隆《直视骄阳：征服死亡恐惧》

该书是作者个人直面死亡的经历，他说虽然直面死亡如同直视骄阳一样——那是一件极痛苦又困难的事情。但是如果你想要充分觉知地活着，真正了解人类生存的处境、人生的有限性以及短暂的生命之光，那么请跟随作者的步伐，看他如何以一位普通老者的身份对内心的死亡恐惧进行自我表露和深刻解剖。

3. 卡尔·罗杰斯《论人的成长》

一本经典的人本主义心理学派的著作，作者通过回顾自己个人经历的同时，指出了他认为个人成长的方法和途径；同时，也讨论了自己对于教育性质的认识和展望。

4. 亚里克斯·佩塔克斯《思维的囚徒》

作者师从心理学家维克多·弗兰克尔，尝试将意义疗法更好地应用于工作和生活中。该书提供了一套方法去保持生活和工作的意义，提出了活出生命意义的七大原则，启发读者通过"意义"来对抗焦虑、抑郁和空虚。

5. 克里斯汀·内夫《自我关怀的力量》

有的时候，我们对自己似乎总是很严苛。近乎完美主义倾向，对自己有很多的不接纳。该书通过许多经典研究结果、个人经验、实用练习和幽默故事，帮助大家找到和自己和解的办法，让我们跳出自我批评的怪圈，了解苦难与不完美，关怀自己，爱自己。如果你总是听到要爱自己，但是怎么爱自己，完全没有头绪的话，不妨看看本书。

6. 罗伯特·戴博德《蛤蟆先生去看心理医生》

该书以故事的方式讲述蛤蟆先生通过十次心理咨询，终于找回快乐和自信的全过程。如果你想了解心理咨询，或者对自己缺乏信心，想要寻求改变，通过本书感受心理咨询的温暖，或许能帮助你独立、自信、充满希望地生活。

7. 乔治·卡巴金《正念疗愈力》

你有多久不曾单纯地坐着、单纯地呼吸、打从心底真正地微笑？面对苦乐交融、悲喜交加的人生，生活中每一件事都是正念的开端，也是自我疗愈的开始。正念不是要你正向思考，而是真实体验当下的每一种感受，重新找回平静、自信与充满智慧的自己。

8. 路斯·哈里斯《幸福的陷阱》

该书是作者以接纳承诺疗法（ACT）为视角撰写，向我们揭示：竭力寻找幸福本身就是一个陷阱，我们越回避那些令人不快的想法和情绪，越深陷其中。书中详尽介绍了 ACT 六大基本原则的含义，通过具体案例引导我们体验、体会并思考自己的真实感受，同时陈列很多具体可行的策略与方法，帮助读者理解这些原则。

参考文献

［1］维克多·弗兰克尔：《活出生命的意义》，华夏出版社2010年版。

［2］维克多·弗兰克尔：《追求意义的意志》，中国人民大学出版社2015年版。

［3］路斯·哈里斯：《幸福的陷阱》，机械工业出版社2017年版。

［4］S. C. 海斯、S. 史密斯：《走出苦难，拥抱人生：接受与承诺治疗自助手册》，台湾张老师文化出版社2017年版。

［5］路斯·哈里斯：《ACT一学就上手》，台湾张老师文化出版社2015年版。

［6］亚历克斯·佩塔克斯、伊莱恩·丹顿：《思维的囚徒》，中信出版集团股份有限公司2019年版。

［7］克里斯廷·内夫：《自我关怀的力量》，中信出版社2017年版。

［8］罗洛·梅：《创造的勇气》，中国人民大学出版社2008年版。

［9］德意珍：《存在主义世界的幸福——写给心理治疗师的哲学书》，中国轻工业出版社2012年版。

［10］玛莎·林纳涵：《DBT技巧训练手册》，台湾张老师文化出版社2015年版。

［11］戴维·登伯勒：《集体叙事实践：以叙事的方式回应创伤》，机械工业出版社2015年版。

［12］王平：《大学生心理韧性发展过程及干预研究》，苏州大学出版社2017年版。

［13］林昆辉：《自我伤害防治心理学》，电子工业出版社2015年版。

第八章
生涯规划

每个人都面临三大人生课题：工作、友谊和爱。

——［奥］阿德勒

案　例

小花（化名），女，大三学生，高三填报志愿的时候自己对专业的了解不多，听从了家人的建议选择了建筑设计类的专业，觉得建筑设计类的工作比较好找，学习了两年之后进入设计的大作业阶段，感觉自己对做设计不太有创意，时常熬夜也做不出满意的设计作业，感觉很痛苦。小花在困惑迷茫的同时，开始了生涯探索。她平时也喜欢写文章，初高中的时候作文还获过奖，当初报考专业的时候也考虑过汉语言文学，大一大二的时候曾旁听过人文类的课程，觉得学起来还是有兴趣的，所以考虑申请转专业。

思考：

- 小花在专业选择的时候受了哪些因素的影响？
- 小花在生涯规划过程中做了哪些探索？

....

在和大学生日常和咨询接触中，发现很多学生有一些关于自身学业、专业和职业发展方面的困扰和迷茫。大学生之所以有这样一些生涯迷茫，一方面可能是因为我们在以前的教育中缺乏与生涯规划相关的内容，大家可能对自己喜欢什么，不喜欢什么，擅长什么，愿意做什么以及职业工作世界是怎么样的等信息不太了解，另一方面是因为我们所处的这个大学阶段就是一个需要进行生涯探索的特殊时期。

大学这个阶段是从学生角色向工作者角色转换、为职业发展做充分准备的黄金阶段。在以往成长经历体验的基础上，大学生在专业学习、社团活动、休闲活动、兼职实习等过程中逐步探索自我，了解和专业相关的职业或者自己觉得合适的相关职业，从一种尚不确定的未定向生涯状态出发，逐步实现相对清晰的生涯定向。

通过本章学习，希望读者能够实现以下目标：

- 了解自己所处的生涯规划阶段和任务，理解大学生生涯规划的内容和意义，积极主动进行生涯准备
- 从兴趣、能力、价值观三个方面进行生涯探索和准备，发现自

己的内在需求

- 从专业、职业等方面进行生涯探索和准备，做出有效的生涯决策和行动

第一节 | 生涯准备：掌控职业生涯

生涯辅导专家金树人说，生涯之学，即应变之学。在这样一个急速变迁的时代和分工日益专业化的社会，我们每个个体都需要有能力采取主动的姿态，尝试通过个人的一些积极行动，努力掌控自己的职业生涯。了解自己处在哪个生涯发展阶段，都有哪些生涯发展任务，都有哪些生涯规划的内容和目标，生涯规划对大学生又有什么样的重要意义？

一、理解生涯 ·····

1. 生涯是我们一生中一系列职业和生活角色的组合和变迁

生涯心理学家唐纳德·舒伯（Donald E. Super）指出，生涯是生活里各种事态的连续演进方向，统合了人一生中依序发展的各种职业和生活的角色，由个人对工作的投入而流露出的独特的自我发展形式。它也是人生自青春期到退休之后，一连串有酬或无酬职位的综合，除了职业以外，尚包括任何与工作有关的角色，如学生、受雇者、领退休金者，甚至包括副业、家庭、公民的角色。

生涯的英文单词是 career，字源上来讲是指古代的战车。在西方人的概念里，生涯如同是在马场上驰骋竞技，隐含有探索未知、冒险、克服困难的精神。career 中文被翻译成生涯，因为职业生活是生涯最重要的部分，所以也有人将其翻译成职业生涯。

概要地说，生涯是我们一生中一系列职业和生活角色的组合和变迁。

2. 工作者角色即将是大学生最主要的角色之一

生涯彩虹图反映了我们在人生每个阶段所集中扮演的社会角色。在

这张生涯彩虹图中，大学生从 18 岁到 20 多岁，正处在一个生涯探索的阶段。在这个阶段，主要的角色组合是学生角色、子女角色和休闲者角色。但随着毕业的临近，工作者角色即将登场，这将是我们在退休之前最核心的社会角色。而随着年龄的发展，持家者角色等也会陆续登上我们的生命舞台。

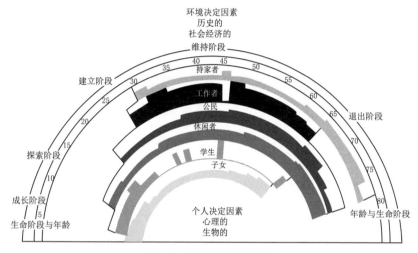

图 8-1　舒伯的生涯彩虹图

工作者的角色即将是大学生最主要的角色之一。从大学毕业或研究生毕业进入职场到 60 岁左右退出职场，工作时间将长达三四十年。在这一阶段，工作将占据我们生活的大部分时间，是人生的重要核心。

3. 工作者角色的意义

工作也能帮助我们获得多重的意义。赫尔（Herr）和克雷默（Cramer）两位心理学家提出了工作可能带给我们的三个方面的意义：首先是物质的满足，工作能提供给我们工资、奖金等经济报酬，我们可以给自己和家人购买生活用品、休闲用品，买车买房等各类心仪的事物，还可以进一步投资，等等。此外，工作并不仅仅是谋生的手段，更重要的是满足了我们的社会需求和心理需求。通过工作和工作的平台，我们在社会分工体系里为社会提供专业服务，为他人和社会创造价值，有职业的价值感和工作的成就感。工作场所也是重要的潜在友谊发展的地方，通过工作的交集可以拓展很多人际的联结。

表 8-1　工作可能达成的三个目的（Herr & Cramer）

经济的	社会的	心理的
物质需求的满足	一个和人们会面的地方	自我肯定
对未来发展的安全感	潜在的友谊	角色认定
可用于投资的流动资产	人群关系	秩序感
休闲活动和自由时间的开支	工作者和家庭的社会地位	可信赖感
购买物品和服务的开支	受人尊重的感觉	胜任感
成功的证据	责任感	自我效能感
	被人需要	投入感

二、理解生涯发展阶段和发展任务 ·········

（一）生涯发展阶段理论

唐纳德·舒伯把人们以职业为核心的生涯历程大致分成具有一定灵活性的五个大的周期：成长期 0—14 岁、探索期 15—24 岁、建立期 25—44 岁、维持期 45—64 岁以及卸任期 65 岁以后。

1. 成长期 0—14 岁

在成长期，生涯发展任务是在家庭或学校生活中，通过与重要他人的认同和交往，逐渐发展自我概念，发展对工作世界的一个正确的态度，开始了解工作的意义。

2. 探索期 15—24 岁

在探索期，生涯发展任务是在学校、休闲活动及实习打工的经验中，进行自我探索、角色探索与职业探索，找到职业偏好，发展一个符合现实的自我概念，学习开创更多的机会。

3. 建立期 25—44 岁

在建立期，生涯发展任务是确立适当的职业领域，逐步建立稳固的地位，寻求专业的扎实与精进。

4. 维持期 45—64 岁

在维持期，生涯发展任务是在职场上需要接受自身条件的限制，面对工作上的新难题，发展新技巧，全力稳固现有的成就与地位。

5. 卸任期 65 岁以后

在卸任期，心身工作状态逐渐走向衰老，从原有工作上退隐后，人们需要发展新的角色，寻求不同的满足方式以弥补退休带来的失落。如发展非职业性质的角色，学习适合于退休人士的运动等。

这五个大的周期是一个可能的参考框架，每个人职业历程肯定都会有波折起伏，存在各种发展形态，尤其是在这样一个高速变化的世界，职业领域连续的线性的发展模式正在被打破。

（二）大学生生涯发展阶段

大学生在经历成长期的基础教育之后，大概都在 18 到 20 多岁这样一个年龄阶段，所以属于生涯的探索阶段的后期。大学生需要完成的生涯探索任务有别于处于生涯探索前期的高中时代。在高中时代，会初步考虑自己的需要、兴趣、能力与机会，有些同学会有暂时性的决定，但这些决定有可能带有青春期特有的幻想色彩，需要在讨论和课业中细加思量，进一步考虑现实可能的职业领域和工作。在大学阶段，需要接受专业训练，更重视现实的考虑，要将一般性的选择转为特定的职业选择。

在职业生涯每一个成长、探索、建立、维持和卸任大周期的阶段中，也存在有类似成长、探索、建立、维持、卸任的迷你小周期。大学生所在的这个生涯探索阶段中，也可以看到它有成长、探索、建立、维持、卸任的迷你小周期存在。大一是适应期，大二是探索期，大三是分化期，大四是定向期。

（三）大学生生涯发展任务

1. 大一：适应期

从高中生活进入大学生活，面临新的环境，新的学习和生活方式，新的人际关系。高中时期的目标可能是选择一所心仪的大学和专业，进入大学之后，可能面临目标缺失或模糊，专业学习和社团活动失去平衡等议题。对于大一新生，需要尽快熟悉、适应新环境、新的学习和生活方式，建立对大学和未来职业的认识；融入新的班级宿舍社团等集体，锻炼自己的沟通能力；明确大学学习新的目标下一步是就业、工作。上大学不仅仅是为了通过考试或获得学位，更是为了培养找到好工作和发展人生必需的技能。在策略上，大家可以向老师和高年级同学请教；有选择性地参加学生会和社团活动；熟悉本专业的培养目标和就业方向；开始接触、进行职业规划、树立职业意识。

2. 大二：探索期

大二学生对环境已经熟悉，有了相对稳定的交际圈子；对大学生活和就业有了自己的看法，但可能对未来依然感到迷茫。因此，在大二需要确定合适的定位，制定能力提升计划，对职业环境和职业进行探索。为了实现这一点，可以全面分析自身特点，明确自己的兴趣和目标，通过职业实践发现自己适合做什么；参加社会活动锻炼自己的组织能力、团队协作精神等。

3. 大三：分化期

开始专注于自己的目标；专业课的学习进入深化阶段；开始反思自己的规划，并进行调整。这一阶段的生涯准备任务是在不断实践中深化对自己的认识，有意识地进行能力、职业素养的提高和经验积累。这一阶段有价值的策略是主动积极地投入学习和生活，学会科学合理地安排时间，多参加与专业和目标职业、职位相关的社会实践，考取相关职业资格证。

4. 大四：定向期

此时要面对抉择；对未来的思考更加现实；但对未来也可能有各种担忧。在这一阶段，需要作出选择，是进企业、考公务员、出国还是考研等，也需要检验自己的职业目标是否明确，前三年的准备是否充分，并尽可能了解就业政策，学习就业相关的技巧和方法。对于大四同学，有用的生涯策略是充分利用各种渠道收集信息，学习各种面试、制作简历的技巧，调整心态，以开朗而积极的心态迎接挑战。

5. 大学阶段是一个进行生涯探索和为生涯做准备的转换期：十大发展任务

心理学家列文森（Levinson）提出成人包含了早期、中期和晚期，而大学生恰好处在成人早期前的转换期。大学阶段是一个进行生涯探索和为生涯做准备的转换期。美国心理学家伊根（Egan）提出处于探索期和转换期的年轻人有十大发展任务：

① 变得更具备能力。

② 达到自主。

③ 发展并实践自己的价值观。

④ 形成自我同一性。

⑤ 将"性"纳为自己生命的一部分。

⑥ 结交朋友并发展亲密关系。

⑦ 爱与许诺。

⑧ 从事初步的工作与生涯选择。

⑨ 成为社区中的好居民和好公民。

⑩ 学习善用休闲时间。

这十大发展任务有几乎一半与生涯准备有关。其中有一个重要的发展任务，就是要形成自我同一性，并有能力进行初步的生涯选择。

（四）职业自我同一性状态

第二章自我意识一章提到了自我同一性的内涵，而职业自我同一性是自我同一性的重要部分。心理学家詹姆斯·玛西亚（James Marcia）在自我同一性基础上提出了可操作性的自我同一性状态。根据探索和承诺的程度高低，把自我同一性分为四种状态：弥散型同一性状态（identity diffusion）、早闭型同一性状态（identity foreclosure）、延缓型同一性状态（identity moratorium）、完成型同一性状态（identity achievement）。

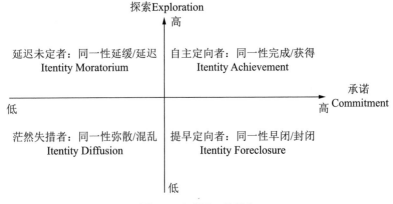

图 8-2 自我同一性状态

心理自测

小测验选取玛西亚编制的自我同一性状态问卷中的职业自我同一性子量表，是关于职业的一些信念、态度和问题处理方式的表述，按你认为符合你自己的程度作答，了解自己可能处于一种什么样的职业自我同一性状态。记分方式是1—6级记分：1是非常不符合，2是比较不符合，3是有点不符合，4是有点符合，5是比较符合，6是非常符合。

1. 我还没有确定我真正想从事的职业，我想待机遇而定。

2. 我本可以考虑许多不同的工作，但自从父母表示了他们的想法之后，我就听从了。

3. 我仍在尝试确定我有什么样的能力以及我将适合什么工作。

4. 经过一段时间探索，现在我已确定了我想从事的职业。

5. 对于我适合什么工作，没做太多考虑，想随遇而安。

6. 我父母为我确定了我应该从事的职业，现在我正按他们的计划行事。

7. 虽然我还没有确定从事什么职业，但我正在探索从事各种职业的可能性。

8. 经过一段时间探索和选择，现在我已确定我的职业发展方向。

得分越高，提示越有可能处于该职业自我同一性状态。其中题目 1、5 测的是弥散型同一性状态，题目 2、6 测的是早闭型同一性状态，题目 3、7 测的是延缓型同一性状态，题目 4、8 测的是完成型同一性状态。

1. 弥散型同一性状态

处于弥散型同一性状态的人就像一个茫然失措者。他不主动寻求形成生涯承诺，没有经历过探索的阶段。对生涯方向或职业目标模糊不定而彷徨迷惑，不知所措，甚至回避。典型的想法是：我对将来应选择何种职业感到困惑无法决定，主要是因为面对抉择经常会感到焦虑，就算是有机会了解自己、认识职业世界，我还是很难确定自己的职业方向。我还不知道以后选择什么职业，我觉得目前也还不需要去想这个问题，等以后再说。

案 例

小龙处于类似弥散型同一性状态。他不喜欢自己的管理专业，理论书看不进去，本来外语比较好，模模糊糊是想学外语专业的，可是在填高考志愿的时候，班主任说管理专业比外语专业好，哥哥学的也是管理专业，所以也就填了管理专业，现在学起来好没劲，高中的时候就想着考个好大学，考上大学就万事大吉了。现在进了几个社团，也交了男朋友，就没去想专业和职业的事情，该上课上课，该约会约会，该参加社团就参加社团，好像有些随波逐流，闲下来的时候有些彷徨和茫然。

2. 早闭型同一性状态

处于早闭型同一性状态的人是提早定向者。他没有经历探索阶段就对生涯方向或职业目标形成定向，接受的是父母或权威人物的希望和要求。典型的想法是：我没有经历过困惑无法决定的阶段，可能照着亲友或师长的期待去发展。

案 例

小王类似一个提早定向者。当初报专业的时候高考成绩很不错，妈妈觉得女孩子学会计比较稳定，好找工作，爸爸开了一个工厂，也希望自己在外面工作两年历练一下回厂里当会计，家人也放心，所以没怎么想其他的就选了会计专业。自己现在学了之后，对会计专业说不上喜欢，也不排斥，上课也能听得懂，想到毕业后的家里给自己做的安排，在正常学习的同时，也会有些怀疑合不合适自己。

---

3. 延缓型同一性状态

处于延缓型同一性状态的人是延迟未定者。他正在探索各种可能的选择，还没形成自己的生涯定向。典型的想法是：我对将来应选择何种职业感到困惑无法决定，主要是因为我对自己以及对职业世界的认识还不够清楚。

案 例

小张说计算机专业是自己填志愿的时候根据自己的分数选择的，高中开始接触编程，对编程有一些感觉，大一上了些公共基础课，对自己的专业选择也有些确认，感觉计算机专业还是有点喜欢的，也喜欢深圳这座城市，这个计算机专业在深圳还是有前景的。也有一些迷茫，看到身边的同学都学得很投入，自己对大学的学习方式和节奏好像不太跟得上，找不到学习状态，也不知道未来是考研、是出国，还是进大厂工作，想想现在的竞争都那么激烈，最近一次自己看重的专业竞赛竟然没有获得名次，对自己的学习能力产生怀疑，感觉对未来发展方向不太能把握。小张可能处于延缓型同一性状态。

4. 完成型同一性状态

处于完成型同一性状态的人是自主定向者。他已经历一段时间的探索，逐渐确定自己的生涯方向或职业目标。典型的想法是：我曾经对将来应选择何种职业感到困惑，但经过一段日子的探索，已肯定未来的职业方向。

在了解了自己处于哪种状态之后，每个大学生最终都需要朝向自我同一性成熟状态去努力。自主定向者的比率也随年级升高而提高，茫然失措者和延迟未定者的比率随年级而降低。

三、理解大学生生涯规划 ·····································

（一）大学生生涯规划的内容

生涯规划指在实践基础上，根据自身的志向、兴趣、能力、价值观、个性等内部条件，结合时代特点、就业形势、职业环境、组织团队等外部因素进行综合分析与权衡，从而逐步确定自己的生涯发展方向、目标及路径，并持续采取有效行动去达成目标的过程。

大学生如何去做职业生涯规划呢？台湾生涯辅导专家林清文提出了大学生生涯发展课题 10 个目标：

① 生涯自主与责任意识；

② 系统性的自我探索；

③ 发展暂定生涯目标；

④ 以暂定目标为主的生涯探索；

⑤ 收集资料的主动性；

⑥ 整合个人特质与教育职业的关联；

⑦ 从环境资源检视暂定生涯目标的可行性；

⑧ 生涯决策技能；

⑨ 形成在学期间的短期阶段目标；

⑩ 增进生涯计划与问题解决能力。

在大学阶段的生涯规划就是我们朝着这 10 个目标进行的所有的努力和准备。围绕大学生生涯发展课题 10 个目标进行的努力和准备就是大学生生涯规划的主要内容。

（二）大学生生涯规划认识误区

大家看到生涯规划，可能对生涯规划会有一些狭隘的认识。在我们正式进行生涯探索和规划之前，有必要澄清生涯规划领域常见的错误认识。

1. 生涯规划不应该简单地等同于找工作

从生涯的定义可以看到，生涯包含多种角色，工作者、持家者、公民、休闲者、学生、子女等角色都是一个人自我概念的具体表现。完整意义上的生涯规划包括工作、学习、休闲、爱和家庭等方面。当然，职业发展是生涯规划的核心内容。所以本章也会聚焦如何为职业做准备。

2. 生涯规划不是闭门造车

它不能仅依赖于个人的偏好和选择，也需要有更宽阔的职业视野，因为生涯选择同样受特定时期就业形势和职业机会的影响。

3. 生涯规划不是一成不变的

心理学家约翰·克朗伯茨（John Krumboltz）在社会学习理论中强调我们所有人都是在社会变迁中不断学习。我们正处于一个教育、经济、社会环境全面急速改变的时代，人的兴趣、能力、价值观也在不断改变。一方面，我们需要扩展能力和兴趣，生涯决定不能仅仅基于现存的特质。另一方面，各行各业的工作内容也不是一成不变的，人必须随时培养职业应变能力。所以我们需要扩展新的学习经验，增加各种和生涯有关的探索活动。

4. 生涯规划不是自己想干什么就干什么

生涯规划需要建立在知己知彼基础上，我们需要把个人的才能和激

图 8-3　事业有成的 TOP 模式

情与组织需求加以结合。

5. 生涯规划也不是他人对你负责的

许多人在思考自己的未来时，往往期待父母、朋友、老师等人来为自己作生涯决定。尤其是在中国传统文化中，年轻人的生涯选择很可能受家庭期待的影响。大学生需要觉察理解个人的需要和家庭的期待，并明白实际上最后需要为我们的生涯选择承担责任的是自己。

（三）生涯规划的意义和价值

生涯规划的意义和价值是让我们围绕着一个目标去引领自己，去组织自己每天的生活。心理学有个概念，叫选择性注意，我们在生涯发展中有了明确的目标，就更容易将所有的能量和资源集中到与目标有关的信息和行动上，远离与目标无关的信息和行动。

金树人曾说：人为自己设下目标，带出希望。所有的行为将会凝聚在这个希望的周围，活出意义来。埃里希·弗洛姆在《生命的展现》一书中提到，我们需要一个献身的目标，以便把力量整合到一个方向，以便超越我们孤独的生存状态，超越此种状态造成的一切疑虑与不安之感，并且满足我们企求生活意义的需要。生涯规划，即是将自己托付于这个目标的一种安身立命。

⊘ 自助练习

生命线

参考杰普森（Jepsen）的下面七个步骤，可加以变化。

步骤一：在一张白纸上，画一条代表随着生命与时俱进的线。在线的最左边是出生的那一刻，最右边留下一段空白延伸到未来。

步骤二：将线依照需要分段，例如：10岁、20岁、30岁等。

步骤三：将每个年龄想做的工作，标示在生命线上，并以1到10给分，表示现在对这职业的了解，并邀请当事人叙说每个职业的故事。

步骤四：在生命线上标示出骄傲的一刻，即生命中的高峰经验。

步骤五：在生命线上标示出低潮的时候。

步骤六：叙说生命的高、低潮经验。

步骤七：联结事件，找出生命经验的关联性。

第二节 自我探索：发现内在需求

上一节我们认识到大学阶段是进行生涯探索和转换的重要时期，尤其是在这个阶段，要对生涯进行足够的准备。这种准备就是大学阶段生涯规划的主要内容。

要做生涯准备，最好从探索自己开始。只有对自己和职业有关的态度、兴趣、能力、性格、价值观等各个方面有一个相对全面的了解，才可以把自己的精力和时间更多聚焦在探索那些和你能力兴趣价值观相对匹配的职业上。兴趣、技能、价值观是进行职业自我探索的三项主要内容。

一、探索兴趣：你有热情的工作领域

职业心理学家约翰·霍兰德（John Holland）说，虽然我做了几十年的研究，但预测个人职业选择最有效的方法却是询问这个人自己想做什么。兴趣是我们从中获得乐趣而做的事情，探索自己的兴趣是一个人寻求未来可能从事职业的一种方法。

（一）探索职业兴趣类型

霍兰德认为，职业选择是人格的一种表现，某一种类型的职业通常会吸引具有相同人格特质的人，这种人格特质反映在职业上就是职业兴趣。

霍兰德把职业兴趣分成六种类型：实际型（R）、研究型（I）、艺术

型（A）、社会型（S）、企业型（E）、常规型（C）。六大类型的第一个字母按照一个固定的顺序排成一个六角形（RIASEC）就是霍兰德的六角形模型。

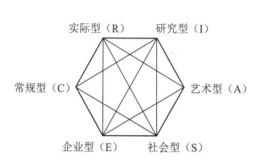

图 8-4　霍兰德的职业兴趣理论——六角型模型

霍兰德认为同一职业群体的人有相似的人格特质，从而产生特定的职业环境。因此，职业环境也可以分成六种类型。

霍兰德强调：个人的职业满意度、职业稳定性与职业成就，取决于个人的人格与工作环境之间的匹配性。

个人的职业兴趣往往是多方面的，大家可能或多或少具备这六种兴趣，只是偏好程度不同。为了比较全面地描绘个人的职业兴趣，通常用最强的三种兴趣的字母代码来表示一个人的兴趣，这个代码称为霍兰德代码。这三个代码的顺序表示兴趣的强弱，第一个代码是主码，大多数人的工作选择可能和第一主码有关。下面的生涯度假计划得到的代码可能就是你的一个霍兰德代码，当然这个霍兰德代码只是供参考。

⟳ **学以致用**

生涯度假计划：运用霍兰德六角形模型探索自己的职业兴趣

假设你有 7 天假期，打算前往马尔代夫附近一个新开发的岛屿群度假。旅行社的经理向你介绍这个旅游点：这是我们和当地合作开发的新路线，一共有六个不同风情的岛屿，各有特色。

第一个岛屿的代号是 A，岛上充满了小型的美术馆和音乐馆，当地的居民保留了传统的舞蹈、音乐与绘画。许多文艺界的朋友都喜欢来这里寻找灵感。

第二个岛屿的代号是 S，岛上发展出一套别具特色的教育方式，小区自成一个服务的网络，互助合作。岛上的居民个性温和，十分友善，且乐于助人。

第三个岛屿的代号是 E，岛民豪爽热情，善于岛际贸易，到处是高级旅馆、乡村俱乐部、高尔夫球场，熙熙攘攘，十分热闹。来往者以企业家、政治家、律师居多。

第四个岛屿的代号是 C，十分现代化，已有先进的都市形态，以完善的户政管理、地政管理、金融管理见长。岛民个性冷静保守，处事有条不紊。

第五个岛屿的代号是 R，岛上保留有热带的原始植物林，也有相当规模的动物园、植物园、水族馆。岛上的居民以手工见长，自己种植菜蔬，修缮房舍，打造器物，制造器械。

第六个岛屿的代号是 I，本岛与其他岛屿距离较远。由于地理位置的关系，容易夜观星象，也有助于思考。整座岛屿布满天文馆、科学博物馆以及与学术有关的图书馆。岛上的居民喜欢沉思，很喜欢与来自各地的哲学家、科学家、心理学家等交换心得。

了解了六座岛屿的性质后，你觉得在哪些岛上度假最自在？扣除来回飞行共一天，你选择在三个岛上各停留几天？

我最想去的是：＿＿＿岛＿＿＿天

其次是：＿＿＿岛＿＿＿天

然后是：＿＿＿岛＿＿＿天

请同学把自己最想去的三个岛屿的代码按顺序记在纸上。

··

我们一起带着自己的生涯度假计划来了解每种类型的具体内容。

1. 实际型

喜爱具体明确、需要动手操作的工作环境。他们通常情绪稳定、忍耐力强，给人的印象是诚实、谦和、节俭、脚踏实地。喜欢用实际行动代替言语表达，重视现在胜于重视未来。对于操作机械、修理仪器等需要技术、体力的活动表现出浓厚的兴趣。喜欢从事机械、电子、建筑、农事等方面的工作，较不喜欢需要社交、与人接触的活动。

工作环境：较多运用到身体的实际操作。通常需要运用一些特殊的技术，以进行机器的修理、电子器材的维护、汽车的驾驶或动物的畜养等。在这些工作环境中，处理与物接触的问题比处理人际问题还重要。实际型的工作环境比其他的环境容易造成生理伤害或意外事件，例如高楼建筑工地、管线装设、户外油漆等。

2. 研究型

擅长运用心智能力去观察、分析、推理，喜欢与符号、概念、文字、抽象思考有关的活动。他们个性独立、温和、谨慎、保守、内向，头脑聪明，思考理性、有逻辑。在工作上，表现出优异的科学能力，能提出新的想法和策略。喜欢从事物理、化学、生物、医药、程序设计等需要动脑的研究工作，较不喜欢领导、竞争等需要企业能力的工作。

工作环境：通常需要运用复杂抽象的思考能力。在这些工作环境的人常常采用数学或科学的知识，寻求问题的解决。例如：计算机程序设计师、医师、数学家、生物学家等。在大型企业，研究发展部门也属于这类工作场所。这类环境不太需要处理复杂的人际关系，大多数情况下，必须独立解决工作上的问题。

3. 艺术型

喜欢自由自在、富有创意的工作环境。他们喜欢借助文字、声音、动作或色彩来表达内心想法和对美的感受。个性热情、冲动，有丰富的想象力和创造力。在工作上，乐于独立思考、创作，不喜欢受人支配。他们对美的事物有敏锐的直觉，喜欢从事音乐、文学戏剧、舞蹈、美术等艺术气息浓厚的工作，较不喜欢从事文书处理等方面的传统性工作。

工作环境：非常鼓励创意以及个人的表现能力。这个类型的环境提供开发新产品与创造性解答的自由空间。例如：艺术设计师、建筑设计师、景观设计师、歌唱者、服装设计师、作家、画家等。这些人可以无拘无束地创作，没有上、下班时间的束缚，来去自如。工作环境鼓励感性与情绪的充分表达，不要求逻辑形式，经常使用到的工具也是为了传达内心的情绪或创意，如琴棋书画等。

4. 社会型

喜欢从事与人接触的活动。他们个性温暖、友善，乐于助人，容易与人相处。对人慷慨仁慈，喜欢倾听和关心别人，能敏锐察觉别人的感受，在团体中，乐于与人合作，有责任感，喜欢和大家一起完成工作，不爱竞争。他们关心人胜于关心与物接触，喜欢从事教师、辅导、护理等与帮助他人有关的工作，不太喜欢从事需要技术、体力等机械操作方面的工作。

工作环境：鼓励人和人之间的和谐相待、互相帮助、和睦相处。工作场所中充满了有教无类的经验指导与交流、心理的沟通等。例如：各级学校的教师、婚姻咨询师、咨询心理学家等。社会型的工作氛围强调人类的核心价值，如理想、仁慈、友善和慷慨等。

5. 企业型

喜爱冒险、竞争，通常精力充沛、生活紧凑，个性积极、有冲劲。他们的社交能力强，是沟通协调的高手。在工作上表现出强烈的野心，希望拥有权力、受人注意并成为团体中的领导者。做事有组织、有计划，喜欢立刻采取行动，领导人们达成工作目标赚取利益。喜欢销售、管理、法律、政治方面的活动，不喜欢花太多时间做科学研究。

工作环境：经常管理与鼓舞其他的人，力图达成组织或个人的目标，工作场所中充满了权力、金融或经济的议题，甚至为了达成预期的绩效，不惜冒点风险。例如：企业经营、保险业务、政治活动、证券市场、公关部门、营销部门、房地产销售等等。企业型的工作氛围重视升迁、绩效、权力、说服力与推销能力；非常强调自信、社交手腕与当机立断。

6. 常规型

个性保守谨慎，注意细节，有责任感。做事按部就班、精打细算、清清楚楚。他们喜欢安定，奉公守法，不喜欢改变、创新和冒险。在工作上，表现出有秩序、做事仔细有效率，尽本分、值得信赖。他们喜欢在别人的领导下工作，乐于配合和服从。喜欢从事会计、秘书、银行等文书数据处理方面的工作，较不喜欢从事艺术活动。

工作环境：注重组织与规划。大多数传统型的工作场所包括办公室的基本工作，如档案管理、数据记录、进度管控等。此外，也需要运用到数字与人事行政的能力，典型部门包括秘书处、人事部门、会计部门、总务部门等。

（二）探索双极维度

金树人等人在实证研究基础上提出改良的六角形模型的潜在二元维度图。从改良的六角形模型的双极维度图，可以看到兴趣结构下潜藏着两个双极维度：一个维度为事务处理与心智思考，另一个维度为与物接触和与人接触。趋近于 Y 轴"与物接触"这一端的兴趣类型，是实际型 R 和研究型 I，"与人接触"这一端的兴趣类型是企业型 E 和社会型 S，趋近于 X 轴"事务处理"这一端的是常规型 C，"心智思考"这一端的是艺术型 A。

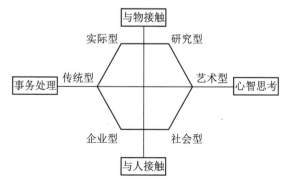

图 8-5 改良的六角形模型的双极维度图

图片来源：金树人：《生涯咨询与辅导》。

🖊 学以致用

　　大家可以通过生涯憧憬和最愉快的经验这两个练习，运用改良的六角型模型的双极维度，进一步探索自己的职业兴趣。

　　1. 生涯憧憬练习

　　请列举三种你非常向往的职业，请回答以下几个问题：这些工作中的哪些特征吸引着你？

　　就这三个职业的性质来看，可以将它们放在"心智思考"与"事务处理"之间的哪个位置？请尽可能在下面的线条中标出适当的位置：

事务处理 ——————————————————— 心智思考
　　　　　5　4　3　2　1　0　1　2　3　4　5

　　请再想想，这三个职业较偏于"与人接触"，还是较偏于"与物接触"？

与人接触 ——————————————————— 与物接触
　　　　　5　4　3　2　1　0　1　2　3　4　5

　　2. 最愉快的经验练习

　　在完成生涯憧憬探索后，我们再来想想自己最愉快的经验。

　　请思考并在纸上回答：就我最愉快的经验来看，是什么令我感到快乐满足？

　　如果将它们放在"心智思考"与"事务处理"这一维度上，请尽可能在下面的线条中标出适当的位置：

事务处理 ——————————————————— 心智思考
　　　　　5　4　3　2　1　0　1　2　3　4　5

　　请再想想，这些愉快的事情较偏于"与人接触"，还是较偏于"与物接触"？

与人接触 ——————————————————— 与物接触
　　　　　5　4　3　2　1　0　1　2　3　4　5

通过关于职业兴趣类型练习和思考，大家对自己的职业兴趣有了进一步了解，对自己的霍兰德代码尤其是第一主码会有一个初步的探索。当然，我们也需要知道，因为由于迎合社会期望或缺乏自我认识等原因，有些同学一开始可能不容易准确判断自己的兴趣类型，大家也可以和职业心理咨询师讨论，来做进一步确认。

资深职业生涯培训老师钟谷兰特别提醒大家，我们做兴趣练习或课后去做兴趣测试的目的是帮助同学增进对自我及工作世界的认识，这些结果只是生涯探索和生涯定位的参考依据之一，请大家不要简单局限于测试结果建议的职业，也不要简单地用某些兴趣类型来限定自己。

甚至有些人会发现，自己的职业兴趣似乎和所学的专业并不一致，例如主要兴趣为艺术型的同学却在学计算机这种常常与研究型或实际型有关的专业。职业兴趣与所学专业不一致有可能导致专业抗拒。本书第三章第二节对如何应对专业抗拒提供了具体建议。

另外，我们的职业兴趣往往是三种倾向的结合，在主兴趣和专业不一致的情况下，依然会有两个重要的辅助兴趣。

最后，在同一个专业中，不同职业兴趣的同学可以在该领域发展更符合自己兴趣的职业方向。例如，同为计算机专业，研究型的同学可能会走向学术研究的职业路径，常规型的同学会倾向于应用计算机管理系统，实际型的同学可能对计算机硬件更感兴趣，社会型的同学可能考虑做信息科学老师，企业型的同学可能更向往在该领域自主创业，而艺术型的同学可能倾向于游戏开发等。

总之，职业兴趣的探索不是自我限定，而是启发自我创造。

二、探索能力：找到你的优势

英国小说家和政论家约拿珊·斯威夫特（Jonathan Swift）说，尽管我们常常谴责人类不了解自己的缺点，但恐怕也很少有人了解自己的长处。就像在泥土中埋藏着一罐金子，土地的主人却不知道一样。很多来访学生会说，我自信不够，我不敢和别人打交道，我在这方面或者那方面的能力不足等。大家对自己缺乏"能力"的判断，也许是因为将能力等同于某种技能，而缺乏对能力的全面了解。我们需要通过了解能力或技能的分类来了解自己所拥有的，以及愿意在职业中使用的技能，了解想要从事的职业需要的技能，形成自己的技能组合，发掘自己独特的优势。

求职宝典《你的降落伞是什么颜色》的作者理查德·鲍里斯（Richard Bolles）把技能分成三类：知识技能、自我管理技能、可迁移技能。这三种技能都非常重要，尤其是自我管理技能和可迁移技能。

很多时候，我们往往忽略了自我管理技能和可迁移技能，只会想到自己具有的知识技能，但实际上雇佣双方对工作能力的优先排序有差别。有调查表明雇主对就业力的看重程度前五名是：良好的工作态度、稳定度及抗压性、表达与沟通能力、专业知识与技术、发掘与解决问题的能力；而年轻大学毕业生对就业力的看重程度前五名排序是：专业知识与技术、表达与沟通能力、外语能力、良好的工作态度和稳定度及抗压性。

因此，大家在提升自己自身的知识技能之外，还需要重视自我管理技能和可迁移技能的发掘和培养。

以下是三种技能的具体内容。

（一）知识技能

知识技能，指那些需要通过教育或培训才能获得的特别的知识或能力，也就是个人所学习的科目，所懂得的知识。一般都是用名词来表示。比方说，你是否掌握外语、会计、物理等知识。

我们可以有多种方式来获得并积累知识技能。比方说，有同学对自己的专业不感兴趣，又无法转读自己喜欢的专业，现实的考虑可能选修自己感兴趣的专业课程，有精力的学生可以辅修乃至双专业，也有修双专业的同学选择通过延迟毕业给自己相对充沛的时间完成双专业的学习，还有社团、课外培训、专业会议、讲座、自学、兼职、实习、志愿者工作、休闲娱乐、家庭生活等非常多的方式都可以帮助我们获得知识技能。

案　例

　　小魏不喜欢自己的物理专业，上大学后修了大学计算机课程后，发现对编程感兴趣，所以通过选修、旁听很多计算机类的课程来获得计算机的知识技能，还参加计算机编程的社团，找到这样一个专业平台，社团提供很多培训，也会有很多交流，还有兼职对接企业的项目，通过这样各种方式的学习，小魏毕业后也找到了和计算机编程有关的工作。

（二）自我管理技能

　　自我管理技能经常被看作个性品质而非技能，因为它们被用来描述或说明人具有的某些特质。它通常是形容词，涉及我们在不同的环境下如何管理自己。比方说，你如何对待时间和日程安排，能做到守时和高效吗？你处理人际关系的态度能否是平等的、合作的、真诚的？你对待社团部长交代的事情，是认真负责的还是敷衍了事的。你如何处理自我的冲动？你是自我驱动还是被动反应的？你能否在压力下保持镇定和冷静等。良好的自我管理技能能够帮助个体更好地适应周围的环境，应对学习和工作中出现的问题。因此亦被称为适应性技能。

　　大家可以参考自我管理技能词汇表，从中找到已经拥有的自我管理技能，也可以圈出自己希望提高的技能。

表 8-2　自我管理技能词汇表

诚实	正直	自信	开朗	合作	耐心	细致	慎重	认真	负责
可靠	灵活	幽默	友好	真诚	热情	投入	高效	冷静	严谨
踏实	积极	主动	豪爽	勇敢	忠诚	直爽	现实	执著	机灵
感性	善良	大度	坚强	随和	聪明	稳重	热情	乐观	朴实
渊博	机智	敏捷	活泼	灵活	敏锐	公正	宽容	勤奋	镇定
坦率	慷慨	清晰	明智	坚定	亲切	好奇	果断	独立	成熟
谦虚	理性	周详	客观	平和	有创意	有激情	有远见	有抱负	有条理
想象力丰富		善于观察		坚忍不拔		足智多谋		精力旺盛	
头脑开放		多才多艺		彬彬有礼		善解人意		吃苦耐劳	

◎ 学以致用

　　大家也可以进行下面两个练习，进一步了解自己的自我管理技能。

　　练习一：我愿意与什么样的人共事

　　请列出你愿意与之共事的人的特质，并和你的朋友们一起讨论，看看大家最重视的特质都有哪些？

　　请思考：你是这样的人吗？你通常以什么样的态度从事工作或学习？你是怎样与人交往的？根据你对自己的了解，试着写下用来描述自己的形容词。

　　练习二：他人眼中的我

　　通过他人对自己的反馈了解自己是一个很好的方式。向你身边的亲朋好友询问一下：如果让他们用三到五个词来形容一下你，他们会说什么？你可以通过面谈、打电话、发短信或电子邮件等多种方式来完成这个练习。请询问至少 10 个以上的人。

　　得到他人的反馈之后，看看他们对你的描述中，有哪些是你知道的，有哪些是你以前没有想到的。他们所说的符合你对自己的评价么？哪些方面是你的长处？哪些地方你需要改进？

　　通过这些练习，相信大家对于自己已经拥有的自我管理技能会有更清晰的认识。

（三）可迁移技能

　　可迁移技能就是一个人会做的事，也被称为"通用技能"。比如说自我激励、教学、组织、说服、设计、安装、搜索、决策、维修、沟通、问题解决、分析和逻辑思维能力等，它们可以从生活中的方方面面，特别是工作之外得到发展，却可以迁移应用于不同的工作。可迁移技能可分成人际能力、研究分析能力、管理监督领导能力、问题解决开发能力、财务能力等各种能力。鲍里斯将可迁移能力分成更简单的三类：信息处理能力、人际能力、事务处理能力。图 8-6 举例提到一些具体的三类能力。我们从这个分类可以得到的启发是：每一类能力都有简单技能，也有更高更复杂的技能，所以它们组成一个倒金字塔，简单能力在底部，更复杂的技能依次向上。技能越简单，通常越被人支配，如果我们只掌握简单的技能，可能需要接受主管的指导，做主管让你做的事情。你的能力越高，你越可以听从自己的指挥。可迁移的技能越高，可能找工作面临的竞争也会越少。

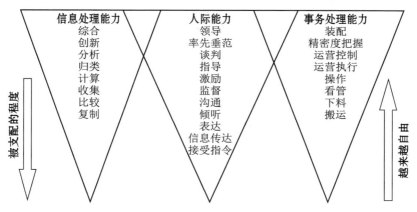

图 8-6　你的可迁移技能有哪些

图片来源：鲍里斯：《你的降落伞是什么颜色》。

⊘ 学以致用

　　学习了技能这部分内容之后，大家可以做一个成就故事盘点的练习。这个练习对梳理自己的各类能力很有帮助，你可能会有惊喜，做完练习后更加自信和有成就感。同时，这个成就故事的表述方式也是你各类面试里可能会运用到的。

　　成就故事练习：请回顾在过去生活中，给你带来成就感的具体事情是什么？看看你在其中使用了哪些技能（尤其是可迁移技能）。这些成就故事不一定是工作或学习上的，也可以是课外活动或家庭生活中发生的，比如一次美好而难忘的旅游。

　　它们不必是惊天动地的大事，只要符合以下两条标准，就可以被视为"成就"：

1. 你喜欢做这件事体验到的感受；

2. 你为完成它所带来的结果感到自豪。

在撰写成就故事时，每一个故事都应当包含以下要素：

1. 你想达到的目标，即需要完成的事情。

2. 你面临的障碍、限制或困难。

3. 你的具体行动步骤，即你是如何一步步克服障碍、达成目标的。

4. 对结果的描述，即你取得了什么成就。最好能够量化评估，用某种方法衡量或以数据说明。

至少写出七个故事（越多越好）。如果有条件的话，请和两三个同伴一起逐一分析讨论，在其中你都使用了一些什么样的技能。最后看看在这些事中是否有重复出现的技能，它们就是你喜爱施展也擅长的技能。将这些技能按优先次序加以排列。

通过练习，大家可能会发现在个人成长经历中，已经掌握很多技能，越来越了解自己擅长的能力并且也愿意使用这个能力，同时也可以对自己的技能进行组合。比方说，细致的归类办公保密文档，耐心的教学足球课程，有创意的设计住宅建筑等，这个技能组合可能会和什么样的职业方向有关？也可以思考，在你想从事的职业中，有哪些技能是你擅长并且愿意使用的？有哪些技能需要进一步准备和提升的？

三、探索职业价值观：发掘你看重的职业价值

在生命意义的章节中，已经探索了在各个领域自己看重的价值观。职业价值观是我们在工作中看重的原则，是工作的动力，也是自我激励机制。对自己重视的职业价值观越清楚，我们的生涯发展目标也会越清晰。

自助练习

探索自己的价值观

请回顾这个学期的学习和生活，有哪些事情或经验让你印象深刻？请简要写下来？而这些事情为什么如此让你印象深刻？它是不是具有某种特殊的意义？例如：学到新的东西、帮助别人、有成就感……

第一件事情：＿＿＿＿＿＿＿＿，这件事令我印象深刻，是因为＿＿＿＿＿＿＿＿，这件事对自己的意义＿＿＿＿＿＿＿＿。

接着再写第二件事情：……

第三件事情：……

从这些事情的记忆中，我发现我很在乎和重视＿＿＿＿＿＿＿。

通过这个练习，对自己在生活中重视的价值观有没有一定的理解？

学以致用

下列15项价值观是大家选择工作时可能会持有的价值观，反映了工作的目的和价值。在这些工作的目的和价值中，你最看重的是什么？请大家选出五项你认为最重要的职业价值，并排出优先顺序，并和朋友分享讨论你的职业价值观。

表8-3 一般人选择工作的价值观

职业价值内涵	职业价值
在于提供机会让个人为社会的福利尽一份心力，为大众谋福利	利他主义
在于致力于使这个世界更美好，增加艺术的气氛	美的追求
在于能让个人发明新事物，设计新产品，发展新观念	创造发明
在于提供独立思考，学习与分析事理的机会	智性激发
在于允许个人以自己的方式或步调来进行，不受太多限制	独立自主
在于看到自己努力工作的具体成果，因此获得精神上的满足	成就满足
在于提高个人身份或名望，受到他人的推崇和尊重	声望地位

（续表）

职业价值内涵	职业价值
在于赋予个人权力来策划工作、分配工作且管理属下	管理权力
在于获得优厚的报酬收入，使个人有能力购置想要的东西	经济报酬
在于提供安定生活的保障，即使经济不景气，也不受影响	安全稳定
在于有一个不冷、不热、不吵、不脏的舒适的工作环境	工作环境
在于与主管平等且融洽相处，获得赏识	上司关系
在于与志同道合的伙伴一起愉快地工作	同事关系
在于多彩多姿，富有变化，能尝试不同的工作内容	多样变化
在于选择自己的生活方式，并实现自己的理想	生活方式

这一节从兴趣、能力、生涯价值观三个部分进行了自我探索，大家可以在此基础上继续探索。同时，需要注意的是，兴趣、能力和价值观是生涯探索的不同方面，随着在各个方面的探索逐渐完善，将自己喜欢做什么，擅长做什么以及重视的价值是什么加以整合，在此基础上逐步形成想去探索的专业或者职业。

自助练习

生涯五问

你最崇拜（敬佩）的人是谁？他对你产生了什么影响？

你最像他的是什么地方？最不像他的是什么地方？

你最喜欢看哪种杂志、哪几类电视节目、哪几类网站和微信公众号？

这些杂志、电视节目、网站和微信公众号中的哪些部分吸引着你？

你最喜欢的课程是什么？为什么喜欢它们？

请思考：你的答案里有什么共同点吗？是否可以归纳为什么主题或者关键词？

　　这些主题或关键词可能和霍兰德的哪些类型相对应？你是否愿意选择某些主题成为你今后的职业生活中的主题，你如何能够让这些主题在你今后的职业生活中得到更充分的彰显？

第三节　职业探索：促进生涯适应

　　美国职业心理学家马克·萨维卡斯（Mark Savickas）提出了职业生涯适应性这个概念。职业生涯适应性是处理目前的和预期的职业生涯任务的准备度，萨维卡斯认为具有生涯适应性的个体有以下 4C 特征：生涯关注：关注自身的职业前景（Concern）；生涯掌控：对未来有更多的掌控（Control）；生涯好奇：追求未来时的求知欲（Curiosity）；生涯自信：实现理想的强烈信心（Confidence）。

　　希望大家在学习的过程中，通过不断探索，逐步完善生涯适应的 4C 特征，这也是贯穿本章的核心教学目标。第三节主要涉及如何关注专业职业探索：促进生涯适应，对在生涯准备过程中产生的各种生涯决策议题，需要学习计划型决策，进行有效的生涯决策，当有了合理的生涯决策后，还需要进一步采取行动，把目标真正转为有效行动。

一、职场探索：关注专业和职业前景

（一）探索专业可能的出路

　　通过前面的自我探索，拓宽了大家的职业视野，也可能初步有了想选择的几个职业。

　　理想的是就读的专业和自己想选择的职业尽可能重合，但现实的情况很有可能的是两者之间部分重合，重合的部分固然重要，但对于没有重合的部分，可以通过发展适应的和弹性的心态来对待与调整。

　　有的同学可能对专业有所排斥，感觉自己学的专业和想要从事的职业是背离的，在这种情况下能有合适的机会转专业当然是一种选择。但也有同学因为各种原因没有合适的机会转到自己想要学的专业，这时也可以自己创造各种教育或培训的机会来学习自己想要学的专业内容，就像第二节里提到的小魏。而且有些组织可能更看重求职者的可迁移能力和自我管理能力，因为很多职位是不限专业的，或者入职后的岗前培训时也会提供专业内容。

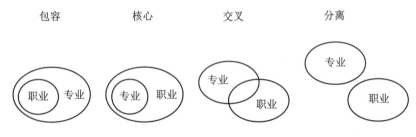

图 8-7　专业和职业的关系

　　同样的专业，可能存在多种方向或出路。以应用心理专业为例，可以选择在各级学校当心理辅导老师，也可以选择在街道做社工，或者在咨询机构做心理咨询师，以及选择其他工作类别，就像在第二讲介绍霍兰德职业兴趣理论时提到的，同样的专业，可能的方向会有很多种，不同职业兴趣、职业能力或职业价值观都有可能在其中得以实现。所以，无论现实情况是哪一种，从自身所学的专业出发，了解你的专业可能的出路，是在考虑其他选择之前必行的一步。

（二）探索现实工作世界

1. 运用工作世界生态模型

　　当完成了自我探索和专业可能的出路探索之后，还需要进一步去了解现实的工作世界是什么样的，自己想要追求的职业世界是怎样的。根据工作世界生态模型，你需要考虑在现在这个社会和时代，心仪的城市是在哪里或工作环境是什么样的；可能需要关注了解当地的经济发展形势、经济的主要类型、人文环境、气候条件和其他情况；从事的行业、职业的待遇报酬、发展机会是什么样的；人才供需状况又是什么样的。人才聚集一方面是优势，促进交流，促进你更快地成长，另一方面也可能意味着竞争激烈。

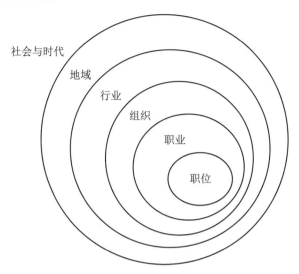

图 8-8 工作世界生态模型

2. 运用 PLACE 方法评估职业

对具体职业，可以用 PLACE 方法评估职业的各个层面或工作性质是否符合你的需要，或者你的各方面条件是否符合该职业的需要。

P：指职位或职务（Position），包括该职位的经常性任务、需担负的责任、工作层次等。

L：指工作地点（Location），包括地理位置、环境状况、室内或户外、都市或乡村、工作地点的变化、安全性等。

A：指升迁状况（Advancement），包括工作的升迁渠道、升迁速度、工作稳定性、工作保障等。

C：指雇佣情形（Condition of employment），包括薪水、福利进修机会、工作时间、休假情形及特殊雇用规定等。

E：指雇佣条件（Entry requirements），包括所需的教育程度、执照、训练、经验、能力、人格特质等。

以某一项吸引你的职业，试着评估该项职业的各个层面。这里以专职心理咨询师为例：

P 职位：为学生提供个体和团体心理咨询，策划和组织心理健康宣教工作，参与心理危机干预工作等；

L 工作地点：某某城市某某校区；

A 升迁情况：按学校专业技术岗升迁，年度考核合格可以留任，每年至少有一次培训机会；

C 雇佣情形：薪酬依据学校聘任制薪酬体系，享有国家公共假期和学校寒暑假；

E 雇佣条件：35 周岁以下；本科和硕士皆为心理学相关专业（应用心理学、临床心理学和心理健康教育专业优先）；三年以上高校心理健康或医疗机构心理科相关工作经验，且具备中级及以上职称；具有心理危机干预经验；具有心理咨询或心理治疗相关专业资格证书。

3. 搜索职业信息的途径

如果你不清楚职业的这些层面，就需要投入更多心力，从多元渠道搜索和辨别职业信息。搜集职业信息有价值的渠道和方法有很多种，包括互联网、出版物、人才招聘会、行业展览会、专业协会、生涯人物访谈、实际接触等，这里重点讨论以下三种途径：

（1）**互联网**：如微信公众号、官网，比方说经济学院的学生想了解金融行业，可以关注中国银行、招商银行等银行的微信公众号或官网，想从事教师行业的学生可以关注各类学校的微信公众号或官网，还有学校就业指导中心的微信公众号或官网也有很多职业信息。这是互联网时代比较重要的一个搜寻职业信息的途径。

（2）**实际接触感兴趣的职业**：包括参观访问、体验、兼职、实习等。例如一名去宾夕法尼亚大学留学金融学研究生，已经有了大学四年的专业探索和积累，所以研一就开始写简历，申请到联合国实习和国际 NGO 组织实习等。

（3）**生涯人物访谈**：对感兴趣的行业或职业的多位工作者作深入交流以获取职业信息，又称为寻找职场贵人。职场贵人包括家人、亲戚朋友、毕业的师兄师姐、专业老师、活动嘉宾、实习领导和同事等。大部分人愿意帮助大学生认识各种工作的特点，所以，不妨大胆询问，最后也不要忘记感谢接受访谈的生涯人物，最好在访谈结束当天发一份电子邮件或手机短信或微信表示谢意。

学以致用

对自己感兴趣的具体职业寻找合适的生涯人物进行访谈，下面是生涯人物访谈参考提纲：

在这个工作岗位上，每天都做些什么？

你是如何找到这份工作的？

你是如何看待该领域工作将来的变化趋势的？

你的工作是如何为实现组织的总体目标或使命贡献力量的？

你所在领域有"职业生涯道路"吗？

本职业需要什么样的人？

到本领域工作需要的基本前提是什么？

就你的工作而言，你最喜欢什么，最不喜欢什么？什么样的初级工作最有益于学到尽可能多的知识？

本领域初级职位和略高级别职位的薪水是多少？

工作中采取行动和解决问题的自由度如何？

本领域有发展机会吗？

本工作的哪部分让你最满意，哪部分最有挑战性？

什么样的个人品质或能力对本工作的成功来讲是最重要的？

你认为将来本工作领域潜在的不利因素是什么？

依你所见，你在本领域工作遇到了什么样的问题？

对于一个即将进入该工作领域的人，你愿意提出特别建议吗？

本工作需要什么样的教育或培训背景？

公司对刚进入该工作领域的员工提供哪些培训？

还有哪些方法能帮助我深入了解该工作领域？

你的熟人中有谁能做我下次采访的对象吗？当我打电话给他的时候，可以说你的名字吗？

根据你对我的教育背景、技能和工作经验的了解，你认为我在做出最终决定之前还应在哪个领域、什么样的工作上进行深入的调查研究吗？

我还能和其他哪位业内人士谈一谈吗？

二、理性决策：学习 CASVE 循环模型

在进行生涯准备的时候，我们经常遇到需要做生涯决策的时刻。大一的时候，可能要在学院里进一步选择具体的专业方向，可能需要就选择参加什么社团等议题做出决策；大二的时候，可能需要对要不要辅修或修双学位，留不留任社团，要不要兼职等做出决策；大三可能要对升学、就业等发展路径做出决策，大四可能对具体单位和职业、工作地点等做出决策。所以，小到一个课程的选择和决策，大到就业方向和职业的选择和决策，都是我们所有人会面临的决策情境。

（一）理解自己的决策风格类型

不同的决策方式可能带来不同的结果，有些决策方式或决策风格对我们有利，有些决策风格可能容易产生无效甚至有害的决定。

1. **拖延型**：不断拖延要做的决策。比方说，有的同学会说我还没准备好工作，打算先考研，工作到时再说。那读完研也需要面临找工作的议题。

2. **宿命型**：这种决策风格就像是听天由命，会把原本属于自己掌控的权利交给外界环境或命运，容易感觉自己是无力无助的。

3. **顺从型**：听从权威人物的决定，容易从众，不喜欢独立做决定。在这种情况下，虽然我们顺从了别人的决定，但最终承受这个生涯决定的人却是自己。

4. **瘫痪型**：完全逃避做决定。而不做决定也是一种决定。

5. **直觉型**：有些人凭直觉感受就做出决定，直觉型决策在某些缺乏信息的情况下可能有效，但有时也会因先入为主而产生偏差。

6. **犹豫型**：经常拿不定主意。

7. **冲动型**：和犹豫型是刚好相反的决策风格。冲动型经常只在 0 与 1 之间做选择，不太考虑中间的其他可能，做出的决策风险可能会比较大。

8. **计划型决策**：以上决策风格的背后是对事物不确定性的焦虑，以及害怕承担决策的后果。在做相对重要的生涯决策的时候，我们需要尽可能考虑决策所涉及的各方面的因素，做出成熟的决策，这种风格也被称为"计划型决策"。

计划型决策由沟通、分析、综合、评估、执行五个步骤组成，英文缩写是 CASVE。沟通是识别问题的存在，分析是考虑各种可能性，综合是形成选项，评估是对选项排列次序，执行是采取行动解决问题。

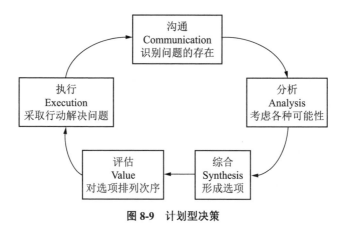

图 8-9　计划型决策

（1）沟通

沟通阶段是知道我要做一个选择的阶段，在这个阶段，我们接收到一些信息，可能通过内部的或外部的途径传达给我们。外在的信息，比方说收到辅导员让你确定专业的通知，家人询问你关于专业选择的计划，室友好像已经选择好了具体的专业方向等。内在的信息可能是和决策有关的焦虑情绪，还可能有身体信号如头痛之类的内在感觉。在这个阶段，我们从认知和情感上充分接触问题，会意识到我需要做出一个有效的选择，就可能探究问题，此时就进入分析阶段。

（2）分析

在分析阶段，我们需要花时间和精力去思考、观察、琢磨，对自己的专业兴趣、技能、价值观要有更多的了解，对具体专业的可能出路和职业也需要做一些考察，对自我以及与职业有关的认识和关联也需要梳理和澄清，同时要对自己的决策风格保持觉察，不要因为紧张焦虑而采取无效的决策，如冲动型的决策方式。我们可能需要问自己一些问题：解决这个问题，需要了解自己以及环境的哪些方面？需要做些什么来解决这个问题？我是什么原因有这样的感受？选择的压力来自哪里？

（3）综合

综合阶段是对分析阶段的结果进行综合，加工处理。综合阶段的基本问题是我能够做些什么来解决问题，这是一个扩大及缩小我的选择清单的阶段。先是扩大，尽可能扩展解决问题的备选清单，然后筛选缩小，把选择清单缩小到一般几个选项。

（4）评估

这个阶段评估哪个选项是最符合自己需要的。在这个阶段我们有时也需要考虑重要他人的看法，比方说有可能家人会反对自己的职业选择，自己因此而陷入犹豫和纠结。在这种情况下，我们需要与家人采用非暴力沟通方式进行沟通，家人的观点也许是有价值的，尝试和家人达成共识，但要记住，最终我们自己才是那个需要为自己的生涯选择负责任的人。要选择相对满意的选项，并在情感上付诸实施的承诺。你也需要考虑，当第一选择由于某些原因无法实施时，在评估阶段排在后面的选择也是合适的备选项。

（5）执行

最后阶段就是执行阶段，也是实施自己选择的阶段。在实施获得积极体验时，我们在前面阶段感受到的焦虑紧张或纠结的情绪就会被积极的情绪所取代，就会更明确自己的选择。我们在实践中也有可能发现新的问题，接收到新的信息，从而进入新的 CASVE 循环。

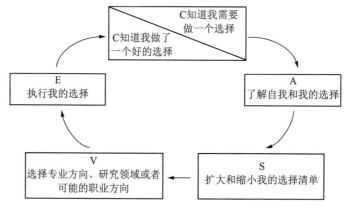

图 8-10 计划型决策的 CASVE 循环

CASVE 循环帮助我们更加深思熟虑，并在了解更多信息后做出选择，帮助我们成为更有效决策的人。

📝 学以致用

觉察自己在重大决定中的决策风格

请大家回想一下迄今为止，你在生活中所做的三个重大决定？回想一下当时你是怎么做出这些决定的？决定的过程和方式有没有共同的模式？请在白纸上写下来。

做完这个练习后，不知道你对自己的决策风格有什么样的觉察？

再请大家尝试使用 CASVE 循环分析你现阶段的决策任务。

（二）生涯迷思

1. 七种生涯迷思

大家在运用 CASVE 循环进行决策时，常常会有很多负面情绪，这些情绪背后可能是干扰我们进行有效决策的不合理的思维模式。

刘易斯（Lewis）和吉尔豪森（Gilhousen）发现，有七种生涯信念常常会给当事人的生涯行动带来困扰，称之为生涯迷思（career myths）：

（1）在我行动之前，必须一切成竹在胸。

（2）生涯发展只能有一次机会。

（3）如果我做了改变，注定就是失败了。

（4）我只有从事这件工作，才有快乐可言。

（5）我的工作必须满足我所有的需要。

（6）只要我在工作上全力以赴，没有什么事是我不能做到的。

（7）我这个人有没有价值，完全要看我从事什么职业。

2. 生涯迷思背后的不合理思维模式

这些生涯迷思在本质上都是不合理的思维模式。不合理的思维模式有三个特征。

（1）绝对化的要求：充满了必须、应该、一定等这些内在的自我对话语言，可以尝试学习我希望、想要怎么样，哪怕目前不能实现我也能接受等非极端的语言表达。

（2）以偏概全：如一个选择没做好或者一门课程没学好可能会夸大到认为整个人都很失败，完全没价值，没能力。斯坦福大学心理学家卡罗·德威克（Carol Dweck）发现我们有两种不同的心态：固定心态和成长心态。固定心态认为能力是固定不变的。成长心态认为能力是可以发展的。我们可以采用积极的成长心态，通过努力学习和工作，勇敢迎接挑战，学习就事论事，把失败看作是成长的机会；学会自己接纳，减少以偏概全的自我贬低。

（3）糟糕至极：不合理思维模式的第三个特征是糟糕至极，比方说有的同学觉得英语四六级没过就觉得整个大学都过不好了，第一份工作没找好就觉得整个人生都灰暗了。同样，我们需要区分哪些是我们可以掌控的，哪些不在我们的掌控范围内，学习接受不完美的结果，避免糟糕至极的极端评价。

3. 反思：改善生涯观念练习工作单

面对常见的生涯迷思，可以通过以下 6 个问题来检视自己原有的生涯观念，形成新的生涯观念：

（1）这个观念的支持的证据是什么？不支持的证据是什么？

（2）这个观念全面吗？是否考虑到积极和消极两个方面的结果？

（3）这个观念是否有利于你的身心健康？是否有利于投入有效的生涯问题解决中？

（4）是你自己选择的这个观念，还是由于你的家庭成长经历导致你产生这个观念？

（5）你的好朋友会怎么看待这个观念？

（6）较合理的新的生涯观念是什么？

✐ 学以致用

大家可以参考表8-4的生涯观念反思示例，检视自己的生涯观念，经过觉察和自我对话，形成新的生涯观念。

表8-4 生涯观念反思

原来的生涯观念	新的生涯观念
大家都说第一份工作很重要，第一份工作没找好就会贻误终身，第一份工作我一定要找好	希望第一份工作是一份好工作，但即使不是理想的工作，只要我们投入工作，每一种经历都是有意义的和帮助我们成长的
当我需要做决定的时候，我很焦虑迷茫，很难好好思考。我不是一个好的决策者	面对重要的生涯决定，感觉焦虑迷茫是正常的，与其陷入僵局，不如利用所有可能的资源来做一个好的决策
如果我再次换研究方向，我会感觉自己非常失败	我曾做过一次不好的决策，但我不是一个失败的人

三、决策执行：从目标到行动

根据所处的阶段和状态，做出一些自己想去采取行动的生涯决策，接下来可能会出现的问题是，有些同学在立了 flag 之后，经常发现自己没有做到。怎样才能在现实中实施决策，把目标转换为有效的行动呢？

形成目标意向是迈向目标的第一步，目标意向强烈的人，比方说我非常想去做服装设计师这个职业的生涯人物访谈，比目标意向不强烈的人，如我有点想做服装设计师这个职业的生涯人物访谈，更有可能追求并实现目标。目标意向与行动有关联，但这并不意味着有意向就有行动。目标意向与实际行为的相关性很低，意向只占实际行为的20%—30%。我们想去做什么与实际做了什么之间的是有差距的，这个差距被称为"意向—行为差距"。怎么去减少这个差距，促成行动，达成目标？根据动机心理学的研究结果，我们来分享探讨一些可行的方法。

1. 设定具体目标，形成执行意向

例如，我想去做生涯人物访谈，目标要具体：和谁？什么时候？在哪里？多久完成？还有一个重要的是，要考虑如果出现导致你可能放弃该意向行动的情境时该怎么办。再举个日常生活的例子，有同学说我想锻炼，那和室友一起还是自己？大概星期几的几点？是在操场内跑还是环校跑？一周几次每次大概多少分钟？这是目标具体化。

2. 学会分解目标，一口一口吃大象

把大的远期目标分解为较小的近期目标，这样才有动力去完成它，完成得也更好。例如，你现在刚入校读研一，学的是外语，五年后想从事大型外企公司的人力资源工作。那么，将这个目标倒推回来，四年后你需要和一家大型外企公司签约，三年后研究生毕业的时候需要获得一家公司的人力资源部门的初级职位，两年后你需要在一家公司的人力资源部门实习，一年后你需要投递简历，寻求实习机会，那么这个学期你需要准备人力资源岗位所要具备的相关技能，了解当地你心仪的企业，而这个月你可以阅读有关人力资源的书籍，利用拥有的人际资源做人力资源岗位的生涯人物访谈等。

3. 运用心像技巧，进行过程模拟

例如，目标是想要取得期末好成绩，学生想象自己拿到期末成绩单，看到上面都是大大的A，感到非常高兴，这是结果模拟。学生想象

自己在图书馆学习、阅读教材内容，复习课程笔记，在考试前的一周晚上不去参加聚会，以保证充足的睡眠，这是过程模拟。研究表明专注于过程的学生在学习上花的时间最多，考试成绩最好。幻想积极的未来很容易，我们更需要清楚的是从当前的现实走向幻想的未来的过程中可能存在障碍和影响因素，并想象自己具体克服这些影响因素的过程。

自助练习

老年的自己写信给现在的自己

（1）不知你（现在的自己）想看到的我（老年的我）是如何让你满足、愉快？

（2）你想未来如何经营你的生活，会帮助你走向你满足、愉快的状况？

（3）在你未来的日子中，不知有什么会阻碍你达到满足、愉快？

（4）这些阻碍会如何影响你？

（5）有谁会看到这些阻碍无法操纵你的人生目标？他是如何看到的？

（6）当这些阻碍出现时，年轻的你会如何用自己宝贵的特质来协助自己、带领自己？

（7）这些特质会如何陪伴你到老？

（8）你希望这些特质在"我"这个老人身上扮演如何的角色？如何伴随"我"？

（9）你希望我如何记得你？感谢年轻的你？

本章小结

在大学这个生涯探索和转化生涯的特殊时期，大家对于如何探索自我，探索专业和职业，为即将浓墨重彩登场的工作者角色做好充分的准备有了进一步的认识，也有了更明确的方向和行动意向。生涯规划是一个不断发展的过程，就像我们的心灵也在不断成长一样。本书在这里画上句号，但成熟与发展将持续终生。

参考文献

［1］爱德华·伯克利、梅利莎·伯克利：《动机心理学》，郭书彩译，人民邮电出版社 2020 年版。

［2］陈德明、祁金利主编：《大学生生涯规划与管理》，高等教育出版社 2008 年版。

［3］理查德·鲍里斯：《你的降落伞是什么颜色?》，李春雨等译，中国友谊出版公司 2018 年版。

［4］Kerr Inkson：《理解职业生涯——九种你必须了解的职业隐喻》，高中华译，中国轻工业出版社 2011 年版。

［5］罗伯特·里尔登、珍妮特·伦兹等：《职业生涯发展与规划》，侯志瑾译，中国人民大学出版社 2016 年版。

［6］钟谷兰、杨开：《大学生职业生涯发展与规划》，华东师范大学出版社 2008 年版。

［7］林清文：《生涯发展与规划手册》，世界图书出版公司 2003 年版。

［8］金树人：《生涯咨询与辅导》，高等教育出版社 2007 年版。

［9］吴芝仪：《我的生涯手册》，经济日报出版社 2021 年版。

后记

　　2021年1月26日，深圳大学心理健康教育与咨询中心正式成立，王晖、徐晨、汪永成三位分管副校长先后担任中心主任。得益于学校领导的信任，我有幸担任中心的常务副主任，负责中心的发展规划和运营管理等具体事务。三年多来，我们发挥心理学专业优势，在细微之处为深圳大学的发展默默奉献着力量，赢得了学校领导和广大师生的普遍认同。

　　《大学生心理健康：自我关爱与自我实现》一书，是在系统总结中心每年承担1.5万名新生《大学生心理健康》必修课的基础上撰写完成的，也算是中心三年多来所做工作的另一种总结吧。课程于2023年底被评为广东省一流本科课程，现在同名书又即将付梓，着实令人欣慰。我要真诚感谢过去三年里为中心发展一起奋战的各位同事！

　　本书的撰写目的，在于为正值人生关键转折期的大学生提供心灵引导。在学业沉重、竞争激烈以及人际关系复杂的背景下，我们深知大学生所面临的种种挑战与困惑。因此，我们试图从心理健康视角出发，引导读者深入自我探索，明确目标，规划职业生涯，实现全面成长。我们期望传达以下核心理念：首先，心理健康与身体健康同样重要，关注内心需求，完善自我意识，培养积极心态，是成功人生的基石；其次，大学生活不仅仅在于知识的积累，更是能力的锻炼和人格的完善，通过持续的自我探索和实践，我们能够发现自身的潜力和价值；第三，人际关系，包括亲密关系，都是成长过程中无法回避的话题，我们需要学会在关系中自我探索、自我发展，学会发展成熟的爱，最终在关系中成长；最后，职业生涯规划并非遥不可及的未来议题，而是需要从当下开始逐步积累和准备的重要任务。

本书共有 9 位作者，我进行了总体设计、编排、整合和统稿。刘玎、郭田友、韦君如三位协助我做了相关统稿和协调工作。具体写作章节如下：

第一章：焦璨、郭田友

第二章：刘玎

第三章：杨婧琦

第四章：蒲少华

第五章：韦君如

第六章：蒋冬红

第七章：蔡洁钒

第八章：魏军妹

在编写过程中，每位作者都倾注了大量心血和热情。他们都是我们心理健康教育与咨询中心的咨询师、督导，他们结合自身的专业知识和实践经验，为本书提供了丰富的案例和实用建议。

展望未来，我们期望本书能成为每位大学生心灵成长的导航明灯。无论面临学业压力、人际关系困境，还是规划未来职业生涯，我们都希望这本书能为你们指明方向，赋予力量。愿每位读者都能在这份指南的引领下，找到属于自己的成长之路，绽放属于自己的光芒。

最后，衷心感谢所有为这本书付出努力和贡献的专家、编辑，感谢你们的智慧和热情。此外，希望在每一位读者的陪伴和支持下，我们共同在成长的道路上携手前行。

焦璨

2024 年 5 月 8 日于荔园沧海

图书在版编目(CIP)数据

大学生心理健康:自我关爱与自我实现/焦璨主编
. —上海:上海人民出版社,2024
ISBN 978 - 7 - 208 - 18881 - 5

Ⅰ.①大… Ⅱ.①焦… Ⅲ.①大学生-心理健康-健
康教育 Ⅳ.①G444

中国国家版本馆 CIP 数据核字(2024)第 084148 号

责任编辑 马瑞瑞
封扉设计 人马艺术设计·储平

大学生心理健康:自我关爱与自我实现

焦　璨 主编

出　　版　上海人民出版社
　　　　　(201101　上海市闵行区号景路 159 弄 C 座)
发　　行　上海人民出版社发行中心
印　　刷　上海商务联西印刷有限公司
开　　本　890×1240　1/32
印　　张　11
插　　页　2
字　　数　299,000
版　　次　2024 年 8 月第 1 版
印　　次　2024 年 8 月第 1 次印刷
ISBN 978 - 7 - 208 - 18881 - 5/B·1756
定　　价　68.00 元